上海财经大学 ｜ **JPG** 公共政策与治理研究院　　资助
美国财政与经济研究所

美国财经战略研究丛书

2019
供应链重构

李超民　编著

中国出版集团　东方出版中心

图书在版编目（CIP）数据

2019 供应链重构 / 李超民编著. 一上海：东方出版中心，2022.8

ISBN 978 - 7 - 5473 - 2025 - 9

Ⅰ. ①2… Ⅱ. ①李… Ⅲ. ①供应链管理—研究 Ⅳ. ①F252.1

中国版本图书馆 CIP 数据核字（2022）第 136433 号

2019 供应链重构

编　　著　李超民
责任编辑　王　婷
封面设计　丫　头　陈绿竞

出版发行　东方出版中心有限公司
地　　址　上海市仙霞路 345 号
邮政编码　200336
电　　话　021 - 62417400
印 刷 者　上海颙辉印刷厂有限公司

开　　本　710mm×1000mm　1/16
印　　张　18.75
字　　数　246 千字
版　　次　2022 年 8 月第 1 版
印　　次　2022 年 8 月第 1 次印刷
定　　价　78.00 元

编 辑 委 员 会

丛书序言一

许　涛

　　上海财经大学成立一个多世纪以来，秉持"厚德博学、经济匡时"的校训，薪火相传，励精图治。在中华人民共和国成立后，上海财经大学为国家建设输送了大量财经管理和相关专业人才。学校正在为建成国际知名、财经特色鲜明的高水平研究型大学而努力。

　　上海财经大学较早开始进行美国财政与经济研究，并形成了一定研究优势。在当今中华民族伟大复兴战略全局和世界百年未有之大变局时代大背景下，上海财经大学更加注重美国财经理论、政策、体制以及大国财经治理经验和教训的研究。

　　近代以来，尤其是第二次世界大战以后，美国在全球财经治理方面取得了不少经验，也有一些教训。中美建交四十多年来，两国经贸和投资关系愈加深入，形成了你中有我、我中有你的交融局面。2018 年，中国是美国的第一大贸易伙伴，贸易总额高达 6 600 亿美元；中国是美国第三大商品出口地、第一大进口来源地，年出口总值 1 200 亿美元，进口总值 5 400 亿美元；中国还是美国国债的第二大持有国，共持有 1.1 万亿美元（美方数据），两国的相互利益远远大于分歧。目前两国还建立了外交安全对话、全面经济对话、执法及网络安全对话、社会和人文对话等四大高级别对话机制，进一步促进了两国关系的发展。

有鉴于此,在 2015 年,我们根据教育部《国别和区域研究中心建设指引(试行)》,在财政部、上海市政府有关计划和学校科研资助下,策划成立了上海财经大学公共政策与治理研究院、美国财政与经济研究所,并组建了"美国财税动态"研究课题组,集中校内外学术资源,瞄准了 2016 年美国大选和财税改革大辩论的契机,围绕美国财政、金融、税收、经济等政策发展进行跟踪研究,取得了一系列研究成果,有关研究报告获得党和国家高层的批示,获得财政部和国家税务总局等部门主要领导的多次批示,并在政策咨询和理论界产生了良好的学术影响,成为学校科研工作的新增长点,也为今后学校在培养"国别通""领域通""区域通"人才方面打下了坚实根基。

《美国财经战略研究丛书》,是以专题形式,较为全面、客观、动态地呈现美国财经治理的政策以及重要智库、主要媒体的相关观点的系列丛书。丛书在 2016 年以来"美国财税动态"课题组连续研究成果基础上,按照美国联邦政府年度施政和财经治理的政策内容进行整合,并按照宏观经济、财政支出、税收和相关内容组织结构进行编辑,每年出版一种。丛书的出版将为我国大国财经治理提供政策咨询材料和有力参照,并促进我校的国别和区域研究中心建设,为学科建设提供支撑。

2019 年国庆节

丛书序言二

胡怡建

　　成立于2013年9月的上海财经大学公共政策与治理研究院,是上海市教委重点建设的十大高校智库之一。研究院通过建立多学科融合、协同研究、机制创新的科研平台,围绕财政、税收、医疗、教育、土地、社会保障、行政管理等领域,组织专家开展政策咨询和决策研究,致力于以问题为导向,破解中国经济社会发展中的难题,服务政府决策和社会需求,为政府提供公共政策与治理咨询报告,向社会传播公共政策与治理知识,在中国经济改革与社会发展中发挥"咨政启民"的"思想库"作用。

　　作为公共政策与治理研究智库,研究院在开展政策咨询和决策研究中,沉淀和积累了大量研究成果。这些成果以决策咨询研究报告为主,也包括论文、专著、评论等多种成果形式。为使研究成果得到及时传播,让社会分享研究成果,我们把研究成果分为财政、税收、社会保障、行政管理等系列,以丛书方式出版。

　　现在,呈现在我们面前的《美国财经战略研究丛书》是整个公共政策与治理研究丛书的一个子系列。《美国财经战略研究丛书》是由研究院研究人员对美国财政经济发展、政策调整、制度变革所涉及的重大财经理论和实践问题,进行长期跟踪研究积累完成的政策研究报告或专著。

推进公共政策与治理研究成果出版是研究院的一项重点工作,我们将以努力打造政策研究精品和研究院品牌为己任,提升理论和政策研究水平,引领社会,服务人民。

2019 年 12 月 26 日

本书序

李超民

　　习近平总书记十分重视新型智库建设。"知己知彼,百战不殆"是学习国内外先进经验的应有态度,上海财经大学公共政策与治理研究院、美国财政与经济研究所就是在这一背景下成立的国内高端专业化智库,长期专注于研究美国财税制度与经验,旨在为国家财经治理、宏观经济政策制定和财经战略布局,提供科学资料和决策依据,为财经理论与政策科学研究、教学提供参考资料,并为推动美国财经研究积累基础数据和学术支撑。目前,我们专注于两方面工作,一是开展美国财税制度研究,二是对美国财税治理进行动态追踪,编辑《美国财税动态》月刊即为工作之一。自 2016 年《美国财税动态》月刊出版以来,已走过了四年历程,我们对美国特朗普政治周期所涉及的政治经济和财政、社会政策的施政特点,有了更加全面、客观的了解和把握。

　　民族复兴需要理财。中国自古就有"民不益赋而天下用饶"的理财思想与传统,然而时至近代,民族精神沉沦,列强肆虐神州,国际治理秩序颠覆,国家治理体制残破,利权易手。而在第二次世界大战后全面崛起的美利坚合众国,妙用大国博弈,先后致列强数败俱伤,凭借天时、地利与人和,凌驾东西方各国之上至今已数十年。在美国崛起的背后,所倚仗的核心手段之一就是强大的财力基础,而这与美国立国之始即开始建立、后经不断充实的细密财税制度分不开,更与这个重商主义国家的政治家善于财经、经略陆洋的理财实践息息相关。然而自 20 世纪末以来,美国在历经互联网泡沫破裂、"9·11"恐怖袭击事件、阿富汗与伊拉克两场长时间的反恐战争,并遭遇经济"大衰退"(The Great Recession)打击之后,国内财政形势陡变,每月财政赤字上升到五六百亿美元以上,连续出现巨额年度财政赤字。截至 2019 年底,债务总额将突破 23 万亿美元,美国全国人均负债 6 万美元以上,债务总额的 GDP 占比高达 108%,公众持有的国债比重高达75%左右,而且在 2019 年第三季度将再次出现"债务上限"难题。虽想尽各种办法,但仍是积重难返,导致美国联邦政府屡屡面临财政悬崖,严重影响财政金融信用。短短十多年内,竟出现如此猛烈的国力逆转,美国还有补救措施吗?作为古老东方大国的中国如何学习它的理财经验、避免惨痛教训呢?这些都是必须研究的问题。

美国财税制度值得借鉴之处颇多,仅举其要者。首先,预算制度是财政制度的核心和基础,也是财政改革的关键。美国最早建立了现代预算制度,并形成了由美国总统直接控制预算大权的架构,由白宫管理与预算办公室(OMB)、国会预算办公室(CBO)以及财政部等共同制定年度预算,以预算改革推动国家治理结构转型,并根据需要不断调整,以法律形式予以保障;在财税管理层面,通过零基预算、绩效预算到综合财务报告制度等手段,提升预算管理水平。其次,科学利用财政政策服务经济增长与就业,在支出制度上,按照强制支出和相机支出分类管理,保障基本民生后,再按照"量入为出"或者"量出为入"原则安排相机支出;在税收制度上,设置了以所得税为主体的税收制度,个人所得税税率较高,企业所得税税率较低,同时还采用各种减免、抵扣、转移支付手段,推动区域经济发展和私人经济创业发展,解决就业和社会保障、医疗保障建设需求。再次,通过利益集团博弈,在法制框架内,寻求财政的可持续性。复次,财政政策与货币政策协调结合。最后,把握国际财税治理制高点,引领并参与国际财税合作,占尽国际财税治理先机,并服务于大国财经战略需要,服务于国内政治、经济、社会需要。但是,美国财税制度并非尽善尽美,这是由于其制度内在缺陷难以克服造成的。所以延至当代，美国面临越来越大的财政挑战，主要表现为支出失控、债台高筑、寅吃卯粮等。但核心问题是利益集团过于强大，而且利益集团绑架了财税政策，例如农产品补贴集团、军工利益集团、移民利益集团等，这些都意味着美国必须改革财税制度。然而，"财政乃庶政之母"，改革牵一发而动全身，有识之士都已看到，联邦财政的不可持续才是根本难题，只有把削减支出、增加税收、削减社会福利和医疗支出、降低军费这些政策结合起来，才有助于改变当前窘境。然而，实施综合改革又可能导致伤筋动骨、经济增长下滑，危及财政收入增长，还会导致社会不稳。美国财政治理的这些教训是值得警惕的。

我们对美国财经战略的研究才刚刚起步。从战后国际战略格局变化规律看，美国通过第一次世界大战、第二次世界大战积累起来的巨大财力，对于美国霸权长期稳固始终起主导作用，先是经过朝鲜战争、越南战争以及中东石油危机，后又有冷战结束、互联网泡沫破裂。21世纪以来，美国还发动了阿富汗战争、伊拉克战争，耗费数万亿美元巨资几无所获，随后爆发"大衰退"危机。一系列的危机事件都使美国财力、国力消耗巨大，尤其是近30年来互联网经济发展、全球化趋势不可遏止、新兴国家崛起，改变了国际资本与财富的流向与地缘政治形势，如何顺应这一趋势将非常值得关注。

特朗普入主白宫为我们全面完整观察美国财政改革提供了机会。从特朗普参选期间的言论和改革主张看，他似乎并不代表真正的"老大党"（GOP）利益，更不代表民主党高层利益和社会精英利益，反而代表中下层，尤其是制造业蓝领工人的利益，甚至很多中产阶级都支持他，这些群体在冷战后国际格局变化和全球化进程中，尤其是在21世纪以来，所受经济损失较多，普遍对于华盛顿的"精英治国"模式感到怨愤。实际上正是特朗普"重新使美国伟大"的许愿得到了这些人的选票，使他们暂时改变了美国精英政治格局。而特朗普提出通过减税措施实现经济增长、促进中低收入阶层获得更多福利，通过采取保守主义路线，退出《跨太平洋伙伴关系协议》（TPP），重新谈判《北美自由贸易协定》（NAFTA）并签订新的《美墨加协定》（USMCA），驱逐非法移民，增加就业需求，保护美国就业,对中国大幅提高关税、大打贸易战等做法,掀起轩然大波,搅动了世界形势。对此西方国家率先采取了对策,如英国、爱尔兰等国都展开了低税率竞争。但是,特朗普改革是否能够如愿以偿,如何牵动美国国内的利益格局变化,都值得长时间观察。但有一点可以肯定,那就是如果他不能破除利益集团对于财税政策的绑架,改革成功的概率仍旧会很低。曼库·奥尔森(Mancur Olson)在《国家的兴衰:经济增长、滞胀和社会僵化》一书中,早已验证大国国势兴衰主要是利益集团造成的,利益集团的存在不容废除特殊利益、反对反垄断政策,导致傻瓜政府、伤害经济繁荣、降低经济绩效、减少社会平等、阻碍社会流动性,值得重视。

本书所有文献均为第一手原始资料。《2019 供应链重构》作为《美国财经战略研究丛书》之一出版,力图从一个侧面反映当前美国财经治理的重要发展,为我国战略机遇期决策提供学术材料,同时也为美国财经研究提供资料积累。全书主要资料来自笔者主编的《美国财税动态》月刊(2016 至今),选材范围既有白宫管理与预算办公室(OMB)、财政部、国税局(IRS)、商务部、美国劳工部劳工统计局(BEA)、国防部等美国联邦行政当局文献,也有国会两院,两院专门委员会,如预算、拨款、筹款、军事、科技委员会文件,还有国会研究和监督部门国会预算办公室、国会研究处和总审计局等的文件,还包括相关重要智库文献,其中主要是布鲁金斯学会、彼得森国际经济研究所(PIIE)、税收政策中心、税收基金会、经济政策研究所、美国国际战略研究中心(CSIS)、传统基金会、政客新闻网(POLITICO)、辛迪加项目(Project-Syndicate),以及来自美国国防和军工利益集团的网站"防务快讯"(Breaking Defense)、美国海军研究所新闻等文献,最后收入了如《美国大西洋月刊》(The Atlantic)、《华盛顿时报》(Washington Times)、《纽约时报》(New York Times)、《今日美国》报(USA Today)等一些重要媒体的观点。

"经济匡时"是上海财经大学的优秀学风。国务院新闻办公室原主任赵启正先生对于开展本课题研究给予了指导,在此向赵启正先生表达崇高的敬意和感谢。上海财经大学公共政策与治理研究院院长胡怡建教授对本课题研究和出版工作倾注了大量心血,提供了必要的科研条件与出版资助。上海财经大学李超民教授倾力编著了这部丛书,其他直接参与本书前期材料整理的年轻研究人员主要包括:孔晏、熊璞、李威锋、李维佳、龚德昱、常乐、马樱梦等。编辑委员会总干事熊璞老师做了许多具体组织工作。由于美国财税学科的专业性很强,我们在编写的过程中还引进了地方实务部门的年轻专业人员,在此向他们表示感谢。东方出版中心对本书出版做了大量前期准备,上海市美国问题研究所赵舒婷为本书的出版搭桥牵线,提供热情帮助,在此一并表示感谢。当然我们的研究由于素材积累还不够多,定会存在诸多不足,然文责自负,期盼获得读者的谅解与支持。

本书出版得到国家社会科学基金项目"美国财税改革对美在华高科技企业影响及我国的对策研究"(18BGJ003)资助。

2019 年 9 月

目　录

第一章　美国 2019 年财政政策与实施

大国财政在全球治理方面具有基础作用。任何国家进行国家治理的基础和支柱都是财政,财政是代表社会公众利益的国家(政府)的分配或经济行为,财政天然具有公共性。我国财政理论界认为,"财政是以国家为主体的分配关系",这就是通常我们所说的"国家分配论"。"国家分配论"一直是中国财政理论界居主流地位的结论,它有别于西方的"公共财政论",而美国的"公共财政论"与中国的"国家分配论"区别很大。

　　"公共财政论"产生于以资本与市场为条件的环境。"公共财政论"主要分析和解决市场经济环境下的财政问题,着重研究政府如何通过经济活动克服和矫正市场失灵问题,促进经济正常运转。西方"公共财政论"的主要特征如下:(1)"公共财政论"和"国家分配论"一样,都通过主体、客体、形式和目的四要素对财政下定义,即"财政以国家(政府)为主体,以分配社会产品或提供公共产品为客体,以价值形式为运动过程和以满足国家和公共需要为目的"。(2)公共财政与国家财政的职能内涵大体相同。"国家分配论"认为,国家财政具有资源配置、收入分配、调控经济与监督管理四大职能;而"公共财政论"认为,财政具有资源配置、收入分配与稳定经济三大职能。(3)公共财政是国家财政在市场经济体制下的一种特殊运行模式,两者是全局与局部的关系,是涵盖与充实的关系。(4)国家财政和公共财政运行轨迹大体相同,过程都包含"收、支、平、管"(或"支、收、平、管")等内容,即财政活动是财政收入、财政支出、财政平衡和财

政管理等运动过程的统一体。（5）财政运行模式反映、体现着财政的一般本质
或特殊本质。国家财政与公共财政的本质都是以国家为主体的分配关系。[1]

第一章将从美国2019年联邦预算的制定与争论、联邦政府强制支出失控和
财政风险、"大炮与黄油"两难财政选择、联邦财政运行管理与金融监管以及国
际财政关系与政策协调等五个方面展开讨论并进行总结。

第一节　美国联邦预算的制定与争论

第一章第一节主要围绕白宫与新财年预算、民主党与联邦预算和共和党与
联邦预算等方面，总结在2019年联邦预算制定过程中的争论，揭示在美国国家
治理体制中财政的重要性以及预算形成中利益集团的作用，说明西方财政预算
的过程就是"分肥"的过程。

一、白宫与新财年预算

每年春季白宫都要提交预算。[2] 虽然国会掌管着钱包，但总统提出预算申
请才算启动了众、参两院的国会预算程序，并成为确定预算资金水平和国家支出
优先事项的起点。2019年3月初，共和党的特朗普总统，通过白宫管理和预算办
公室（OMB）提交了2020财年联邦预算，那么总统提交的预算是什么？这项新的
预算提案被称为"让美国变得更好的预算"，其中包括减少赤字的程序等四大项
内容。

一是关于国防与非国防相机支出。根据《预算控制法》的规定，特朗普政府
的预算提案必须符合2020财年国防和非国防相机支出上限要求，分别为
5 760亿美元和5 430亿美元。包括海外应急行动（OCO）资金，2020财年国防支

---

[1] 邓子基：《正确认识"国家财政"与"公共财政"》，《福建论坛》（经济社会版）2000年第10期（总第
217期），第4—8页。
[2] "The President's FY20 Budget Request," https://republican-budget. house. gov, 2019 - 03 - 11.

出总额为 7 500 亿美元。在预算申请中,国防支出到 2029 年将增长到 8 070 亿美元,而同期非国防相机支出将减少到 4 430 亿美元。

二是关于强制性削减赤字。根据该提案,财政赤字占美国 GDP 的比例将从 2019 年的 5.1%,下降到 2029 年的 0.6%,减少 2.8 万亿美元。目前强制支出占所有联邦支出的 70%,是美国高额赤字和债务的最主要原因。总统的预算方案将从直接支出提案中节省 2 万亿美元以上。其中包括提高国家医疗补助的灵活性、解决医疗保险的高药价、改革福利制度,还包括联邦学生贷款制度和联邦职工福利制度等。

三是关于联邦财政收入。总统预算方案预测收入水平会从 2019 年的 3.4 万亿美元增加到 2029 年的 6.3 万亿美元。

四是关于美国经济增长预期。预计未来 10 年 GDP 实际平均增长 2.9%。《减税与就业法》(Tax Cut and Job Act, TCJA,第 115 - 97 号公法)和监管改革是增长的主要贡献因素。

白宫提出要重视美国的国家安全与国防支出需求。[1] 每到联邦预算制定的季节,无论是白宫、国会,还是社会大众,都会呼吁尽快解决美国国债不可持续问题,然而直到今天再多的呼吁似乎都没有任何效力。美国政府认为,美国经济正在强劲增长,现在是投资美国未来的最好时机。特朗普总统的预算请求将继续推动美国经济复苏,同时推进减少支出和投资美国的愿景。特朗普政府的促增长政策释放了美国经济,创造了数以百万计的就业机会,并创造了历史性的低失业率。

预算的主要组成部分包括六项内容:一是拨款议案和授权议案在预算窗口(通常为 10 年)的总的支出和收入水平;二是每个预算职能类别的支出目标;三是赤字或盈余和债务的目标水平;四是调节指导;五是各委员会的预算执行规定和支出分配;六是关于各委员会如何达到预算决议中列出的目标的描述性政策

---

[1] "President Donald J. Trump is Promoting a Fiscally Responsible and Pro-American 2020 Budget," https://www.whitehouse.gov, 2019 - 03 - 11.

选择。

联邦债务对美国的经济和社会繁荣构成严重威胁。白宫认为,当前美国联邦债务总额已超过 22 万亿美元,总统预算将解决国家债务危机,同时仍将优先投资于美国的关键事项,以便美国在未来取得更好的成绩。特朗普总统的预算请求通过优先考虑有效项目和减少浪费,促进负责任的政府支出;预算将非国防项目支出减少 5%,低于 2019 年上限水平;提出缩减或取消未能为美国人民带来预期结果的联邦项目的政策。

在未来 10 年,美国将削减 2.7 万亿美元的支出,计划将赤字占 GDP 的比例从 2020 年的近 5%降至 2029 年的不到 1%,使联邦预算在 15 年内实现平衡。

白宫认为,美国当前必须坚持相机支出上限,同时通过投资海外应急行动和紧急资金,提供额外的国防资源。允许为国家安全需要提供资金,同时避免代价高昂的"上限协议",这将增加国防和非国防支出。

白宫的预算请求反映了保卫美国、打击阿片类药物滥用以及建设强大生产力的承诺。其中支出 325 亿美元,用于边境安全和移民执法活动,管理美国南部边境的移民危机,包括:由国防部(DOD)和国土安全部(DHS)出资 86 亿美元修建边境墙;拨款 4.78 亿美元,聘用 1 750 名额外的海关和边境保护局(CBP)执法人员;拨款 27 亿美元兴建 54 000 个移民局(ICE)移民拘留床。

支出国防预算 7 500 亿美元,其中 7 180 亿美元用于国防部推行国防战略。重点包括:与俄罗斯和中国进行战略竞争、打击朝鲜和伊朗、战胜恐怖主义威胁、巩固美国在伊拉克和阿富汗取得的利益。

为退伍军人事务部医疗保健项目提供 802 亿美元资金。全面支持执行《退伍军人事务部历史使命法》,为退伍军人提供更多的选择,帮助他们获得医疗保健,包括私人医疗服务。

为司法部提供 3.3 亿美元,帮助各州和地方打击阿片类药物危机。

增加预算促进优质教育和职业培训,使高等教育机构更加负责,并将佩尔助学金(Federal Pell Grants)扩大到高质量的短期培训项目。

1974 年《国会预算与扣押控制法》加强了宪法对联邦支出决策的授权。该法设立了众议院预算委员会和参议院预算委员会,这两个委员会单独负责起草预算决议。起草预算是预算委员会的主要职责,对国会维持其"掌管钱包的权力"至关重要。预算为国会议员制定了政策议程,为控制支出、税收立法以及解决美国财政挑战提供了方案。这也是唯一一份记录美国整个财政状况的文件,包括所有强制性和相机支出、收入和债务。虽然预算案没有由总统签署成为法律,但它仍然是可执行和有约束力的协议,国会两院必须遵守。

特朗普承诺在 15 年内消除财政赤字。[1] 2020 财年白宫的预算申请承诺,将在 15 年内削减 2.7 万亿美元财政支出,实现预算平衡。

特朗普的财政支出计划优先考虑美国联邦政府的核心责任。首先是"加强边境安全,以解决美国的局势以及解决阿片类药物危机"。其次是保持低税率,同时削减浪费性支出,把资金重新集中在为美国人民提供优质服务上。还要平衡家庭预算,找到用更少的钱做更多的事、为未来储蓄的方法。最后,国会要与总统合作,控制支出。另外白宫还将致力于降低儿童健康医疗的费用,拟一次性投入 10 亿美元,增加儿童保健服务。各州可向联邦申请资金,激励雇主投资儿童看护,支持在工作时间以外,运营儿童看护机构,或为入学家长提供服务。

总之,一年一度的预算议程是美国联邦政府最重要的国家治理事务。2019 年春天的预算将确定 2020 财年预算规模和财政政策的方向。特朗普总统在上台之初的 2016 年就声称将大力削减财政赤字,然而即使他抱有最大的决心,实际上却对联邦债务难题无能为力,因为美国联邦债务的增长已经进入缓慢加速阶段,尤其是在新冠疫情大流行后,加速趋势尤其明显。客观地说,美国联邦政府可用的政策手段很少,税改的效果是短期的,然而不良财政后果则是长久的,利用美元霸权或者说以消耗美元信誉为代价,或者利用低利率减缓财务费成本增长可算作权宜手段,但无法真正持久。

---

[1] Melissa Quinn, "President Trump's 2020 Budget Calls for \$2.7T in Spending Cuts, Promises to Erase Deficit in 15 Years," https://www.washingtonexaminer.com, 2019 - 03 - 10.

二、民主党与美国联邦预算

民主党反对特朗普总统提出的 2020 年预算案。[1] 肯塔基州国会议员、众议院预算委员会主席约翰·亚穆斯(John Yarmuth)针对国会预算办公室(CBO)2020 财年预算声明指出:"通过国会预算办公室报告,可以确凿地说,特朗普总统的预算方案将为美国的衰落埋下伏笔。此方案将削减 1.5 万亿美元的医疗保险项目资金、削减 1 万亿美元的对国家和经济安全的进一步投资,同时还将延长对富人和企业极为有利的减税措施的期限。这个预算一出来就意味着死亡。现在是提高预算上限的时候了,以确保我们能够对国家和未来进行必要的投资。"

民主党还提出了所谓"绿色预算"新政。[2] 民主党说,"绿色新政"是"国民、工业、经济动员计划",该计划将在 10 年内完全消除所有碳排放,这项提案将影响从能源、农业、制造业到交通、住房和医疗保健的各个经济部门。民主党认为,这是美国社会的一次"巨大变革"。第一,它将保证所有美国人的住房和粮食安全,即使是那些不愿工作的人。第二,它将保证具备足以养家糊口的工资、福利和在有退休保障的工会体制保护下的工作机会。第三,它建造横跨全国的高铁网络以替代航运。第四,它将完全脱离所有化石燃料,消除建筑物和车辆的碳排放。第五,它将用普适政府医保取代雇主健康保险、医保和其他民生计划。

联邦赤字引起了美国社会的普遍担忧。[3] 美国媒体《产业周刊》认为,鉴于不断增长的预算赤字,特朗普政府希望再次减税是非常愚蠢的,然而美国产业界却认为,解决联邦赤字并非要放弃继续减税计划,减税必须与缩减财政支出相结合。

第一,要降低税收,唯一可行的方法是减少财政赤字。如果没有《减税与就

---

[1] "Statement from Chairman Yarmuth on CBO Analysis on Trump Budget," https://budget. house. gov, 2019 - 05 - 09.

[2] "The Green New Deal," https://republicans-budget. house. gov, 2019 - 03 - 05.

[3] Adam Michel, "Why We Shouldn't Let Deficits Drive Up Our Taxes," https://www. industryweek. com, 2019 - 11 - 06.

业法》，税收平均水平会更高。2018 年税制改革后，美国联邦税收增加了 4%。
但根据国会预算办公室的数据，政府支出增幅达到 8%。《减税与就业法》通过
结构性改革刺激劳动和投资。降低个人边际税率将激励人们增加劳动和储蓄，
改革资本利得税将推动投资增加，永久性改革使企业和个人能够更好为未来进
行储蓄和消费。

第二，没有严格的政府支出改革，减税注定会失败。20 世纪 80 年代早期的
里根减税政策和 21 世纪初的布什减税政策被迫取消，2017 年国会将增税条款纳
入《减税与就业法》，而先前大部分减税条款将在 6 年内到期，只有缩减政府支
出，才能保证可持续税收改革。

第三，美国产业界担心未来税收将增加。因为当下没有可信的政府支出改
革，所以这种不确定性降低了预期减税的经济效益，但尽管如此，减税仍可使劳
动工资上涨，失业率维持在低水平，并使美国经历历史上最长的经济扩张时期。

所以共和党认为，只有缩减财政支出才能减税，否则将导致更高的税收、更
低的就业率和更疲软的经济。正如前文所言，在美国财政赤字进入加速阶段、债
务增加成为解决联邦财政日常开支的唯一手段后，对于美国国家信用来说，将会
是一场慢性的自杀。

三、共和党与美国联邦预算

《2019 年长期预算展望》向人们展示了美国联邦财政的恶化状况。[1] 第一
项是债务状况：在未来 30 年内，联邦公债占 GDP 的比例将从目前的 78% 升至
144%，高于美国历史上任何时期。而包括债务利息支出在内的强制支出增长，
是债务负担不断加重的唯一原因。未来相机支出将下降，但远不足以抵消强制
支出增长。第二项是强制支出占 GDP 的比例将从 2019 年的 12.7% 增长到
2049 年的 17.5%，达到美国历史上的最高水平。第三项是相机支出占 GDP 的比

[1] "Ranking Member Womack Statement on CBO's 2019 Long-Term Budget Outlook," https://republicans-budget.house.gov, 2019 - 06 - 25.

例将从 2019 年的 6.3% 下降到 2049 年的 5.1%。第四项是债务利息,在未来 30 年内,其占 GDP 的比例将增长 3 倍多,从目前的 1.8% 上升到 2049 年的 5.7%。到 2046 年,国债利息支出将超过全部相机支出。第五项是财政收入占 GDP 的比例将从 2019 年的 16.5% 上升到 2049 年的 19.5%,接近美国历史最高 水平。对此,民主党众议院预算委员会预计,到 2049 年,公众持有的政府债务将 达到 GDP 的 144%。

美国联邦财政的恶化状况带来的挑战性越来越严峻。众议院共和党在网站 上说:"在华盛顿政客看来,债务像是'未来'的问题。但这份报告明确指出这实 际上是'现在'的问题。""长期以来,决策者都忽视了联邦预算中增长最快的部 分,同时也是联邦赤字的最大动因:强制支出。当我们的偿债成本预计将超过 我们全部的相机预算时,我们再也不能对强制支出视而不见。"解决债务问题至 关重要。国会预算办公室也警告说:"这么多年来的巨额赤字前景,以及由此导 致的高企且不断攀升的债务,给美国带来了巨大风险,也给决策者带来了重大 挑战。"

共和党国会议员向民主党控制的众议院预算委员会发出了施压信号。[1] 共和党提出,美国国会设立的"议员日"对年度预算具有重要作用。1974 年《国 会预算与扣押控制法》(Congressional Budget and Impoundment Control Act)第 301(e)(1)条要求参众两院预算委员会,在制定年度预算和决议过程中,要"接 受国会议员的意见",这为国会议员提供了公开讨论当年预算决议的建议和优先 事项的机会。财政过程的第一个环节就是预算,为了制订一个负责任的预算计 划,满足预算需求,国会必须正视财政和经济挑战。根据国会预算办公室的数 据,如果国会不采取行动,未来 10 年的赤字总额将达到 11.6 万亿美元,国家债 务将升至 33.7 万亿美元。

造成美国联邦预算赤字的主要原因是财政收入过少。一些国会议员认为,

---

[1] "Members' Day: A Forum For Budget Insights," https://republicans-budget.house.gov, 2019-03-05.

增税将解决财政收入低的问题。事实上,根据国会预算办公室的数据,2019 年联邦财政收入增长强劲,预计比前一年增加 1 860 亿美元。所以产生赤字的真正原因是强制支出失控,强制支出消耗了全财年联邦支出的 70%,预计到 2029 年强制支出占比将增加到 78%。

联邦支出分相机支出和强制支出两类。相机支出为政府基本运作提供资金,包括国防、边境安全、疾病控制和预防以及基础设施建设等。强制支出为医疗保险、医疗补助、社会保障和债务利息提供资金。相机支出随着预算和拨款程序的变化而变化。强制支出包括社会保障福利、医疗保险和医疗补助等法定权利项目。"法定权利"(entitlements)是指满足过去立法规定资格要求的个人,有权享受美国联邦政府的福利或服务。还有许多其他支出,如联邦法官的工资是强制性的,但占联邦支出的比例相对较小。强制支出水平由授权立法限制,并持续自动支付,除非改革各类强制支出计划。

所以,预算委员会共和党委员们坚持要推动美国财政可持续。众议院要制定负责任的财政预算,但是,一些议员的提案加剧了预算失衡。因此,共和党预算委员们提出,在议员日,给议员们充分的机会,讨论预算提案对今天和未来美国人的影响,并探讨负责任的解决方案,解决赤字和债务问题。

共和党认为,进行预算选择必须改革预算程序,确定优先事项、分配资源。[1] 当前严峻的财政现实是,美国联邦债务超过 22 万亿美元,赤字接近 1 万亿美元,这才是"美国联邦政府面临的最危险的国内问题",赤字已将美国的国家安全和经济繁荣置于未来的危险之中。预算委员会有法律和道义上的义务去制订计划,使国家回到财政可持续的道路上。

共和党还鼓吹要进行所谓"巧"预算稳固美国财政。[2] 美国国会预算委员会在听取了国会预算办公室和白宫管理和预算办公室关于总统预算请求的意见

---

[1] "The Chief Responsibility of the Budget Committee," https://republicans-budget. house. gov, 2019 – 04 – 01.

[2] Lauren Aronson, Austin Stonebraker, "Get Smart For Budget Season," https://republicans-budget. house. gov, 2019 – 03 – 21.

后,也开始起草 2020 财年预算提案。这个预算程序相当复杂,需要确定预算规模、联邦支出如何运作并审视财政状况。

一是当前令外界关注的是美国财政状况日益恶化。随着年度赤字接近 1 万亿美元,国债超过 22 万亿美元,美国财政将失控。按照目前支出水平,未来 10 年,财政赤字还将增加 11.6 万亿美元,国债总额将升至近 34 万亿美元,联邦债务将达到 GDP 的 93%,这是第二次世界大战以来债务的最高水平,日益恶化的财政状况是国家安全和经济繁荣的最大威胁。

二是强制支出已高达联邦总支出的 70%。若扣除大规模、新万亿美元福利计划,如绿色新政、全民医疗、人民立法等,到 2029 年强制支出将占联邦总支出的 78%。如果强制支出计划不改革,相机支出计划占据的资源将进一步缩减。

三是必须关注美国联邦目前严峻的财政状况。国会致力于解决国家赤字、债务以及民生问题,预算委员会的委员们必须继续提供资源,帮助处理预算程序的复杂问题。

共和党对民主党的"绿色预算"新政进行了大肆抨击。国会预算办公室前主任道格拉斯·霍尔茨·埃金(Douglas Holtz Eakin)研究指出,绿色新政要多贵有多贵,10 年支出达 93 万亿美元。也就是说,预计每个美国家庭每年负担 6 万多美元。为了筹措这笔资金,"绿色预算"新政的一些支持者建议,将美国劳动家庭的税收提高 90%。对此,美国《投资者商业日报》社论指出:"最终……即使将调整后总收入超过 5 万美元的纳税人的每分钱都拿走,都不足以覆盖成本。"哈特兰研究所(Heartland Institute)指出,该宏大计划可能使美国"陷入另一场大萧条,让数百万美国人失业,并将美国梦变成一场噩梦"。

共和党认为民主党的"绿色新政"代价昂贵。[1] 道格拉斯·霍尔茨·埃金说:"绿色新政显然价格不菲。它进一步扩展了美国联邦政府在日常生活最基础决策中的角色,然而,除了极其高昂的价码,还将产生更加持久的破坏性影响。"

---

[1] "The Green New Deal, Part II," https://republicans-budget. house. gov, 2019 - 03 - 15.

民主党的"绿色新政"还遭到一些美国报刊的攻击,如《华尔街日报》《福布斯》《华盛顿邮报》。共和党研究机构也进行了抨击,如胡佛研究所的李·瓦尼安(Lee Ohanian)、美国企业研究所的詹姆斯·佩索科基斯(James Pethokoukis)、中心地带研究所的贾斯廷·哈斯金斯(Justin Haskins)以及卡尔·罗夫(Karl Rove)等。

共和党人认为了解更多美国联邦财政赤字史是解决美国联邦预算赤字的前提。[1] 1790 年,美国联邦政府继承了 7 100 万美元的债务。接下来的两个多世纪,作为反映相对于经济规模的债务负担的重要指标,美国联邦债务占 GDP 的比重在 1835 年为 0%,在 1946 年达到最高的 119%,如今联邦债务已超过 22 万亿美元,占 GDP 的比重为 106%,接近历史上的峰值。美国联邦财政债务负担史分三个时期。

第一个时期为低负债时期(1790—1930 年)。1790 年美国联邦政府新成立时,国债从 7 100 万美元降至 1812 年战争前夕的 4 500 万美元。战时联邦债务曾达到 1.27 亿美元,但是到 1835 年国债几乎归零。1837 年爆发的美国经济恐慌导致国债再次飞升,但美国南北战争前债务总额占 GDP 的比例一直维持在极低水平。1860 年,国债总额为 6 500 万美元,比 70 年前的水平还低,但内战导致国债达到了前所未有的 28 亿美元。1893 年降至 15 亿美元。美国联邦政府在 1901—1930 年的 30 年间,有财政盈余的年份达 19 年。第一次世界大战期间美国国债总额达到 270 亿美元峰值,随后又是连续 11 年的财政盈余,到 1930 年,联邦债务降至 160 亿美元。

第二个时期是大萧条、第二次世界大战和冷战时期(1931—1960 年)。经济大萧条至第二次世界大战期间,联邦财政出现了赤字。1943 年是美国历史上财政赤字最高的年份,1946 年联邦债务达 2 700 亿美元,占 GDP 的 119%,这是历史上的最高水平。从 1947 年到 1960 年的 14 年间,6 年有财政盈余,名义债务总

[1]　"Historical Perspective on the National Debt," https://republicans-budget.house.gov, 2019 - 05 - 14.

额为 2 910 亿美元,在此期间联邦债务逐步降低到 GDP 的 54%。

第三个时期是债务增长时期(1961 年至今)。自 1960 年起的 58 年里,美国联邦政府出现了 53 年赤字,其中,1970—1979 年 3 810 亿美元,1980—1989 年 9 090 亿美元,1990—1999 年 3.2 万亿美元,2000—2009 年 5.6 万亿美元,2010—2019 年 13.5 万亿美元。所以国会预算办公室预计,到 2020 年联邦国债将超过 23 万亿美元。未来 30 年联邦赤字年年有,到 2049 年联邦债务将达 100 万亿美元,占 GDP 的比重为 147%。

由此可见,美国联邦财政赤字的增长已经很难控制,唯一的办法是控制年度赤字增长的速度,但是这个办法属于"保守疗法",如果真的削减强制支出,那么将会危及政客的选票。然而无论是民主党还是共和党,在台下的时候都会大声提出要求对方削减赤字、减少债务,但是一旦上台,就表现出"不当家不知柴米贵"的态度,而且延续前届政府的财政政策,不断加大支出,将债务的处理工作再次留给下届政府。从美国债务史来看,赤字与债务问题无解。

第二节　强制支出失控与财政风险

第一章第二节主要围绕强制支出与两党预算斗争、联邦债务与财政风险的形成两个话题,分析和总结美国联邦强制支出的失控与财政风险的恶化过程。

一、强制支出与两党预算斗争

民主、共和两党在新财年的预算案提出后,围绕削减强制支出政策展开争论。[1] 据传统基金会的报道,众议院预算委员会和白宫管理与预算办公室代主任拉塞尔·沃特(Russell Vought)就预算案请求召开听证会。沃特指出,必须解决好强制支出问题:"美国存在支出问题,这无疑是对我国安全和未来几代经济

---

[1] Lauren Aronson, Austin Stonebraker, "Members Discuss Need to Address Out-of-Control Mandatory Spending, Fix Broken Budget Process," https://www.heritage.org, 2019 - 03 - 12.

成功的最大威胁之一。现在是结束这种不负责任支出的时候了。"沃特还说："现在的预算流程存在缺陷并且支离破碎,它需要改革。我们需要进行预算流程改革。"众议员史蒂夫·沃马克(Steve Womack)指出:"虽然宪法赋予了国会财政大权,但在应对美国财政挑战的同时,还要为美国民众的头等大事提供资金并非一件易事。要做到这一点,两党议员、国会两院及白宫与国会之间需要通力合作。"

共和党重申必须解决强制支出的失控问题。目前美国年度预算赤字接近 1 万亿美元,国家债务超过 22 万亿美元,众议员比尔·约翰逊(Bill Johnson)说:"美国目前面临着严重的债务不可持续问题,尤其是强制支出几乎占了财政总支出的 70%,……即便我们把相机支出降低为零,财政支出曲线仍然在朝着坏的方向发展。"众议员乔治·霍尔丁(George Holding)说:"10 年内,强制支出加上联邦财政负债将会耗尽财政收入……如果不真正改革,强制支出将继续挤占相机支出空间,留给国防等其他重要领域的资源变得越来越少,而这些领域正是政府的主要关注点。"

两党议员提出有必要通过新的预算决议解决强制支出失控问题。沃马克说:"人们甚至对多数党有没有做过预算计划都存在争论。"众议员杰森·斯宾塞(Jason Spencer)说:"我希望贵党领袖抽出时间,提出预算案……这样国会才能投票决定预算……我们应该为民众谋利,把美国民众利益置于政治之上。"

国会要求美国卫生和公众服务部(以下简称"卫生部")提出法定支出项目改革步骤。[1] 众议院预算委员会与卫生部副部长埃里克·哈根(Eric Hargan)就 2020 财年预算案中的卫生预算需求举行听证会。共和党众议员丹·克伦肖(Dan Crenshaw)说:"医保体系目前完全不在可持续发展的轨道上,这对我们这一代人的影响巨大。我快 35 岁了,我对能终身享受医保福利几乎不抱任何希望,而且很有可能我们还不得不缴纳更多的税收来支撑这个根本不可持续

---

[1] "Legislators Discuss Need to Reform Mandatory Spending, Preserve Health Care Programs," https://republicans-budget. house. gov, 2019 - 03 - 26.

的系统。"

国会议员都很关心卫生部预算方案如何确定。哈根副部长解释道:"我们一直都在努力维护相关项目的可持续性,事实上,我们在本次预算案中将医保信托基金延长了8年……这将有助于兑现我们对老年人的承诺。"他指出:"在本次预算案中,我们设计了一些基础性改革,这些改革……能使当前的状况有所改观,并能防止我们在以后的日子里作出更为糟糕的决策。"共和党众议员克里斯·斯图尔特(Chris Stewart)认为:"在总统提交的预算案中,很多内容都是代表两党意志的……《纽约时报》评论认为,预算案的很多措施都很有道理、应当得到国会两党支持。这些措施都属于务实的改革,有利于削减支出。"

美国改革强制支出制度迫在眉睫。众议员沃马克强调说:"除非针对医保这样的法定支出项目进行结构性改革,否则,包括国防和边境安全在内的其他可控支出项目将继续受到挤压,国会也将继续年复一年地深陷左右取舍和疲于应付债务的泥潭……我们有责任推进切实的解决方案,既能改善医疗体系,又能控制支出规模。"

民主、共和两党就当前财政状况与避免削减相机支出上限的争论非常激烈。[1] 相机支出上限是根据2011年《预算控制法案》(BCA)制定的,目的是减缓2012—2021财年相机支出的增长。最近通过的《2018年两党预算法》为2018财年和2019财年提供了上限减免。美国行动论坛(American Action Forum)财政政策主管戈登·格雷(Gordon Gray)强调,强制支出是债务和赤字的主要驱动因素。只要强制支出继续以如此惊人的速度增长,它就会继续"挤出"相机优先支出,尤其是国防支出,任何两党债务上限协议都应该用改革"福利计划"抵消。如果强制计划改革在即将到来的《预算控制法》上限谈判中得不到解决,预计强制支出将从2018年的2.8万亿美元增加到2029年的5.5万亿美元,继续"挤出"各种相机优先事项。共和党认为,赤字和债务是对美国未来和繁荣

---

[1] "BCA Budget Caps Hearing," https://republicans-budget.house.gov, 2019-02-12.

的威胁,而强制支出是赤字和债务的最大驱动因素,关键决策者必须对强制项目实施重大改革,应对财政挑战,确保必要的相机计划得到充分资金。

民主党 H. R. 2021 预算提案则计划提高 2020—2021 财年相机支出上限。[1] 这是众议院民主党提出的替代方案,将在两年内将相机支出上限提高3 560 亿美元。共和党认为,这项立法使财政状况更加恶化,而且也不能为军队提供足够的资金。民主党必须负责任地逐步延长上限适用期限,抑制联邦支出。但是事实上,众议院民主党的 2020—2021 财年非国防相机支出比 2019 年国防相机支出多 330 亿美元。

民主党的第 H. R. 2021 号预算提案遭到共和党抨击。[2] 这项提案的失败之处在于四个方面。一是立法未做预算安排。共和党议员罗布·伍德尔(Rob Woodall)说,这份预算没有制订长期预算计划,也没有展示未来 10 年的愿景,国会无法就预算达成一致。共和党议员丹·梅瑟(Dan Meuser)认为,民主党的建议不是预算,而是增加支出。立法并未涉及相机支出和强制支出,没有解决收入问题,没有对政府债务和财政赤字作出预测。二是立法使联邦财政情况变得更糟。共和党议员比尔·约翰逊(Bill Johnson)指出,该立法不包含抵消其要求增加的支出的补偿,只有通过削减赤字立法在财政上抵消新支出才是负责任的和正确的做法。共和党议员比尔·弗洛雷斯(Bill Flores)认为,鼓吹绿色新政和其他社会政策不利于预算通过。三是立法没有为美国军队提供足够的资金支持。共和党议员克里斯·斯图尔特(Chris Stewart)认为,国防部没有充足的资金,将使得近期在准备、研发、核现代化和采购新设备方面取得的成果停滞不前。四是立法缺乏成功达成上限协议所需的关键要素。共和党议员沃马克指出:“立法缺少两党的合作,白宫未参与其中,而且也没有补偿机制。当考虑到美国的国债规模已经超过 22 万亿美元,年赤字接近 1 万亿美元的事实时,这项立法基本上不可能获得通过。”

[1] "House Democrats' Caps Bill," https://republicans-budget. house. gov, 2019 - 04 - 08.
[2] "The Problems with House Democrats' Caps Bill," https://republicans-budget. house. gov, 2019 - 04 - 09.

民主党还提出了全民基本收入（Universal Basic Income，UBI）计划。[1] 对于这项被称为"自由股息"的全民基本收入计划，税收基金会（Tax Foundation）估计，在最初的 10 年里，将花费 28 万亿美元，每月为美国成年人提供 1 000 美元现金。一位该计划的支持者与新罕布什尔公共广播电台讨论这项提议时说道："每个美国成年人从 18 岁开始每月能收到 1 000 美元……没有任何条件。"

全民基本收入计划提案会导致联邦预算进一步恶化。该计划需要通过对美国中产阶级征收新税筹措资金，主流经济学认为，经济增长是提高工资和生活水平的关键，但全民基本收入计划要求的大规模增税或增加财政赤字可能会减缓经济增长，抑制工资，并减少就业。全民基本收入计划与共和党的理念完全相反，共和党支持促进经济增长的政策，如《减税与就业法》，国会共和党认为，由于失业率接近历史最低水平，而且预计 2029 年美国强制支出将占联邦支出的 75%，现在还不是启动一个新的、打破预算的项目的时候。共和党人将继续推动扩大商机、创造就业和增加工资的政策。

共和党智库就 2020 年联邦预算中的支出上限提出了看法。[2] 战略与国际安全中心（CSIS）指出，由于特朗普预算案无法绕过预算上限，引发了民主、共和两党就新一轮财政预算发生冲突。白宫提出的 2020 年预算案，要求将近 1 000 亿美元从常规账户或"基础"国防预算（受上限控制）账户转移到海外应急行动账户中。特朗普的目的是修订《预算控制法》，避免自动削减所谓的财政扣押。而共和党领导的参议院军事委员会和民主党领导的众议院拨款委员会坚持将全部或大部分"基础海外应急行动"资金重新纳入五角大楼的常规预算，这将导致国防支出超过上限，使五角大楼的预算与反复修改的《预算控制法》发生冲突。

然而，共和党坚信美国政府 2020 年预算案将再次打破《预算控制法》支出上

---

[1] "Democrats' Plan for America: Raise Taxes and Hand Out Cash," https://republicans-budget.house.gov，2019 - 09 - 13.

[2] Mark Cancian, "Defense Spending Will Bust BCA Caps," https://breakingdefense.com，2019 - 05 - 24.

限。美国国际战略研究中心（CSIS）专家马克·坎森（Mark Cancian）说，这项协议与过去几年一样，意图很清晰，共和党人将推动提高国防支出上限，民主党人则将坚持在国内项目上增加类似支出，而两党妥协将不得不同时提高两大支出。"我们对达成协议增加这两项支出非常有信心，因为过去 8 年来的模式皆是如此。"如果情况属实，特朗普总统应该坚持透明谈判，将总体支出控制在《预算控制法》规定的上限。

但是，提高国防和国内支出意味着每个美国人都很高兴。不高兴的只有像"茶党"议员变成白宫办公厅主任的米克·马尔瓦尼（Mick Mulvaney）这样的赤字鹰派，但自 2013 年"茶党"活动达到顶峰以来，就开始不断失去政治动力。2013 年，《预算控制法》自动减支机制首次也是唯一一次生效，自动将过度支出削减至上限水平，这对美国联邦政府影响颇大，其中包括军事训练等生死攸关的活动，以至于连续三届国会和两任总统一再同意提高上限，这样自动减支计划就不会再发生。

传统基金会谴责华盛顿内部人士和国会领袖闭门造车。这种预算行为无疑将使美国向最糟糕的破产方向前进，坎森说，民主党、共和党，尤其是明奇·麦康奈尔（Mitch McConnell）和参议院共和党希望达成协议，表明他们能够执政。过去几年来，该协议要求允许国内支出越来越多，以保持强劲的国防支出，这是以赤字为代价的，虽然特朗普曾抱怨过，但他过去一直支持这类协议，2019 年很可能也会支持。

特朗普总统也确实表示要控制支出。美国国会预算办公室主任马尔瓦尼曾短暂说服特朗普，将 2020 年国防预算从 7 330 亿美元削减到 7 000 亿美元。但是，在共和党人的强烈批评之后，特朗普迅速转向，要求将国防支出增加到 7 500 亿美元，尽管他称这是"一种谈判策略"，但同时他削弱了自己的立场。因为 7 500 亿美元几乎比《预算控制法》的国防支出上限高出 1 000 亿美元，要想绕过上限，就必须将超额资金从基本预算中转移出来，在满足正常国防需求的同时，还要受海外应急行动资金政策的限制。而实际上，美国联邦预算账户像海外应急行动账户一样,也有上限,任何民主党试图创建一个或修改《预算控制法》以提高上限的努力,都将难以克服总统的否决。可见两党相互妥协是通过预算的一般套路,也是美国财政走向破产的道路。

共和党增加国防支出预算的新把戏引起了各方人士的兴趣。美国国际战略研究中心的坎森说:"980 亿美元的'基础海外应急行动资金'从未与国防有任何关系,它总是与削减国内支出有关,如果按照总统的要求通过预算,国内预算将减少 500 亿美元。政府在过去的预算中尝试过其他削减国内支出的机制,但都失败了,所以这代表了一种新的方法,然而,它也会失败。"

民主、共和两党都难以遏制增加国防预算的冲动。由民主党控制的众议院拨款委员会(HAC)投票决定,将特朗普提议的海外应急行动资金削减 962 亿美元,并将基本预算增加 882 亿美元,较国防预算总额净减少 80 亿美元。由共和党控制的参议院军事委员会(SASC)宣布,将把 979 亿美元从海外应急行动账户转移至基本预算账户,保持总支出不变。总的来说,众议院拨款委员会投票通过了一项 7 330 亿美元的国防预算,这是特朗普最初提出的 2020 年预算方案,而参议院授权机构投票通过了 7 500 亿美元的国防预算,这是特朗普提出的最终方案。特朗普"以海外应急行动为基础"的预算提案遭到否决,使共和党与民主党、参议院与众议院、授权方与拨款方等传统阵营的议员团结在了一起。

并非所有预算专家都对达成协议的前景持乐观态度。阿尔法投资伙伴公司(Capital Alpha)国防分析师拜伦·卡伦(Byron Callan)认为:"作为为期两年的预算协议的一部分,实现 7 400 亿美元国防支出预算的可能性为 55%。"但是,这笔交易有 45% 的可能,以一种对国防来说是灾难性的方式破裂,"有 30% 的可能性国防经费是在全年预算限制下提供的"。这意味着一项权宜之计,即把国防支出维持在去年的水平,实际上不提供启动新项目、取消旧项目或做出其他改变的经费。在 2020 年 1 月中旬发生"财政扣押"和自动减支的概率为 15%。

白宫、国会达成支出上限协议要经过多轮博弈。尽管可能存在过去 10 年中那种短期持续决议,如果达成预算协议,成功的概率就会降低。如果谈判破裂,可能性就会上升。几乎没有全年持续决议的可能。从来没有抵御机制,如果有的话,这将意味着从 2019 财年起美元价值将减少 2%。持续决议的可执行性将取决于技术结构,有足够的异常和转移权力,全年的持续决议功能就像拨款立法一样。共和党认为,达成支出上限协议存在两个绊脚石:一是民主党左派可能会对高水平的国防支出犹豫不决;另外一个是白宫可能会决定在预算问题上采取强硬立场。到目前为止,众议院民主党人比预期更愿意接受国防支出,而经历过政府关门的白宫很可能最终会接受这项协议。

总之,改革社保和医保政策是美国财政预算斗争的焦点之一。美国的强制支出理论上是指无须美国国会年度审议的支出项目,主要是医保支出、养老支出等社会政策支出。目前联邦财政支出结构中,强制支出项目已占到全部财政支出的 62%,这个数字是同年相机支出的 2 倍多。联邦财政每支出 1 美元的相机支出资金(主要包括国防费、行政经费),就必须支出 2 美元的强制支出资金。要想保住相机支出资金规模,就必然加大预算赤字,这就是美国联邦财政的怪圈。而且所谓支出上限也是一把"软尺子",根本无法阻挡国会议员们通过增加预算谋取集团利益的决心,这在美国财政预算史上已经屡试不爽。

二、联邦债务与财政风险问题

共和党宣称美国联邦债务危机或将引爆。[1] 美国国会众议院预算委员会共和党委员认为,当前美国联邦债务已超过 22 万亿美元。联邦债务由两部分组成:(1)公众持有的债务,即美国财政部向个人、银行、养老基金、外国政府和其他实体发行的证券,到 2019 财年末,将超过 16 万亿美元,占美国国内生产总值(GDP)的 78%;(2)政府内部债务,即政府在自己的账户(如社会保障和医疗保险信托基金)的借款,近 6 万亿美元。过去几年,美国政府每年都产生财政赤字,

---

[1] "The Nation's Federal Debt," https://republicans-budget.house.gov, 2019-04-29.

如果美国保持这样的态势,国会预算办公室预计,到2029年,联邦债务将超过33万亿美元。美国必须关注联邦债务危机爆发这个问题,如此大规模的债务可能会给美国经济和国家安全带来严重后果,主要原因包括:

第一,挤占美国人民最重要的优先事项的资金。随着美国债务的增长,利息支出也在增长,这将挤占国防、国土安全和其他重要政府职能部门的资金。据国会预算办公室估计,2019年美国的债务利息支出将达到3 830亿美元,约占总支出的9%。预计到2025年,债务利息支出将增加到7 240亿美元,高于当年国防预算总支出。

第二,国家债务以及美国个人借款的利率俱增。随着国家债务的增长,放贷机构将通过提高利率来抵消投资风险。这将进一步加重债务负担,并可能导致整个经济体的利率上升,影响到包括住房抵押贷款和学生贷款在内的各种类型的借款。

第三,加重美国财政困难。这可能导致通货膨胀率上升、失业率上升、投资减少、工资下降和经济不稳定。

众议院预算委员会共和党委员认为,应对联邦债务激增问题,当务之急是遏制失控的联邦财政支出。要开始偿还债务并使国家财政回归可持续的发展路径,国会必须遏制住失控的联邦支出,并扭转赤字上升的趋势。而这首先需要解决财政赤字和联邦债务的最大驱动因素:强制支出。强制支出目前占联邦总支出的70%以上,预计在未来10年内将达到总支出的78%。强制支出,即自动产生的资金支出,包括医疗保险、医疗补助、社会保障和债务利息支出。众议院民主党人不断提出激进的、耗资数万亿美元的计划,这将加剧美国严峻的财政现状,与此同时,众议院共和党人将继续给出可靠的解决方案,使联邦预算项目更好地运行,并降低联邦债务。

国会预算办公室呼吁改革国债体制。[1] 国会预算办公室发布的最新预算

---

[1] Justin Bogie, "Our National Debt Just Hit $22 Trillion. Will Congress Finally Take It Seriously?" https://www.dailysignal.com, 2019 - 02 - 14.

和经济预测估计,美国未来 10 年将再增加 12.2 万亿美元的债务。不断增长的债务是不可持续的,最终将影响到所有美国人,民主、共和两党必须合作解决联邦国家债务问题。

美国国家财政状况正在加速恶化。当前联邦债务占美国国内生产总值的 107% 以上,超过了 1947 年以来的最高水平。美国出现高债务的情况在历史上仅有三次,而且都是在第二次世界大战刚刚结束时发生的。如果国家债务被分配给每个美国人,那么每个人将背负超过 6.7 万美元的债务,预计还会进一步恶化,国会预算办公室最新预算和经济预测估计,这将导致人均新增债务约 3 万美元,而此前的人均债务为 6.7 万美元。

这种不计后果的消费对美国家庭来说毫无意义。2011 年《预算控制法》限制了 2012—2021 财年的相机支出。然而,国会在 8 年内 6 次修改了限额,最近的一次增加了近 3 000 亿美元的支出。自 2013 年以来,国会已拨款 2 500 多亿美元用于灾难和紧急支出。其中大部分资金被滥用,而不是用于正当的灾难和紧急需求。

美国国会预算办公室预计,未来 10 年,用于支付联邦债务利息的资金将增加 186%。预计在短短 6 年内,每年的利息支出将超过国防支出。到 2041 年,国会预算办公室的项目、社会保障支出、医疗保健项目和债务利息将消耗美国政府的全部收入。

美国联邦债务增加的另一个因素是税源枯竭。预计未来 10 年,美国联邦税收收入将高于近 50 年的平均水平,但是根本跟不上失控的支出增长步伐,因此国会必须改革支出政策。

第一,应该让美国预算走上平衡之路。这可以通过对所有非利息支出设置上限来实现,并通过所谓的"财政扣押"程序进行强制执行。针对福利项目进行有针对性的改革。至关重要的是,国会应控制支出并使国家债务置于下降轨道。

第二,美国国会应该恢复债务上限政策。目前暂停的债务上限将于 2019 年 3 月 1 日到期,这意味着在未来几个月的某个时候,国会将不得不解决债务上限问题。否则,美国财政部用于赤字支出的借款能力将受到限制。

第三,国家债务是两党合作的议题。美国国会需要对财政责任作出强有力的承诺,以使国家摆脱困境。

美国国会审计局(GAO)要求解决联邦财政面临的巨额债务问题。[1] 国会审计局是负责审计、评估、调查联邦计划的无党派机构,其发布的2019年度报告,确定美国政府在"降低分散、重叠和重复,实现节约成本和其他经济利益"的机会,包括增加联邦计划的效率和有效性。国会要求国会审计局每年提交年度报告,以帮助决策者减少浪费支出,保护纳税人的钱,并帮助解决政府的巨额债务问题。

美国的债务已经超过22万亿美元。在国会审计局2011年至2018年提出的800项建议中,立法和行政部门部分或全部实施了621项,占77%,为纳税人节省了2 620亿美元。然而,还有更多的工作要做。据国会审计局建议,"如果国会和行政部门机构全面解决仍在进行的396项行动,包括2019年确定的新行动,还可以节省数百亿美元"。

美国政府必须在如下三个方面迅速开始采取行动:一是创建政府范围内所有联邦项目的清单;二是加强政府范围内的数据标准,以便更好地跟踪联邦资金的使用情况;三是推进基于证据的政策制定,比如披露联邦项目的绩效,以确定它们是否达到了预期的结果。

美国正走在一条财政不可持续的道路上。如果不采取行动扭转这一趋势,不断增长的债务将对美国的经济和国家安全造成破坏性后果。减少浪费性支出的努力,包括国会审计局年度报告中提及的,是这个过程的重要组成部分,因为政府的工作是确保纳税人的钱能够有效地、高效地服务于美国人民的需要。

现代货币理论较好地分析了联邦债务出现的原因和解决之道。[2] 经济学家认为,现代货币理论(MMT)背后的经济原理表明,拥有本币的国家(包括美国)不需要担心赤字,或者可以花费更多的钱来赚取收入,因为他们可以通过持

---

[1] "Modern Monetary Theory," https://republicans-budget. house. gov, 2019 – 05 – 07.
[2] 同上。

续印钞来偿还金融债务。

现代货币理论的支持者认为,仅仅从观察可以发现,美元是简单的公共垄断,美国的钱花不光,不可能面临偿债能力问题。为了消费,政府不必像家庭或私营企业那样必须赚钱,政府只需要花钱。但是,很显然,美国的债务激增后果,即使在理论上也是解释不通的。

第一,根据现代货币理论,印钞速度过快会导致通货膨胀率上升。印钞速度快于可用商品的产量会导致通货膨胀率的上升,此举将削弱国家经济,削弱美元价值,提高基本商品和服务的价格,并减少储蓄和投资的动力。第二,现代货币理论还认为,需要提高税收来应付支出增长。但是,有一些反对现代货币理论的人认为,依赖国会通过税收政策控制通胀可能不如美联储实施货币政策那么成功,因为货币政策的实施更为迅速。芝加哥大学布斯商学院曾询问美国 40 多位重要经济学家,100%的受访者不同意或强烈反对现代货币理论基本原理。与此同时,民意调查发现,大多数美国人认为减少联邦预算赤字应该是国会的一项"极为重要"的优先事项。而且,从现实出发,巨额债务威胁美国强劲的经济增长这一点毫无疑问,经济增长强劲的时代,是解决联邦债务最好的时机。

决策者应该把重点放在控制联邦支出的方法上。必须削减财政补贴,如此才能使美国财政走上可持续发展的道路。2019 年,美国经济复苏,2019 年 4 月的就业报告显示,美国失业率降至 3.6%,这是 49 年来的最低水平。2018 年的经济增长率是自 2005 年以来的最高水平。经济增长延续到 2019 年第 1 季度,增长 3.2%。正如国会预算办公室警告的那样,如果不能解决债务问题,可能会破坏这一强劲的经济进展,并会"对经济和联邦预算都有负面影响"。

美国国会审计局发现联邦债息将很快突破年度总支出的一成以上。[1] 按照历史标准,美国政府的债务杠杆率很高。截至 2018 财年末,公众持有的债务占国内生产总值(GDP)的比重为 78%,而 1946 年以来的平均水平为 46%。长期

---

[1]　"The Nation's Fiscal Health: Actions Needed to Achieve Long-Term Fiscal Sustainability," https://www.gao.gov, 2019 - 06 - 26.

来看,联邦支出和收入之间的不平衡将导致赤字和公众持有的债务占 GDP 的比例继续增长。

美国政府正走在一条不可持续的长期财政道路上。截至 2018 财年末,美国公众持有的债务为 15.8 万亿美元,占 GDP 的 78%。根据国会审计局和其他人的预测,预计在 13—20 年内,这一比例将超过 106% 的历史高点,到 2092 年将达到 250%—500% 之间,如果政策没有变化,当前的联邦财政道路是不可持续的。

美国政府预算和其他财政税收部门必须重视调整强制支出计划。从长期来看,联邦支出增长的主要驱动力是医疗保障计划和净利息。预计利息净额最终将成为联邦支出的最大类别,利息支出将在 2024 年超过同期的非国防相机支出,在 2025 年将超过国防相机支出,在 2042 年将超过同期的医疗保险支出,在 2046 年将超过同期的社会保障支出。而且,根据国会审计局的替代模拟变量,在 2092 年,联邦债务净利息预计将占联邦支出的 40% 左右,相比之下,在 2018 财年为 8%。

迫在眉睫的财政压力增加了及时采取行动的必要性。美国联邦预算因财政压力而进一步吃紧,包括那些关键支出项目带来的财政挑战,以及战胜自然灾害等风险的额外支出。拖延的时间越长,改变就必须越剧烈。国会和行政部门有许多机会在短期内采取措施以改善美国政府的财政状况。这些机会包括解决数十亿美元的不当支付和每年超过 4 000 亿美元的税收缺口、评估通过税收支出流失的大量收入,以及执行国会审计局关于国防行动的建议。这些行动将在短期内改善联邦财政状况。然而,仅凭这些行动无法使美国政府走上可持续的财政道路。

要实现财政的可持续性,需要按照相应的规则,制订长期计划。为了应对不断增长的联邦债务,并使政府走上可持续的财政道路,决策者需要考虑一项长期计划,解决包括所有联邦活动在内的收入和支出问题。长期财政计划包括财政规则和目标,其中财政规则包括:限制赤字水平的预算平衡规则、限制公共债务占 GDP 比例的债务规则、规定收入上限或下限的收入规则,以及限制支出的支出规则,通过对预算实施数字指导方针,促进财政可持续性等。美国和其他国家已经使用财政规则来帮助促进财政的可持续性。例如,欧盟的《稳定与增长公约》结合了不同的规则,旨在确保欧盟成员国追求健全的公共财政,并协调各自的财政政策。

财政规则应当保证灵活性和可执行性的平衡。第一,财政规则可以包括允许灵活性的条款,以帮助应对财政风险或者类似经济衰退或自然灾害这样的意外事件;第二,独立的财政委员会等机构可以帮助制定和实施健全的财政政策;第三,可设计校正机制,以响应过去偏离规则的情况。重要的是,美国未来的财政规则必须针对正确的因素来执行预算协议、限制各类豁免。

必须设定财政目标控制债务,必须废除借款事后补救措施。为实现这一目标而设计的规则是财政可持续性长期计划的一部分。与财政规则不同,目前设定美国政府债务上限的方法不是控制债务,而是事后限制借款权限的措施。它不限制国会和总统制定影响债务水平的支出和收入立法的能力。未能及时提高或暂停债务上限,将扰乱美国国债市场,并可能增加借贷成本。作为长期财政计划的一部分,国会应该考虑对债务上限采取其他办法。国会审计局提出了可行的替代方案,比如将债务上限行动与预算决议挂钩。

国会审计局提醒联邦保险计划存在财政风险。[1] 美国政府通过开展公共行动计划,保护各方免受不利事件影响。例如,提供洪水保险、担保抵押贷款或向已故军人的受益人支付款项。确定这些活动并了解它们带来的财政风险可能是一项挑战,因此,国会难以通过预算和拨款程序来监督这些活动。对此,2019 年年初,国会审计局审查了美国政府范围内的财政和预算数据、联邦国内援助目录和美国法典,采访了白宫管理与预算办公室、财政部等机构,审阅了机构的财务预算文件。

国会审计局发现有 148 项联邦保险和其他将风险或损失转移到政府的活动。与私人保险不同,这些活动并不一定要签订合同或通过收取保费来承担风

---

[1]　Alicia Puente Cackley, "Fiscal Exposures: Federal Insurance and Other Activities That Transfer Risk or Losses to the Government," https://www.gao.gov, 2019 - 03 - 27.

险。即使存在保费或其他费用,也可能无法覆盖所有成本,因为联邦支出由政策目标或机构使命驱动,而不是依据财政偿付能力。参见表 1-1。

表 1-1 将风险或损失转嫁给政府的美国联邦保险计划

种 类	活 动 数 量
联邦保险计划	5
联邦贷款担保计划	33
与"两房"(房地美和房利美)达成高级优先股购买协议	2
大型联邦职工和退伍军人福利	13
为非联邦职工提供生活、健康或者伤残福利的其他活动	95
总计	148

来源: GAO - 19 - 353,截至 2017 年 9 月 30 日。

美国国会审计局指出,截至 2017 年 9 月 30 日,美国财政部的 13 个账户占美国政府所有职工和退伍军人福利债务的 99%。这些账户为退休福利、伤残保险、健康保险以及为文职和军人提供的人寿保险计划提供资金。

预算状况无法准确地反映联邦费用支出情况。对于养老金和人寿保险等的索赔,美国政府的承诺早于对支出进行预算的时间。此外,政府可能会根据政策或过去的实践进行支付,这在预算中可能并不明显。例如,商业太空发射保险计划在 2017 年给政府带来的潜在债务高达 31 亿美元,但从未列入预算。国会审计局此前建议在提交给国会的预算文件中扩大使用权责发生制信息。权责发生制将通过在决策时确认长期成本,加强对未来支出的控制。

美国国会审计局要求国会考虑提高对预算文件中财政风险敞口的认可度,例如扩大使用有关当前承诺所产生的预期未来支出的信息。

美国国会审计局注重加强对美属地的公共债务进行审计。[1] 美国 5 处海

---

[1] "Public Debt Outlook - 2019 Update," https://www.gao.gov, 2019 - 06 - 28.

外领地包括波多黎各、美属维尔京群岛、美属萨摩亚、北马里亚纳群岛和关岛。波多黎各通过金融市场借贷,积累了大量债务,并在 2015 年开始拖欠债务。2017 年,飓风"厄玛"(Irma)和"玛丽亚"(Maria)导致波多黎各和美属维尔京群岛大面积破坏,给本已紧张的经济带来了额外的财政压力。于是,2016 年 6 月,美国国会通过《波多黎各监督、管理和经济稳定法》(PROMESA),要求国会审计局审查 5 个属地的公共债务:一是美国各州的公共债务趋势、构成和驱动因素;二是财政收入及其构成趋势和总体财务状况;三是偿还公共债务的能力。5 大美国属地的财政状况如下:

第一是波多黎各。到目前为止,波多黎各已完成 6 项债务重组协议中的 2 项。通过这一重组过程,波多黎各的债券被具有新还款期的债券取代。根据最新财务审计报告,2016 财年,公共债务占其国内生产总值的 93%。波多黎各的一般收入下降了 11%,长期的赤字在此期间持续存在。波多黎各偿还债务的能力主要取决于正在进行的债务重组进程,及其产生的持续经济增长的能力。虽然联邦拨款可能在短期内刺激经济,但目前还不清楚由此带来的经济效益能否持续。

第二是美属维尔京群岛。自 2017 年年初以来,美属维尔京群岛一直无法以优惠利率进入资本市场,也没有发行任何新债券。然而,它收到了用于飓风恢复的联邦贷款,如果这些贷款得不到免除,可能会加重它的总体债务负担。公共债务占 GDP 的比例在 2015—2016 财年从 72% 降至 68%,这是可获得的最新审计数据。在此期间,虽然一般收入增加了 40%,但长期赤字依然存在。美属维尔京群岛能否继续偿还公共债务,主要取决于它能否在未来以优惠利率进入资本市场、能否创造经济增长、能否解决其养老金债务及公共养老金制度即将破产的问题。

第三是美属萨摩亚。美属萨摩亚的公共债务占 GDP 的比例从 2015—2017 财年的 13% 升至 19%。这主要是因为 2016 年年初发行了一只债券,为各种基础设施项目提供资金。在此期间,该地区的一般收入出现波动,并且 2017 年出现赤字。该地区可能继续面临影响公共债务偿还能力的财政风险,例如,依赖金枪鱼罐头和加工业以及庞大的养老金债务。

第四是北马里亚纳群岛。自 2007 财年以来,北马里亚纳群岛没有发行任何新债务,因此,在 2015—2017 财政年度,公共债务占 GDP 的比例从 16% 降至 8%。在此期间,北马里亚纳群岛的一般收入增长了 48%,并且有盈余。由于美国政府对外国工人的限制,北马里亚纳群岛潜在的劳动力短缺已经得到缓解。然而,养老金债务和台风带来的未来财政收入减少的财政风险,可能会影响未来公共债务的偿还能力。

第五是关岛。2015—2017 财年,关岛的公共债务增加了 6%,占 GDP 的比重从 44% 升至 45%。新增债务主要用于对现有债务进行再融资,并为基础设施项目提供资金。在此期间,关岛的一般收入增加了 12%,并且有盈余。养老金债务继续构成财政风险,可能影响未来公共债务的偿还能力。

由此可见,美国 5 大海外属地的财政状况差异很大,2016 年,公共债务占 GDP 的比例从高到低为 93%—45%,一般财政收入增加了 -11%—48%,60% 的属地存在赤字。

美国游说组织尽责联邦预算委员会(CRFB)重点关注预算与债务难题。[1] 未来 10 年,联邦预算增长最快的部分将是债务利息支出,一据尽责联邦预算委员会的预测,到 2029 年,利息额将从 2018 年的 3 250 亿美元增至 9 280 亿美元。如果减税和增加支出的改革措施实施期限延长,那么届时利息支出将超过 1 万亿美元,这将创下新的纪录。如果利率比预期高出 1 个百分点,那么在未来 10 年里将会额外花费 1.9 万亿美元。到 2029 年,利息支出占 GDP 的比例将翻倍,从 2018 年的 1.6% 升至 3%。二据对"替代财政方案"(AFS)的预测,到 2029 年,利息支出将占 GDP 的 3.4%,超过 1991 年的 3.2% 的纪录。三据国会预算办公室的预测,未来 10 年的利息支出增长中,近三分之二将来自我们不断增长的政府财政债务,而另外三分之一将来自利率上升,尽管仍远低于历史平均水平。

净利息支出的增长速度将超过预算方案中的其他任何部分。国会预算办公

---

[1] "As Debt Rises, Interest Costs Could Top $1 Trillion," https://www.crfb.org, 2019 - 02 - 13.

室估计,从 2018 年到 2029 年,利息成本将增加 186%—220%,而同期 GDP 和消费价格将分别增长 53% 和 25%。与此同时,联邦预算中最大的两项支出——养老保障和联邦医疗保健计划——到 2029 年将分别增长 89% 和 96%;相机支出将增长 21%,财政收入将增长 70%,在替代性财政方案下,相机支出和财政收入增长分别为 38% 和 59%。

未来 10 年净利息支出将越来越多。第一种财政方案显示,净利息支出占预算的比例将从 2018 年的 8% 升至 2029 年的 13%。到 2020 年,净利息支出将超过医疗补助支出;到 2024 年,将超过非国防相机支出;到 2025 年,将超过国防支出。正如我们过去所展示的,在未来 30 年里,利息支出将成为政府最大的单一支出项目。第二种财政方案显示,10 年期债券利率将保持在 3.8% 以下,远低于大衰退前 20 年 6% 的平均水平。如果利率最终比预期高出 1%,未来 10 年的利息成本将增加 1.9 万亿美元,仅 2029 年就将超过 1.2 万亿美元,并将债务推高至 GDP 的 99%。在第三种财政方案下,未来 10 年的利息成本将增加约 2.4 万亿美元,仅 2029 年就将超过 1.4 万亿美元,并将债务推高至 GDP 的 112%。

随着美国国债继续增长,国债利率将在未来 10 年逼近历史最高水平,美国政府的利息支出势必大幅增加,在联邦总支出中所占的比例将越来越大。只有尽早削减支出和增加收入,才能显著减轻联邦财政负担。

白宫前经济顾问费尔德斯坦也再次对美国联邦债务危机发出警告。[1] 费尔德斯坦说,当前美国最危险的内政问题就是预算赤字和国家债务的急剧扩大,美国人民所承担的国家债务占 GDP 的比例很快就会超过 100%。

债务危机会给美国经济和社会造成严重的影响。费尔德斯坦说:

　　一旦国内或国外的债权人意识到我们所面临的债务危机的严重性,他们就会提高利率,这必然会进一步加速债务的增长。政府所支付的债务利

---

[1] "President Reagan's Economic Advisor Warns of Debt Crisis," https://republicans-budget. house. gov, 2019-03-22.

息每增长 1%,就会导致年度财政赤字上涨 1%。长期债务占 GDP 的比重增加会对企业投资产生挤压,给经济增长造成重创,进而又会导致实际所得和税收收入的下降,并反过来导致债务占 GDP 的比重进一步上升。

费尔德斯坦还说:

在这种情况下,为了避免经济衰退,政府只有两个选择:要么增加税收,要么削减预算。增加税收会削弱市场主体活力,对经济增长产生掣肘,进而加剧债务占 GDP 比重的恶化,因此,降低政府支出不失为更好的选择。但国防支出和其他非国防可控支出不能低于历史水平,其 GDP 占比也不能低于国会预算办公室所预测的水平,因此,唯一的选择就是削减福利支出,政府需要特别控制医保、医疗补助和社保支出的增长速度。根据预测,截至 2029 年,两个主要医疗健康项目的联邦支出占 GDP 的比重将从目前的 5.5%上涨至超过 7.2%,而且此后还将继续上涨。

削减预算终究将会是国会迫不得已的选择。在美国当前的财政困境下,尽管国会议员们并不喜欢削减预算,但又不得不这么做。否则,不断膨胀的国家债务会给下一代,给经济增长以及美国未来的生活标准带来越来越重的负担。费尔德斯坦呼吁,国会议员们要对 2020 财年联邦预算案精打细算,作为众议院预算委员会的共和党议员们,要致力于找到对法定支出预算进行改革,使国家财政回到可持续发展轨道上来的解决方案。

从新兴市场国家的公司债务可以看出美国债务难题的严重程度。[1] 哈佛大学教授卡门·M.莱因哈特(Carmen M. Reinhart)指出,在次贷泡沫破裂 10 年后,一个新的泡沫似乎正在公司抵押贷款债券市场上开始形成,新兴市场资产类

---

[1] Carmen M. Reinhart,"The Biggest Emerging Market Debt Problem Is in America," https://www.project-syndicate.org, 2018 - 12 - 20.

别的风险不断上升。

美国公司债券与新兴市场主权之间存在密切的联系。新兴经济体是一个非常多元化的群体,在人们普遍认为形势恶化的情况下,随着资本流入这些市场,其主权债券的收益率有了显著上升。历史上,高收益的美国公司债券工具与高收益的新兴市场主权之间存在着紧密的正相关关系,实际上,高收益的美国公司债券存在于美国经济中的新兴市场。然而,在 2019 年,它们之间的关系出现了分歧,美国企业收益率未能与新兴市场的伙伴们同步上升。

造成这种分歧的原因可能是对债券市场风险的低估。全球仍处于低利率的环境,在美国债务抵押市场中,对收益率的持续追寻以抵押贷款债务(CLO)的形式找到了一个相对新的、具有吸引力的来源。证券业和金融市场协会称,新发行的“常规”高收益公司债券在 2017 年达到峰值,2018 年大幅下跌,截至 11 月下跌幅度约为 35%。新的发行活动已经转移到抵押贷款债务市场,未偿金额飙升,几乎每天都达到新的高峰。标准普尔(S&P)及银团贷款和贸易协会(LSTA)发布的美国杠杆贷款 100 指数显示,2018 年 12 月初较 2012 年低点增长约 70%,并且发行量在 2018 年创下历史新高,美国新兴市场正在吸引大量的资本流入。

抵押贷款债务同次贷危机带来的抵押贷款支持证券有诸多相似之处。这些抵押贷款债务与十多年前为次贷危机奠定基础的抵押贷款支持证券有许多相似之处。在经济繁荣时期,银行将贷款捆绑在一起,并降低资产负债表风险。随着时间的推移,这推动了低质量贷款的激增,因为银行不必承担后果。

借款人的信贷评价标准降低。2013—2015 年,评级为 B 或更低等级且前景消极的公司在整体活动中所占的份额显著上升,不仅新发行的债券来自较低质量的借款人,而且这些债券上的契约也变得松懈,而这原本是用于降低违约风险的条款。低门槛的发行量正在上升,目前约占发行量的 80%。

投资者对抵押贷款债券需求较大。与全盛时期的抵押贷款支持证券情况一样,投资者对这种债券有着巨大的需求,这让人联想到资本流动周期的“资本流入问题”或“繁荣”阶段,金融危机的种子总是在经济繁荣时期播下。这是个好时期,因为美国经济正处于或接近充分就业。

资本流入激增往往会导致严重后果。任何因素的变动都会使经济周期从繁荣转向萧条,就公司而言,违约概率随着债务水平的上升、抵押品价值的侵蚀以及股票价格的下降而上升。这三个违约风险源现在都很突出,而且,由于缺乏可靠的担保,抵押贷款债务市场很容易出现挤兑,因为主要参与者是监管较轻的影子银行机构。

人们对影子银行业的担忧由来已久,这既强调了其日益增强的重要性,也强调了其与金融部门其他部分联系的不透明性。当然,我们也听说,通过资本市场而非银行为债务融资的好处是,突然重新定价或注销的冲击不会损害实体经济的信贷渠道,正如 2008—2009 年那样。此外,与抵押贷款支持证券相比,家庭资产负债表的规模对企业债务市场的敞口是不同数量级的。

专家认为增加金融资产供给将导致下一个经济泡沫。在 2007 年之前抵押贷款债务与多个发达市场同步繁荣的住宅市场一样在欧洲得到推广,投资者对欧洲抵押贷款债务有着更大的胃口,导致发行量在 2018 年上涨近 40%。次贷泡沫破裂 10 年后,一个新的泡沫似乎正在产生,里卡多·卡巴莱罗(Ricardo Caballero)、伊曼纽尔·法希(Emmanuel Farhi)和皮埃尔·奥利维尔·古林卡斯(Pierre Olivier Gorincas)均对此表示认可,一个致力于增加金融资产供应的世界经济已经把美国吸引到一个等待下一个泡沫出现的全球游戏中。

传统基金会推出财政"平衡蓝图"以缓解美国财政形势恶化。[1] 保守派专家大卫·迪奇(David Ditch)说,里根总统的名言"自由从来离灭亡不超过一代人的时间"在今天依旧受用,经济繁荣时期,人们很容易认为好的时代将永远持续。尽管今天美国经济发展繁荣,但还有两类破产威胁着美国的财富。第一类破产如所谓的绿色新政和全民医疗保险;第二类破产更直截了当:美国飞速增长的国债。如今美国国家债务总额达 22 万亿美元,人均 6.7 万美元。

---

[1] David Ditch, "America Has a Debt Problem. Here's the Viable Path to Fiscal Sanity," https://www.heritage.org, 2019 - 05 - 21.

经济繁荣时期是控制赤字的时机,但美国政府高度依赖国家信用覆盖支出。国会预算办公室估计,本财年的财政赤字将达到 8 960 亿美元,美国人均赤字将超过 2 720 美元。由于一个重大支出立法正在推行,以及国会正在讨论另一项可能的上限协议,2019 年的赤字可能超过 1 万亿美元。美国上一次出现如此高的赤字是在 2012 年,当时正值经济大萧条之后,但美国不能再用这样的借口。

美国财政赤字还会愈渐糟糕。大卫·迪奇预计,2028 年,财政赤字将攀升至 1.4 万亿美元,这意味着,除非国会采取行动控制支出,否则人均赤字将增加约 4 000 美元。这些赤字超出了目前 22 万亿美元的债务总额。目前人均国债已经达到了惊人的 6.7 万美元,比普通美国家庭一年的收入还多了数千美元。

不断攀升的高债务负担存在诸多不利影响。大卫·迪奇说,首先,政府 2019 年光债务利息支出就达到 3 820 亿美元,即人均 1 160 美元。这笔支出对大多数美国家庭都大有帮助,但美国却把它付给大多是外国政府的债权人。仅中国就持有超过 1 万亿美元的美国国债。债务和利息支出的不断增加,给经济增长造成了更大的阻力。虽然很难去衡量因债务错失的经济增长,但即使经济增长效应相对较小,每年每个工人也会损失数千美元。这对年轻人和后代极不公平。现在的美国小孩不仅背负着数万美元的国债,而且政治领导人对国家财政的不负责任还可能减少后代的经济发展机会。

传统基金会对巨额赤字和经济放缓问题的解决方案是"平衡蓝图"。大卫·迪奇指出,传统基金会的"平衡蓝图"综合了数十位政策分析师的工作成果,该蓝图为决策者提供了一种全面的税收、支出方案。一是,"平衡蓝图"将把预算从年度赤字转为盈余。二是,"平衡蓝图"将通过取消无用项目,改革社会保障和医疗保险,使其可持续发展,并将最好由私营部门、州和地方政府管理的项目的控制权和责任返还给实体,最终实现人均累计储蓄达到 30 000 美元以上。三是,"平衡蓝图"将通过将《减税与就业法》永久化,实现人均减税约 2 500 美元,同时取消对有政治关联的团体和企业的许多税收补贴。四是,"平衡蓝图"将国债规模缩减三分之一以上,使其可控。五是,"平衡蓝图"的实施将确保美国军队有足够的资源维持国家安全。

大卫·迪奇说,实现平衡蓝图需要不断努力,还需要有政治魄力。遵循"平衡蓝图",国会议员可以确保经济继续增长,退休体制具备偿付能力,美国政府也可以专注于优先事项,如保卫国家。该如何选择显而易见。美国的现在和未来取决于对自由市场、有限政府、个人自由和强大国防原则的承诺。这些就是"平衡蓝图"所体现的原则。

第二节简要描述了美国联邦财政的困境。美国共和党和民主党数十年来,一直试图解决这一困境,但是至今没有找到任何办法,核心的问题是两党为了选票不得不不断承诺加大预算,同时也设想了各种办法改善财政状况,如增加财政收入、削减结构性支出、转嫁财政成本等,但是本质上并没有增加美国的"真金白银",可见未来美国财政"寅吃卯粮"的基本模式将持续下去。

第三节 "大炮与黄油"的两难选择

第二章第三节主要围绕美国霸权对于军费支出的意义,以及联邦强制支出规模和结构的固化对于军费支出的影响,揭示美国公共财政永远面临的"大炮与黄油"困境之无解的内在逻辑。

一、美国霸权与军费支出

(一)美国政府与军费预算

美国政府要求海军增加 2020 财年的采办计划。[1] 美国政府提出的军事采办计划包括三分之一弗吉尼亚级攻击潜艇和三分之一阿利伯克级导弹驱逐舰。白宫预算摘要显示,预算资金要用于改善航空准备、船舶准备以及军队招募活

---

[1] Ben Werner, "White House's Navy Priorities Outlined in Budget Summary," https://news. usni. org, 2019 – 03 – 11.

动。民主党众议员乔·考特尼（Joe Courtney）是众议院武装部队海港动力和投送部队小组委员会主席，他支持将军事预算中的三分之一用于采办攻击潜艇。7 130 亿美元的总预算中有 1 650 亿美元（22%）的海外应急行动资金，而上年度的海外应急行动拨款只有 688 亿美元。根据国会研究局（CRS）报告，海外应急行动账户大部分资金被用于日常国防支出，议员们一直试图削减海外应急行动支出，尽可能将更多项目重新纳入国防部基本预算。2020 财年预算请求资金的优先事项是海军的最重要事项。

第一，美国海军需要增加军人数量。海军面临着严峻的招募环境，海军正在与军队的其他部门和强大的文职人员就业市场竞争人才。白宫预算摘要显示，2020 财年的预算请求包括所有现役军人加薪 3.1%。从长远来看，美国海军没有足够的人员来维持一支由 355 艘军舰组成的舰队的正常运转。美国海军目前缺少约 6 200 名人员。海军正在使用各种策略，包括增加奖金和改进对现役人员和军官的培训，以留住有经验的人员。

第二，海军需要建造导弹护卫舰。美国海军发布关于设计和建造 20 艘下一代导弹护卫舰 FFG（X）的建议书，提出建造前 10 艘护卫舰，船体单位成本 8 亿—9.5 亿美元，目标是在 2020 财年签订合同。美国海军将小型设计合同授予了五家造船厂，包括奥斯塔公司、洛克希德·马丁公司、亨廷顿·英格尔斯工业公司、芬坎蒂里公司和通用动力公司巴斯钢铁厂。

第三，美国海军需要建造驱逐舰。海军与英格尔斯工业公司以及通用动力公司巴斯钢铁厂签署了一份为期 5 年、价值 90 亿美元的合同，将总共建造 10 艘新的阿利伯克驱逐舰。拟议的 2020 财年预算需要三艘驱逐舰。

第四，航空母舰需要补充建造资金。美国海军与亨廷顿·英格尔斯工业公司的纽波特纽斯造船公司签署了一份价值 149 亿美元的合同，以支付两艘福特级航母 CVN‐80 和 CVN‐81 的剩余设计和建造成本。据美国国会研究局报告，购买两艘船预计将为该计划节省 40 亿美元。然而，两艘船完全建成需要 6 年，费用会逐渐增加。海军计划在 2020 财年为 CVN‐80 建造投资 21 亿美元，CVN‐

81 的资助计划要到 2021 年才能开始。与此同时,海军哈里·杜鲁门号航空母舰(CVN-75)可能提前退役,而原计划是在 2024 财年花费约 55 亿美元大修。杜鲁门号的提前退役将使海军的航母舰队减少到 10 艘,而此时海军本应努力将航母数量增加到 12 艘。

第五,海军的下一代战机主导计划需要补充资金。预算请求包括为目前 F/A-18E/F 超级大黄蜂战斗机舰队现代化提供资金。自美国海军宣布下一代空中主导计划可能包括几种不同类型的机身以来,已经过去了几年。海军对该计划的资金要求将很好地说明海军计划多快部署这些新战斗机。

第六,海军需要增加无人驾驶水面舰艇。白宫要求为两艘大型试验无人驾驶水面舰艇提供资金。在 2019 财年初,海军海上系统司令部获得美国国防部领导层的批准,开始开发通用无人驾驶水面舰艇(CUSV)。

第七,海军航空兵战备资金需要增加。美国海军、海军陆战队和空军都肩负着提高航空战备能力的重任,美国国防部要求他们在 2019 年年底前将飞机的作战能力提高到 80%。为实现这一目标,2020 财年的预算可能包括改善零部件的采购、管理和从仓库运送到航线的方式。美国海军一直在向商业航空界寻求创意,包括聘请西南航空一位前高管来改进美国海军的供应链运作方式。飞机维修工的重新入伍奖金也被用于挽留有经验的飞行员。

第八,美国需要建造两栖战舰。与过去几年相比,2020 财年对造船业来说可能是一个紧缩的财年,这让美国国会和业界担心一些项目可能会放缓。长期以来,建造下一艘两栖攻击舰 LHA-9 一直被认为是 2024 财年的一个项目。美国海军陆战队和造船界已经要求将投产日期提前至 2021 年,以保持热生产线的运转。然而,有媒体报道称,国防部决定推迟两栖战舰的建造步伐。

第九,哥伦比亚级弹道导弹潜艇建造资金要翻番。在 2020 财年,海军可能会请求约 20 亿美元用于哥伦比亚级弹道导弹潜艇项目,从 2021 财年开始,与哥伦比亚级弹道导弹潜艇有关的资金请求预计将翻一番,达到每年 40 亿美元。预计第一艘哥伦比亚级导弹潜艇将在 2028 年加入舰队。

战略与国际研究中心对美国海军 2020 财年预算进行了分析。[1] 战略与国际研究中心国际安全项目主任凯瑟琳·希克斯（Catherine Hicks）说，2018 财年美国海军预算重点旨在强化战备，2019 财年预算重点是提高联合作战能力，那么 2020 财年 7 500 亿美元国防预算仅够维持国防部运营。

每年联邦预算增长 3% 只够维持国防部目前的运营水平。而 7 500 亿美元的请求比 2018 年增加了 4%，如果将这笔支出与美国国防战略挂钩，那么一些长期军事优先事项必须重新衡量，这样的话，建设一支拥有 355 艘军舰的海军就难以实现了，但是不为购买航母和两栖舰艇提供资金在"政治上不可能"。而导弹护卫舰计划可能更容易取消或削减，以资助被认为对国防战略至关重要的其他优先项目。导弹护卫舰计划的数量是 20 艘，每艘成本约 8 亿美元。其他服务可能会削减，空军可能缩减中队数量，陆军可能削减装甲车。

最终拨款可能与总统的要求截然不同。战略与国际研究中心的哈里森说，国会可以调整优先项目的资金，还必须应对 2011 年《预算控制法》规定的支出上限，如果在 2020 财年前不解决支出上限问题，就要通过一项临时拨款法，即接续决议（CR），使国防部维持 2019 财年的支出水平，并禁止启动新项目。

特朗普为美国陆军申请了 328 亿美元预算。[2] 美军认为，制订陆军五年支出计划的目的是应对与俄罗斯或中国的战争，预算金额远远高于原始目标 250 亿美元的 30%。在 2020 年的预算申请中，首期款很少，大部分资金在未来几年才能拿到，也可能永远拿不到。美国陆军副部长瑞安·麦卡锡（Ryan McCarthy）表示，随着时间的推移，新系统从相对廉价的研发转向成本更高的大规模生产，历史遗留项目将会消失。不过，2020 年陆军的采购有所减少，而研究、开发、测试和评估费用略有增加。原型武器开发费用增长了 1 倍多。美军现

［1］ Ben Werner, "Experts Say Aligning FY2020 Budget With Defense Strategy Could Result in Navy Cuts," https://news. usni. org, 2019 - 01 - 31.
［2］ Sydney J. Freedberg Jr. , "Army Lumbers Into Future: $33B In 2020 - 2024 For Big 6, Eventually," https://breakingdefense.com, 2019 - 03 - 12.

代化支出增加 10 亿美元,低于 2018 年 370 亿美元峰值。

美国陆军取消了 M2"布拉德利"(Bradley)军用运输车升级项目,削减了"布拉德利"多用途装甲车辆新型无涡轮实用改进型产量,削减了"复仇者"防空车辆。继续升级老式 H–47"奇努克"重型直升机,升级改型 MH–47 用于特种作战,加速发展智能武器项目,如地狱火导弹、制导多管火箭和 ATACMS 陆军战术导弹系统等。彻底取消五项计划,它们是 HEMTT 重型卡车及其增强的集装箱装卸单元、FREHD 地雷探测系统、高爆制导迫击炮弹、ADEC 航空失踪计划系统、防雷车辆及扫雷车辆的各种改装方案。

美国空军成为特朗普 2020 财年预算最大赢家。[1] 五角大楼简报指出,美国军队需要飞机和导弹才能更好地赢得一场针对俄罗斯或中国的战争。因此,在 2020 财年预算主要投资项目中,美国为了"增强与大国对手对抗的竞争力",将投资空军项目 577 亿美元。如果将军事预算按照四大领域划分,"航空领域"预算超过"海洋领域"(即海军)347 亿美元的 67%,超过"陆地系统"(即陆军和海军陆战队)146 亿美元的 295%,超过"太空领域"(主要是空军)141 亿美元的 309%,还超过为海陆空所有领域服务的"网络领域"96 亿美元的 500%。

特朗普的预算案显示出美军作战思想的新变化。"多领域作战"包括陆基导弹发射器、机器人战舰、网络战和飞机投资。预算文件上出现了"多领域一体"或"多领域及核威慑三位一体"概念。在这类项目中,除了海军的哥伦比亚级弹道导弹潜艇,其他投资项目都属于空军。在"多领域及核威慑三位一体"预算案中,支出最大的项目是 B–21 轰炸机,执行核战争、网络战任务,但是其主要目的是突破中国和俄罗斯的防空系统,并投放常规精确打击武器。

特朗普在导弹防御体系建设方面的投入不遗余力。"导弹防御和攻击"预算项目共投入 136 亿美元,这一领域虽然包括了海军"宙斯盾"项目、陆军战区高空区域防御系统(THAAD)和爱国者导弹系统,以及导弹防御局的陆基中段导弹防

---

[1] Sydney J. Freedberg, "2020 BUDGET: Airpower Wins Big," https://breakingdefense.com, 2019 – 03 – 12.

御系统（GMD），但是不同于官方的陆、海、空、太空和网络空间五个领域。

美军"创新技术领域"的预算约为 75 亿美元。主要包括：无人驾驶和自主系统 37 亿美元；人工智能和机器学习 9.27 亿美元；高超声速巡航导弹 26 亿美元，适用于多种空军原型机、海军海上发射的常规快速打击项目和陆军陆上发射的常规快速打击项目；定向能源项目 2.35 亿美元，主要是激光加上少量高能微波，所有军事服务部门都将之用于导弹防御。

目前，美国空军建设正处于应对大国竞争的最高峰阶段。F－35 仍是美国历史上规模最大的常规武器项目，五角大楼规划对美国空中力量进行大规模投资以应对战争。美国军事专家认为，2020 年空军占据预算优势的部分原因，可能只是因为空军有更多的大型项目，这些项目既与大国战争有关，又已经"准备就绪"，可以立刻投入更多资金。相比之下，美国海军仍在努力保护自己的航母舰队，刚开始投资"海军 2.0 时代"的机器人战舰，而陆军的六大投资同样还处于原型阶段。当海军和陆军有更多的项目准备投产时，国防预算的形式可能会发生转变。

美国军工综合体叫嚷必须施压民主党国会通过大规模国防预算。军工网站"防务快讯"（Breaking Defense）说，控制众议院的民主党人会抵制增加国防支出的要求。这是一个合理的假设，因为国防支出被大幅削减国内支出抵消了，也因为通过将大量资金转移到海外应急行动来绕过预算控制法案的上限。虽然越来越多的海外应急行动资金被用于"基本预算"需求，但它应该用于战时行动和紧急支出，民主党人已经表示，他们将反对他们认为是噱头的预算项目。

美国太空军年度预算案通过整个过程艰难。[1] 有关太空军的年度预算体现了美国军队内部的争论。大卫·格德法恩（Dave Goldfein）将军指出，太空军对保证美国在太空战中的优势更为高效。格德法恩将军说，太空军司令和他的关系就如同海军司令与海军作战部长的关系。这种结构意味着空军部长希瑟·

---

[1] Colin Clark，"Space Command More Important Than Space Force：CSAF Goldfein；Trump Signs SPD－4，" https://breakingdefense.com，2019－02－19.

威尔逊(Heather Wilson)将继续主持太空军预算,也意味着太空军将利用空军之外的影响力,游说国会获得更多资金,就如同海军一直以来的那样。虽然太空军的文化不太可能像海军那样自由和有吸引力,但作为独立实体,他们似乎有空间与国会和国防工业企业协商,而这是前所未有的。众议员麦克·罗杰斯(Mike Rodgers)坚决拥护成立新的太空军。

2020年太空军总部将保持不到1亿美元的预算。五角大楼为了取悦特朗普总统,接受突然成立太空军,这带来了组织上的重大变化,故较难获得内部支持。太空政策4号指令要求国防部长撰写立法提案提交国会成立太空军,并由一名空军副部长负责太空军事务,这位副部长将需得到参议院确认。这份提案再次建议成立太空军司令部,这是一个比现有的太空军更复杂且可能更昂贵的机构。重要的是,太空军不包括任何民用空间机构,如国家航空航天局、国家海洋和大气管理局,也不包括卫星情报机构,如国家侦察办公室和国家安全局。然而,五角大楼和国家情报负责机构"将建立和加强国防部与美国情报部门的合作机制,从而增强太空行动的统一性和有效性"。至于如何实施,他们将在180天内提供详细报告。

太空军的反对者和质疑者也不少。众议院武装部队委员会议员迈克·特纳(Michael Turner)最先表达了对特朗普总统签署太空政策4号指令的看法。他说:"这是确保我们在太空领域取得成功的关键第一步。我坚信太空力量隶属于空军管辖是很重要的。我们期待国会在该问题上进一步立法,我也期望与战略部队小组委员会的同事合作,确保总统的提案能够满足我们在太空的需要,并节约成本、提高战斗力。"不言而喻,特纳不似以前那样重要,因为他是民主党中支持共和党的人物。众议院军事委员会主席亚当·史密斯(Adam Smith)仍然是太空军的坚定反对者。另外,参议院军事委员会主席詹姆斯·因霍夫(James Inhofe)对太空军也不感兴趣。即便不考虑众议院,没有参议院的批准和支持,行政令也难以有效。

美国已召集16个国家的空军领袖讨论太空议题并签署协议。军工网站"防务快讯"透露说,美国和其他国家将专题讨论太空议题。

(二)国会两党与军费预算讨论

特朗普提交 2020 年度国防预算后,国会举行了听证会进行审议。[1] 美国国会要对国防和全球安全承诺达成共识,必须进行军事情势听证会。听证会由两院军事和外交事务委员会联合举办,委员会是国会在 20 世纪 80 年代初为解决一系列国防问题而成立的。众议院军事委员会新任主席亚当·斯密(Adam Smith)认为,高达 7 160 亿美元的国防预算实在太高了,而且美国的国防保障规模太大。参议院军事委员会新任主席则表示,需要 7 500 亿美元国防支出,才足以维护美国的安全利益。国会和选民需要找到共同点,解决四个关键问题。

第一是美国希望军队做什么。毕竟,美国军队的使命是选民通过选民投票支持的政府官员来决定他们必须做的事情。选民是想要让美国的军队打一场公平的战斗,还是确保他们能够迅速击败敌人并尽可能减少对非战斗人员的伤害?这需要为军队提供最好的工具来阻止和击败对手。

第二是美国的盟友扮演什么角色。美国想要花费的东西与其盟友现在的支出以及他们将来承诺的支出有关。毕竟,如果美国要强调与盟友进行多边和联合行动的必要性,其盟友必须做好准备并能够胜任这项工作。

第三是什么是威胁,应如何面对。任何对威胁的评估都应该保持清醒的头脑,毫不留情,即使在最后的分析中美国认定威胁不会得到解决。

第四是削减国防预算如何影响美国的军事承诺。如果美国要大幅削减国防支出,它就必须认真考虑它在世界各地作出的承诺,并决定将停止哪些承诺。

美国国家安全战略的前进性需要大量增加国防资源。美国国防战略委员会认为,第一,当前美国面临几十年来最大的安全和福祉风险。美国的军事优势支撑着全球影响力和国家安全,这是硬实力的支柱。但是这种硬实力已被侵蚀到危险的程度。对手们在许多方面和领域挑战美国,所以美国保卫盟友、伙伴和自

---

[1] Peter Huessy,"Hold Joint Armed Services-Foreign Relations Defense Hearings," https://breakingdefense.com, 2019 - 02 - 04.

身重大利益的能力越来越受到怀疑。如果美国不立即采取行动纠正这些情况,后果将是严重和持久的。

第二,人们对伊拉克战争和阿富汗战争久拖不决感到担忧。战争期间,美国国防支出大幅增加,战争花费了数千亿美元,但美国军队所面临的问题是,冷战结束后,美国开始了近30年的军事采购大幅下降进程。退役空军上将加雷特·哈伦恰克(Garret Harencak)称,军事采购大幅下降进程对美国核力量尤其危险,但它包括美国所有的常规军事力量。美国在一定程度上实现了现代化,但大部分资金用于美国参与的战争。

美国国防部希望基于威胁确定国防预算,通过评估用最好的技术支持军队。美国联邦2020年计划支出约4.41万亿美元,加上州和地方支出将花费7.56万亿美元,每个美国人分担2.3万美元。国防支出占总支出的9%,每个美国人分担2 100美元。国会预算办公室预计未来10年的财政收入增长将达2.2万亿美元,到2028年将达5.7万亿美元,足以支撑强大的国防预算,更不用说在过去的10年,联邦财政收入增长几乎翻了一番。

国会共和党要求增加国防预算。[1] 从2011年《预算控制法》的颁布开始,美国国会开始实施2012—2021财年相机支出上限政策,并不断增加一些限制条件。如果2020财年不再制订新的支出上限协议,国防支出上限与2019财年相比,将下调710亿美元(11%),非国防支出上限将下调550亿美元(9.2%),财政支出的削减幅度非常大,直接影响到军事预算。沃马克议员说,如果根据现行法律削减2020财年国防预算,无疑会影响最近美国的军事进展。

国会共和党认为削减国防预算将对美国国家安全造成灾难性影响。美国需要继续增加国防预算,以随时保持应对传统和非传统对手的军备能力。新美国安全中心国防专家史蒂文·科西亚克(Steven Kosiak)说,2020财年国防支出"削减710亿美元将是毁灭性的",国会不仅应该阻止削减国防预算,而且国防预算

---

[1] "BCA Budget Caps Hearing," https://republicans-budget. house. gov, 2019 - 02 - 12.

的增加"至少应该跟上通货膨胀的步伐"。科西亚克将防御描述为对抗对手的"保险政策",并声称,国防经费决策应该由战略而不是武断的预算上限来决定。詹姆斯·马蒂斯(James Mattis)将军也呼吁,在不考虑通货膨胀的情况下,美军基地预算每年要增加 2%—3%,"需要以一种平衡人员、现代化和军事动员准备的方式维持军事力量"。

共和党希望召开听证会鼓动支持增加军费预算。[1] 预算委员会核心成员沃马克说,"多年以来,削减预算使国防安全严重受损,我们好不容易才再次让军队领袖和军人享有履行职责所需的各种资源",削减 2020 财年国防预算无疑将直接危害军人利益。但实际上,削减国防预算不利于共和党。出席听证会的共和党人士一致认为,美国必须不断增加国防预算,才能保证美国有足够实力对抗传统和非传统对手。

共和党预算委员会声称美国的国防预算不足以影响美国未来的国家安全。[2] 提前进行军事预算规划对有效执行任务至关重要,预算程序的不稳定给整个国防部带来了问题。多达 22 万亿美元的债务也会直接影响美国国家安全,美国国防部官员诺奎斯特警告说:"自动减支对国防部来说将是毁灭性的。首先是填补空缺的挑战,因为没有足够的士兵或海军完成基本工作,所以开始取消准备练习。当你谈论削减的规模时,这些都不是小问题,国防预算削减具有巨大的破坏性。"

而民主党则希望立法限制特朗普滥支军费。[3] 众议院军事委员会民主党人、众议员鲁宾·加莱戈(Ruben Gallego),主席亚当·斯密和军事战备小组委员会主席约翰·加拉门迪(John Garamendi)等联合署名,提出了一项限制国防部调

---

[1]　"BCA Budget Caps Hearing," https://republicans-budget. house. gov, 2019-02-12.

[2]　"Defense Department Highlights Dangers of Funding Instability, Massive Spending Cuts," https://republicans-budget. house. gov, 2019-03-28.

[3]　"HASC Democrats Introduce Bill to Limit DOD's Authority to Reprogram Military Construction Funds," https://armedservices. house. gov, 2019-05-15. 该法案最初提案人还包括代表沙鲁·卡巴杰尔(Salud Carbajal)、吉尔·西斯内罗斯(Gil Cisneros)、维罗妮卡·埃斯科巴(Veronica Escobar)、泽奇特尔·托里斯·斯莫(Xochitl Torres Small)、洛里·特拉汉(Lori Trahan)和费莱蒙·维尔拉(Filemon Vela)。

整国防预算的权利法案。立法将设定 2.5 亿美元的预算限额,用于国家在紧急情况下的应急军事建设,要求国防部在执行有关项目时,放弃其他预算能力,而且还规定只允许将无法用于预期目的的资金挪用于紧急情况,工程开工必须得到国会同意。

(三)20 年来接近 2 万亿美元的战争临时预算

民主党阻止特朗普试图绕过民主党国会增加军事预算。[1] 2019 年 2 月 25 日,白宫宣布将 1 740 亿美元的款项转入海外应急行动账户,试图绕过自动减支等常规"基本预算"的限制。民主党进行了猛烈抨击,而且说"将拒绝这个议案"。众议院军事委员会主席亚当·斯密和众议院预算委员会主席约翰·亚穆斯(John Yarmuth)指责特朗普违背了以完全透明的方式践行对国家优先事项的投资方针,此举将导致《预算控制法》划定的支出上限这条红线的终结。

通过海外应急行动账户扩大国防支出势必增加财政赤字。国防部副助理部长艾伦·谢弗(Alan Shaffer)在 2019 年 2 月份的圣地亚哥海军会议上表示,他对未来几年国防预算增长的预测并不十分乐观。国会预算办公室估计,到 2025 年,美国政府的债务将超过整个国防预算,因此,国防部将不得不作出"更大努力",以确定根本无法削减或去掉的项目,并在其他地方作出艰难选择。

民主党的行为引起了白宫的不满。白宫管理与预算办公室主任拉塞尔·沃特(Russell Vought)指出,扩大海外应急行动资金的使用范围,是奥巴马政府为满足国家安全需要、避免不断提高支出上限的唯一负责任的财政选择。《预算控制法》对联邦支出设置了上限,而国会在用尽财政边缘政策后,已多次取消了这一上限。2018 财年和 2019 财年国防预算上限被暂缓执行,因此,军费支出得以增加。但到 2020 年,上限政策将恢复,因此,美国国防支出只能在 5 760 亿美元以下,非国防支出只能在 5 420 亿美元以下。

---

[1]　Paul Mcleary, "Dems Will Fight White House's $174B Add To Pentagon's OCO Emergency Fund," https://breakingdefense.com, 2019 - 02 - 25.

（四）美墨边界墙与军费

民主党对特朗普准备挪用军费修建隔离墙的做法感到义愤填膺。[1] 众议员加莱戈说："行政当局滥用职权，单方面制定误导性政策，比如在南部边境修建隔离墙，这在本届行政当局的过度扩张中表现得很明显。""通过从征兵账户、禁毒工作和关键基础设施中窃取资金，特朗普行政当局正在使我们的国家变得不那么安全。这项立法将确保武装部队不再是总统最糟糕的政治冲动的无底洞，而是保留了一支准备就绪和高度专业化的部队，专注于国家的外部防卫，而不是做国土安全部的工作。"众议院军事委员会主席亚当·斯密表示："我以前曾明确说过，特朗普行政当局一再试图从国防部挪用资金，以资助他误导的边境墙，这是对军事准备的冒犯。"

民主党议员准备引用宪法第一条第一款规定限制特朗普挪用军费。众议院军事战备小组委员会主席约翰·加拉门迪说："总统无视国会的意愿，试图从关键的军事建设项目中窃取资金，以支付修建边境墙的费用。"他作为众议院军事备战小组委员会的主席，负责监督军事建设和备战账户，他认为美国的军事设施依赖军事建设资金。美国国会就边境安全问题进行了一年半的辩论，并决定在边境安全技术上投入 12 亿美元，立法过程中，将对行政部门进行至关重要的检查，并禁止总统利用军事建设预算和其他关键项目履行竞选承诺。

民主党认为使用国防预算修建部分边境墙是对总统权力的不当使用。国会曾灵活授权国防部使用预算资金，支持部队应对国家紧急情况的军事建设项目，例如 2001 年 9 月 11 日袭击事件后的紧急措施。但是现在民主党国会反对特朗普随意使用国防资金，认为应确保紧急军事建设权力的使用是透明的，并在合理的费用范围内。最重要的是，国防部只能从不妨碍现有建设项目或军事准备的资金来源中提取资金。简而言之，这项立法将使美国人民了解在国家紧急情况下如何使用他们的税款，同时保障军事准备。

---

[1] "HASC Democrats Introduce Bill to Limit DOD's Authority to Reprogram Military Construction Funds," https://armedservices.house.gov，2019-05-15.

众议院军事委员会删减 2020 财年美墨边境墙预算。[1] 众议院军事委员会主席亚当·斯密发表声明,回应有关 2020 财年缩减版国防授权法案(NDAA)的争议。亚当·斯密认为,一个重要分歧难以调和,即如何解决总统使用国防部资金修建边境墙的问题。这一问题与过去几年的其他问题并无不同。当美国每年起草草案时,不可避免地会出现政策分歧,但在过去连续的几十年中,国会经过谈判,都成功地调和了这些分歧。他还说:"有人提议,今年放弃谈判,转而通过一项'瘦身法案',毕竟任何不限制为修墙融资的立法草案都难以提交至众议院。对那些指望我们通过国防授权法案的军人来说,这相当于失败,同时,这也相当于我们国家国防的失败。"亚当·斯密认为:"为国防事业授权是一项艰巨的工作,也是国会最重要的职责之一,众议院军事委员会将继续与两院和白宫一道,推动谈判持续进行。我相信,我们能够调和分歧,并把国家利益放在首位。"

(五)国会与美国军费政策评估

2019 年,国会审计局 35 年来首次全面评估了美国的军工政策。[2] 美国国防部每年为承包商提供数十亿美元的合同融资,用于主要武器系统和其他长期项目的固定价格合同。合同融资有助于承包商管理费用,直到他们开始向国防部交付合同项目。合同融资可以采取两种形式:一是根据承包商发生的成本的进度付款;二是基于绩效付款,政府向承包商支付商定的金额以实现某些目标。

美国国防部需要适时分析联邦政策对国防工业的影响。自 1985 年国防部进行全面评估以来,国会和国防部改变了合同融资的立法和监管框架,包括取消了合同官员证明合同融资需求和建立基于绩效的支付偏好的要求。然而,国防合同管理局的数据显示,从 2010 年到 2016 年,该机构管理的绩效支付金额有所下降。

---

[1] "Smith Blames Border Wall as Main Sticking Point in FY20 NDAA Negotiations," https://armedservices. house. gov, 2019 - 10 - 24.

[2] "DOD Should Comprehensively Assess How Its Policies Affect the Defense Industry," https://www. gao. gov, 2019 - 06 - 27.

美国当前的工业和经济状况已经发生了变化,包括利率降低和通常不与国防部合作的承包商的出现。2018 年 8 月,美国国防部提议在其进度款支付流程中引入基于绩效的要素。国防部官员表示,由于拟议的规则侧重于激励承包商的业绩,他们没有评估该规则将如何影响国防部承包商的盈利能力,也没有评估其他融资或利润政策的变化。2018 年 10 月,国防部撤回了拟议规则。国会审计局在美国政府内部控制方面的标准要求各机构定期监测其政策的有效性。2018 年 12 月,国防部官员承认有必要这么做。在国防部进行全面评估并确保定期进行评估之前,它无法了解当前或未来的合同融资政策是否达到了预期目标。

2019 财年,国防部要求国会审计局分析目前向承包商提供的融资水平的条款。一是要描述自 1985 年以来国防部合同融资政策的变化;二是要评估国防部分析合同融资政策对国防工业影响的程度。国会审计局建议国防部确保对其合同融资和利润政策对国防工业的影响进行全面评估,并定期更新评估结果。

军费作为一年一度国会审议的相机支出历来是两党争论的核心焦点。白宫和国会在这个问题上并不存在根本的分歧,因此两党的斗争本质上仍是一种争取民心的"戏码",无论是军种之间的利益分配,还是军工行业之间的利益分配,或是不同区域之间对军费的分配,都是议员们的选票需要,这台戏必须永远演下去。

二、压不出水分的强制支出

共和党极力美化特朗普的医保改革方案。[1] 据白宫办公厅主任米克·马尔瓦尼称,特朗普总统将"很快"公布他的医疗保健计划。这是个好消息,共和党人在 2017 年未能通过改革,但医疗保健仍然是美国人最关心的问题。事实上,这是 2018 年中期选举的头号议题。但这需要对以往的教训,以及奥巴马医改的失败进行一些认真的思考。美国共和党智库传统基金会认为,以下是美国

---

[1]　Marie Fishpaw, Tim Chapman, "Trump Might Release His Health Plan Soon. Here Are 7 Ways to Make It Succeed," https://www.dailysignal.com,2019 - 04 - 22.

医保改革的七个经验教训。

第一，医保改革必须事先制订好计划。因为对大多数美国人来说，医疗保健仍然是头等大事。他们担心是否能够选择高质量的医疗和保险，担心他们自己或家人在生病时是否会失去看医生或使用保险计划的权利。美国民主党左派倾向于加强奥巴马医改方案。参议员森·伯尼·桑德斯（Sen. Bernie Sanders）连同 14 位参议院共同提案人和近半数的众议院民主党人，将推翻奥巴马医改方案，将美国现有的医保定为非法，并将美国所有人纳入新的政府运营计划。众议院议长南希·佩洛西（Nancy Pelosi）的替代方案是向大型保险公司投入更多资金，以掩盖奥巴马医改的潜在失败。

但左派的方案并不能解决美国人的担忧。相反，它们传递了许多最令人担心的事情，包括为了获得医疗护理服务不得不等待更长的时间，而且消费者的选择更少。为了对抗左派，保守派应该解释为什么自由主义者的解决方案不起作用，以及为什么他们的替代方案更好。如果没有明确的替代方案，保守党就有可能把胜利拱手让给那些支持单一付款人计划的竞选人。

第二，将目标明确和绩效可测量的提案公之于世。传统基金会认为，美国人认为健康的美国才是强大的美国。民调数据表明，他们想要一个一流的医疗保健体系，让他们选择最适合自己和家人的医疗保险，支付较低的保险费，通过政府运行的医疗计划获得私人保险，并帮助弱势人群获得医疗服务。

美国人希望将医保决策权交给家庭、州、小企业和非营利组织。任何保守的计划都必须表明它符合这些标准，它必须给予家庭和个人自主选择的权利，大幅降低保费成本，扩大选择范围，不损害保险覆盖水平，并帮助弱势群体，包括穷人、病人和那些有预先存在条件的人。传统基金会的研究表明，美国人对这一愿景作出了很好的反应。

第三，医保改革必须以成功经验为基础。传统基金会提出，小企业也能负担医疗保险计划。一是，总统做出了一些调整，扩大了医疗保健选择范围，保护弱势群体，降低成本。例如，政府关于短期计划的规定给了消费者一个新的选择，提供了更低的保费,推翻了奥巴马政府的一些规定。二是,允许小公司联合起来购买健康保险并获得与大公司相同优势的管理规则正在降低小企业、独资企业和独立承包商的保费。另一项提议的规则是,公司可以提供税收优惠资金,供职工购买个人便携式医疗保险。并且,新的联邦指导方针允许各州有更多的自由获得对奥巴马医改的严格规则的豁免,使它们能够为缓解风险进行融资,来保护病人和其他人免于支付高保费,以及更广泛地改革私人医疗市场。国会应该将这些规则写入法律,以确保它们不受未来政府的激进法官和逆转趋势的影响。

第四,不要听信"一刀切"的解决方案。不仅仅是左派想要解决华盛顿的医疗问题,一些右派也试图通过联邦行动解决目前的医疗困境。这种做法与美国人想要的恰恰相反。一个以华盛顿为中心的计划将削弱现有的创新和正在出现的改进,而这些改进已经超出了总统提供的监管救济范围。

第五,不要通过花钱掩盖奥巴马医改的问题。传统基金会认为,保守派也应该回避这样的想法。即我们需要一个新的联邦计划,并把新的联邦资金投入到风险缓解上,如再保险或高风险组合。这样的努力在上一次国会会议上失败了,最近,众议院能源和商业委员会全体共和党人投票,否决了一项旨在创建一个类似计划的努力,该计划每年将花费 100 亿美元。

传统基金会支持拒绝奥巴马医改方案。因为再投入已经完全不必要,原因是,总统的监管救济使得在不为保险公司制订新的联邦权利计划的情况下,每个州都有可能建立新的健康保险市场条件。到目前为止,已有 7 个州使用了这种方法。结果是在那些没有新的联邦支出的州,保费下降了 7%—30%,穷人和病人得到了保护。相比之下,向奥巴马医改投入更多联邦纳税人资金的努力,是在侮辱那些已经被套牢的向保险公司提供了 1 万亿美元的纳税人,因为奥巴马医改毫无道理——每次大保险公司提价时,都会给他们更多纳税人的资金。奥巴马医改是一个高成本、低价值的配方。

第六,期待一次性解决全部医疗困境是不现实的。以往人们总是强调改革应调整边际收益,却往往忽略首先提出改革目标以实现医疗改革的目的。一些人强调了诸如扩大医疗储蓄账户或固定意外医疗账单之类的政策,这确实应该是总体计划的一部分。但这些政策必须与更深入、更广泛的医疗保健结构改革联系在一起,这样才能有意义地提高美国人获得的医疗护理水平。

第七,接受并实现美国人的医疗保健目标。政治家们必须接受美国人为他们的体制所设定的目标,根据正确的目标制定正确的政策,这样美国将拥有比以往任何时候都更优质的医疗保健体系。特朗普把医疗改革作为中心议题是正确的。

众议院筹款委员会批评美国药价过高。[1] 众议院筹款委员会发布的《难以吞咽的药丸:美国与国际处方药价格》报告指出,美国患者为同样的处方药比其他国家的患者花费了更多的钱。美国药品价格比其他 11 个类似国家的平均价格高出近 4 倍,即使算上折扣,美国人在处方药上的支出也比其他国家的消费者高 67 倍。筹款委员会是在分析了 2018 年在美国、英国、日本、加拿大、澳大利亚、葡萄牙、法国、荷兰、德国、丹麦、瑞典和瑞士等国出售的 79 种药品的定价数据后得出结论的。

众议院筹款委员会主席理查德·尼尔(Richard E. Neal)为该报告写了总结。他认为:"美国各地的家庭,包括我的家乡马萨诸塞州的家庭为药品所支付的费用太高了。这份报告揭示了美国处方药价格与其他类似国家相比有很多的不公平之处。我们的调查结果强调了国会通过《立即降低药品成本法》非常必要,此部新法将允许美国政府基于国际定价为美国消费者谈判更低的药品价格。美国人不应支付比其他国家患者更多的为活着所需的药物的费用。"

众议院共和党预算委员会攻击民主党住房计划增加联邦预算负担。[2] 共和党认为,国会审议了几项民主党提案,这些提案的目的是让美国人能够负担得

---

[1] "Ways and Means Committee Releases Report on International Drug Pricing," https://waysandmeans.house.gov, 2019 - 09 - 23.

[2] "Unaffordable Housing 2.0," https://republicans-budget.house.gov, 2019 - 08 - 01.

起住房。其中一项计划包括为租户提供新的可退还税收抵免,通过改革增加住房供应,增加无家可归者援助计划的资金,以及为每个美国人开设新的"小额债券"储蓄账户。遗憾的是,这项提案试图使人们能负担得起住房,但同时也将导致住房成本上升,从而增加联邦预算的财政负担,并对所有美国人产生不利影响。

共和党认为,增加联邦住房援助将加速联邦预算破产。这项计划预计每年花费 1 340 亿美元,10 年将花费 1.34 万亿美元。这种高成本是由于某些规定所致,例如,对于租金超过其税前收入 30% 的租房者,可退还的税收抵免将覆盖他们 30% 税前收入与总租金之间的差额。此外,该计划还将每年向住房信托基金拨款 400 亿美元,用于建造、修复和运营租赁房屋,每年为麦金尼－凡托(McKinney-Vento)无家可归者援助计划提供 60 亿美元,并创建"小额债券",即为每个美国人创建一个 1 000 美元的储蓄账户,无论其家庭的经济状况如何。

共和党认为增加联邦住房援助不可行。除了对纳税人造成天文数字般的成本外,该提案的核心——"可退还税收抵免"将为房东增加住房成本提供一种不正当的激励。根据税收基金会的观点,"政策将激励人们搬入超出他们可承受能力范围的房子,因为政府将承担更高的费用"。经济学家认为,这将"给房价带来巨大的上行压力"。该提案对房地产市场的影响可能会使其成本超出预期,给纳税人带来额外的负担。

共和党提出了可负担的住房解决方案。共和党人支持降低住房成本和为最需要的人提供住房援助计划,而不是简单地增加住房项目的资金以及推行可能会大幅推高房价的政策。国会议员应该支持减少繁重法规的政策,以建立一个更具竞争力的住房市场。决策者还应向购房者提供更加明智的贷款,使住房援助计划更具可持续性,同时简化联邦计划,以确保有效利用纳税人的资源。

美国有义务在防灾减灾方面进行政策规划,加大投入。[1] 美国国会审计报

---

[1] "Climate Change Opportunities to Reduce Federal Fiscal Exposure," https://www.gao.gov, 2019 - 06 - 11.

告认为,自 2005 年以来,联邦灾难援助资金超过 4 500 亿美元,其中包括 2019 年 6 月 6 日签署生效的约 191 亿美元的补充拨款。根据美国国家海洋和大气管理局(NOAA)的数据,仅 2018 年,美国就发生了 140 起损失达 10 亿美元的天气和气候灾难事件,总成本至少为 910 亿美元。美国全球变化研究项目(U. S. GCRP)预计,随着某些极端天气事件因气候变化变得更加频繁和强烈,灾害成本可能会增加。

近期发生的气候灾难的后果表明,有必要对气候变化风险进行规划,并对恢复能力进行投资。根据美国国家科学院、工程院和医学院的说法,"恢复力"是计划、吸收、重建和更成功地适应不良事件的能力。投资"恢复力"可以降低未来几十年采取代价高昂的措施来应对灾难的必要性。自 2013 年 2 月以来,国会审计局已将更好地管理气候变化风险、限制美国政府的财政风险纳入其联邦项目清单,这些领域极易受到欺诈、浪费、滥用和管理不善的影响,或者说最需要改革,国会审计局每两年更新一次清单。2019 年 3 月,国会审计局报告称,自 2017 年以来,美国政府在减少财政对气候变化的敞口方面没有取得明显进展。

估计气候变化对经济的影响传达出有关美国潜在损害的信息。2017 年 9 月,国会审计局报告称,气候变化的潜在经济影响可能是显著的,而且行业和地区之间的分布可能不均衡。这与美国全球变化研究计划第四次国家气候评估的最新发现相一致。该评估的结论之一是,海平面上升导致的洪涝频率和范围的持续增加,威胁着美国价值数万亿美元的沿海基础设施。有关气候变化可能带来的经济影响的信息,可以让决策者了解美国不同行业或地区可能遭受的重大损害。根据国会审计局之前的工作,这些信息可以帮助决策者识别重大的气候风险,这是管理这些风险的第一步。美国政府在几个领域面临气候变化风险带来的财政风险,包括灾害援助,这是由于自然灾害数量的增加和对联邦援助的日益依赖。国会审计局此前曾报道说,美国政府没有为抗灾能力作好充分的计划。

表 1－2　2019 年美国游说组织与游说支出排行榜

游说组织和企业名称	全部支出（美元）
美国商会	77 245 000
公开社会政策中心	48 470 000
全国地产协会	41 241 006
美国医药研究与制造商协会	29 301 000
美国医院协会	26 272 680
蓝十字和蓝盾协会	26 256 590
美国医疗协会	20 910 000
商业圆桌会议	19 990 000
亚马逊	16 790 000
脸书	16 710 000
全国制造商协会	14 610 000
NCTA 互联网和电视协会	14 220 000
波音公司	13 810 000
诺斯罗普格鲁曼	13 620 000
康佳斯特公司	13 360 000
洛克希德·马丁	13 026 608
AT&T	12 820 000
联合技术公司	12 790 000
阿尔法贝塔公司	12 780 000
全国广播协会	12 720 000

资料来源：Martin Armstrong，"Lobbying：The Biggest Spenders in the United States，" https://www. opensecrets. org/federal-lobbying/top-spenders？cycle＝2019，2021－06－19.

　　无论是医保改革，还是其他社会保障政策改革，抑或住房制度改革，都是

20 世纪 30 年代世界经济大萧条带来的"副产品",随着美国国力的增强,福利政策越来越多,强制支出逐渐膨胀,形成了强大的福利利益集团,他们的选票也决定了任何改革强制支出政策的努力都不可能成功。例如上表中的"公开社会政策中心""美国医药研究与制造商协会""美国医院协会""蓝十字和蓝盾协会""美国医疗协会"都属于这样的组织,游说能力非常强,任何社会政策改革都无法逃脱它们的游说影响,他们在美国社会中无处不在。

第四节　美国联邦财政管理与金融监管

第一章第四节主要围绕 2019 年美国联邦财政管理的主要问题、金融监管与打击非法金融活动、州和地方财政监督这三个方面,说明美国联邦财政管理与金融监管活动的主要特点。

一、联邦财政管理

美国财政部内部审计报告显示,财政部内部管理存在四项重大缺陷。[1] 美国独立审计师审计了财政部的合并财务报表,其中包含截至 2017 年和 2018 年 9 月 30 日的综合资产负债表,以及截至当时的相关综合净成本表、综合净头寸变动表、综合预算资源报表和保管活动报表,以及合并财务报表的附注(以下简称"合并财务报表")。2018 年 11 月 15 日,美国独立审计师发表了对美国财政部的审计报告,管理层按照美国公认的会计准则,准备并公允反映这些合并财务报表,其中包括设计、实施与维持内部控制,使这些合并财务报表免于因伪造与失误产生重大错报。

审计报告按照美国普遍认可的审计标准进行了财政部审计,遵守了美国总审计长签发的政府审计标准中对财务审计适用的标准,同时也遵守了白宫管理

---

[1] "Independent Auditors' Report," https://www.treasury.gov, 2018 - 11 - 15.

与预算办公室的第 19－01 号公告中关于联邦财务报表的审计要求,通过计划并执行审计,确保合并财务报表免于重大的陈述错误。

审计工作包括实施流程,以获取和合并财务报表中的数额及公开事实有关的审计证据。一是选取的流程取决于审计师的判断,包括评估合并财务报表是否存在因伪造或失误而产生的重大陈述错误的风险。二是在进行风险评估时,审计师会考虑实体对于合并财务报表的准备与公允反映的内部控制,以设计符合实情的审计流程,并不抱有对实体的内部控制的有效性发表意见的目的。三是审计工作也包括了评估所用会计政策的适当性和重大会计估算的合理性以及评估合并财务报表的总体表现。

审计报告不含国税局(IRS)和金融稳定办公室(OFS)财务报表。审计师的责任是根据自己的审计对这些合并财务报表发表意见。一是审计报告不含财政部下属国税局的财务报表。国税局的报表反映,截至 2018 年 9 月 30 日及 2017 年 9 月 30 日,其总资产分别为 667 亿美元及 603 亿美元,包含可消除条目的净运营成本分别为 126 亿美元及 121 亿美元,预算资源分别为 131 亿美元及 128 亿美元,保管活动分别为 34 710 亿美元及 34 200 亿美元。这些报表由其他审计师审计并把报告提供给国会审计局。就国税局的数额而言,国会审计局的意见完全基于其他审计师的报告。二是审计报告不含财政部下属金融稳定办公室的财务报表。该部门的报表反映,截至 2018 年 9 月 30 日及 2017 年 9 月 30 日,其总资产分别为 172 亿美元及 195 亿美元,包含可消除条目的净运营成本分别为 22 亿美元及 41 亿美元,预算资源分别为 2.40 亿美元及 4.47 亿美元。这些报表由其他审计师审计并把报告提供给国会审计局。就金融稳定办公室的数额而言,国会审计局的意见完全基于其他审计师的报告。

审计师对于审计报告出具了审计意见。根据国会审计局和独立审计师的报告,合并财务报表对于财政部截至 2018 年 9 月 30 日及 2017 年 9 月 30 日的净成本、净头寸变化、预算资源和保管活动等重要方面的财务状况进行了公允的反映。

审计报告对于一些重要事项进行了进一步说明。财政部是与某些实体进行交易的参与者，是维护金融市场稳定的重要组成部分。同时，预计美国政府对这些实体的介入不会是长久的。此外，这些投资和承诺的价值是基于估算的。这些估算易受到从未来总体经济、政策和市场的变化中所产生的不确定性影响。因此，截至 2018 年 9 月 30 日和 2017 年 9 月 30 日，这些投资和承诺的预估价值会和这些投资最终产生的价值或需要用来履行承诺的价值有所不同。这些预估与实际可能会有较大差别，并会影响这些项目的最终成本。国会审计局的意见并没有针对这些问题进行修改。

审计报告还对部分其他事项进行了说明。一是管理层选择参考机构金融报告（AFR）外部的网站上的信息或其他形式的交互数据为其财务报表的用户提供额外信息。二是必要的补充信息，已经按照美国公认的会计准则对被要求的补充信息采用了一些有限的程序，包括向管理层询问准备信息的方法，并比较信息与管理层的回答、基本合并财务报表以及其他在审计基本合并财务报表时得到的一致性信息。三是其他信息，包括财政部部长的致辞、助理秘书长（ASM）和副首席财务官（DCFO）的致辞和其他信息，这几部分是为了进行额外分析而呈现的，并且都不是基本合并财务报表必需的一部分。

审计报告显示，财政部内部控制存在诸多缺陷。在计划并审计截至 2018 年 9 月 30 日的合并财务报表时，审计师考虑了财政部对财务报告的内部控制以确定合适的审计程序，使其帮助国会审计局发表对合并财务报表的意见，而非对财政部内部控制的效率发表意见。

内部控制缺陷具有严格的规定含义。内部控制存在一处缺陷意味着，当控制的设计或操作不允许管理者或雇员，在通常情况下执行指定的功能时，去及时阻止，或检测并纠正错误陈述。一处重大缺陷是指，在内部控制中的一处或多处缺陷，使得财务报表中的重大陈述错误存在合理的可能性不会被及时阻止或者被及时发现并纠正。一处重要缺陷是指，在内部控制中的一处或多处缺陷，尽管相比重大缺陷而言并不严重，但仍值得引起监管者的注意。

虽然审计报告"没有找到任何我们认为是重大缺陷的缺陷",但是的确找到了内部控制中的一些缺陷,以下是部分重大缺陷。

第一,财政服务局信息系统的内部控制存在重大缺陷。依照白宫管理与预算办公室第 A－130 号通告,将信息作为战略性资源管理,对财务系统的有效的信息系统控制和安全程序保护信息资源至关重要。财政服务局依靠数个信息系统管理政府范围内的现金和联邦债务。财政服务局没有一贯地对政府范围内的现金和联邦债务信息系统采取合适的控制或者控制没有被有效地执行。

一是现金管理信息系统缺陷。财政部对其现金管理系统的一般信息技术控制有几处新找到的控制缺陷并且没有提供合理的保证:(1)安全控制政策和程序已被记录并实施;(2)采用最小权限概念以预防重大安全风险;(3)审核账户是否符合账户管理要求并且对系统的访问提供保护以防止未经授权的修改、丢失或泄露;(4)系统受到监控,潜在的漏洞得到调查和解决;(5)责任被合理地分开;(6)网络会话得到适当控制;(7)对系统的变更是按预期被授权、正确配置和保护的。

造成这些缺陷的原因是多样的。因为财政服务局没有找到所有的风险点,并实施控制措施以应对这些风险,也没有制定足够详细的政策以有效地实施过程控制,更没有认识到优先实施控制责任的重要性,并集中足够的资源以实施控制,最后没有进行正确识别,并有效确认控制目标、有效运营。直到这些控制缺陷被完全解决之前,财务系统中的安全控制不足,对敏感的财务数据和程序的未经授权的访问、修改或披露以及对财务系统的未经授权的修改的风险会更高。

二是联邦债务信息系统缺陷。财政部仍有未解决和新找到的联邦债务信息系统中的控制缺陷。财政部针对前一年缺陷的纠正措施计划,未包含足够的细节,以促进解决缺陷的步骤和资源的共同理解,并且纠正措施不能充分解决其根本起因。因此,财政部既没有充分加强其政策和程序,也没有开发并实施流程以合理保证遵守这些政策和程序。财政服务局有一个已知的信息系统弱点没有及时修复,一个已经实施的配置设定没有被有效监控。此外,财政服务局主机安全控制没有按照最小权限的观念来应用,其中一部分表现出潜在的重大安全风险。并且,财政服务局没有正确设置识别关键主机数据集的更改工具,使其向负责监视此类更改的组织单位发送警报。

审计师提醒助理部长和副首席财务官,确保财政服务局实施必要的纠正措施,以解决其现金管理及债务信息系统中的控制缺陷。

第二,国税局财务报表的内部控制中存在重大缺陷。其他审计师曾报告,未付税款评估及财务报告系统中内部控制的重大缺陷,是财政服务局层面的一个重大缺陷。国税局内部控制的重大缺陷总结如下:

一是对未付税款的评估。受到现有财务系统的限制以及纳税人账户中的错误影响,国税局持续使用人工估算程序来确定未缴纳税额的数额,但这并没有给国税局提供随时可用并可靠的未付款的评估信息以支持管理决策。此外,国税局无法如管理层所预期的一样完全依靠明细账进行系统性记录及跟踪可靠完整的纳税人数据。因此,国税局很可能采用与管理层预期或计划不同的取样流程,致使估算的数值在统计上无效。

二是对财务报告系统的分析。国税局已经采取行动以解决之前报告的信息系统控制中的缺陷,然而,国税局在信息系统控制中的访问控制、配置管理及安全管理中仍有持续存在的新缺陷。具体来说,国税局没有纠正已报告的控制缺陷:(1)授予账户的不必要的访问权限;(2)财务报告系统中数据加密不一致;(3)系统和账户监控不一致;(4)改变对主机上的税务和财务管理程序的控制;(5)开发并实施有效的政策和流程以作为国税局安全管理系统的一部分。此外,在2019年的审计中,其他审计师发现国税局没有做到:(1)要求多因素认证;(2)限制对金融数据库的不必要访问;(3)合理确保硬件和软件受到销售公司的支持并持续更新;(4)分离互斥的职责;(5)强制要求数字签名文档的真实性。

审计报告建议助理部长和副首席财务官,确保国税局实施纠正措施,解决国税局的控制缺陷。

三是合规性和其他事项。审计报告披露了一个不合规的实例。

第三,违反《反缺陷法》的有关规定。《美国法典》第31篇第1341节(《反缺陷法》)禁止支出或支出义务超过拨款或基金中可用的金额。在2018财年中,美国财政部报告了在2015财年中有两次违规。美国财政部两次分别超出可用基金余额990万和2610万美元。美国财政部报告指出,这两次违规是因为在收取补偿协议下的联邦实体的款项时发生了延误。美国财政部报告其已经开发并实施自动工作流程,自动生成条款及辅助文件以及专门的资源以监控补偿协议款项的收取以及基金余额。

审计报告建议美国财政部管理助理部长和副首席财务官确保部门办公室继续按照标准流程,适当地准备补偿协议和辅助文件,以及专门的资源以监控补偿协议款项的收取以及基金余额。

第四,美国财政部违反了1996年《联邦财政管理法》。财政部财务管理系统没有基本上遵守联邦财务管理系统的要求,财政服务信息系统和国税局财务报告系统中有缺陷。具体来说,财政部没有始终如一地按照联邦财务管理系统的要求去设计、施行、操作信息系统控制及安全系统。

审计报告建议向国税局和财政服务部门管理层提供解决问题的建议。建议助理部长和副首席财务官,确保国税局和财政服务部门开发并实施补救计划,列出解决不符合联邦财务管理系统要求所需要的行动、资源以及负责的组织单位。

美国财政部对调查结果的回应。财政部收到报告后,立即致信同意报告中的调查结果及建议,称将采取必要的纠正措施以解决上述问题。

美国财政的稳固问题已经引起了国会的高度关注。[1]国会审计局呼吁,必须通过改革解决国会和行政部门面临的严峻经济、安全和社会挑战,在制定国家优先事项和规划经济增长路径方面,短期内需要作出艰难的政策抉择。这将影响联邦支出及政府资源获取。同时,由于历史及传统原因,美国政府的债务杠杆

[1]　Susan J. Irving, "The Nation's Fiscal Health: Action Is Needed to Address the Federal Government's Fiscal Future," https://www.gao.gov, 2019-04-10.

非常高。

联邦财政可持续需要制定综合计划。要使美国政府走上可持续的财政道路,需要制定一揽子综合计划。根据《2018 财年财务报告》,2018 财年的联邦赤字从 2017 财年的 6 660 亿美元增加至 7 790 亿美元。联邦收入增长了 140 亿美元,但被 1 270 亿美元的支出增长所抵销,支出增长项目包括国防、公众持有的债务的利息(净利息)、社会保障、医疗补助、救灾和洪水保险。公众持有的债务从 2017 财年末占 GDP 的 76% 增加到 2018 财年末占 GDP 的 78%。相比之下,自 1946 财年以来,债务占 GDP 的比例年均为 46%。

国会审计局认为,据长期预测,美国政府的财政状况将不可持续。《2018 财年财务报告》、国会预算办公室和国会审计局的预测都表明,如果财政政策不进行改革,美国政府的财政状况将不可持续,债务占 GDP 的比例将在 13—20 年内超过历史最高值 106%。

第一,尽快采取行动改变现有的财政政策非常重要。《2018 财年财务报告》、国会预算办公室和国会审计局均指出,拖延的时间越长,变化将越大、越剧烈,社会保障、医疗保险和医疗补助等主要财政支出项目均将在未来面临财务挑战。

第二,债务限额不能控制债务,需要其他替代方法。由于债务限额暂停期于 2019 年 3 月 1 日结束,财政部正在采取特别行动,继续为政府行动提供资金。未能及时增加或暂停债务限额会扰乱国债市场并增加借贷成本。就目前的债务限额,国会审计局已经推荐了可能的替代方法,国会可以将这些建议作为使美国政府走上可持续财政道路的更广泛计划的一部分。

第三,财政风险给联邦预算带来额外压力。财政风险是指可合法导致或引起未来支出预期的责任、计划和行为,这些未来支出预期是基于当前政策、过去实践或其他因素作出的。财政风险包括由不可预见事件引发的风险,公众期望美国政府对这些事件作出财政反应,如自然灾害和金融挑战。

最后,政府机构必须为联邦财政健康做出贡献。仅靠行政手段并不能使美国政府走上可持续财政道路,但作为联邦资源的管理者,当前必须采取行动。

第一项措施是减少不当付款。减少不应支付的款项或不正确金额的付款会节约大量资金。2018 财年报告的不当付款约为 1 510 亿美元。自 2003 财年以来,累计不当付款总额约为 1.5 万亿美元。

第二项措施是继续解决不必要的重复、重叠和碎片问题。国会审计局已经确定了许多领域要减少、消除或更好地管理碎片、重叠或重复,以实现成本节约或提高收入。国会和行政部门到目前为止采取的行动已实现或预计实现自 2010 财年以来的约为 1 780 亿美元的财政效益。

第三项措施是填补持续性税收缺口。减少应纳税款与已缴税款之间的差额,每年可增加的税收以数十亿美元计。2008—2010 纳税年度年均净税收缺口约为 4 060 亿美元。

第四项措施是改善项目和财政运作信息所需的行动。通过审计政府财务报表以及增加对减税项目的关注能够改进决策。2018 财年,税收收入估计将减少 1 万亿美元以上,税收支出未定期审查,也没有像支出项目那样严密测算。

财政部修订了优先股购买协议。[1] 财政部和联邦住房金融局(FHFA)共同对优先股购买协议进行修改后,房利美(Fannie Mae)和房地美(Freddie Mac)保留在纽约的额外收益,分别保留了 250 亿美元和 200 亿美元的资本储备。2019 年 9 月 5 日发布的《美国财政部住房改革计划》建议对优先股购买协议进行修订。

美国财政部部长史蒂文·努钦(Steven Mnuchin)发表了意见。他表示:"这些修改是实施美国财政部建议改革的重要一步,这将限制美国政府在住房金融体系中的作用,并在未来的救助中保护纳税人。"为了补偿财政部在不进行这些修改的情况下本应获得的股息,财政部对其房利美和房地美优先股的清算优先权将逐渐增加,金额为额外的资本准备金数额,直到房利美的清算优先权增加

---

[1] "Treasury Department and FHFA Modify Terms of Preferred Stock Purchase Agreements for Fannie Mae and Freddie Mac," https：//home. treasury. gov, 2019 - 09 - 30.

220 亿美元,房地美的清算优先权增加 170 亿美元。财政部以及房利美和房地美各自还同意就优先股购买协议达成一项附加修正案,以通过采用与该计划中所包含的行政改革建议大致相符的盟约,进一步加强对纳税人的保护。该计划还建议财政部和联邦住房金融局在确定并评估所有战略选择之后,为房利美和房地美制定资本重组计划。随后对优先股购买协议进行的修订可能适合于促进最终的资本重组计划的实施。

总之,即使美国财政部通过了国会的财务审计,实际财政风险不在管理过程中,而是在不可持续的财政收支状况中,财政管理再严格都无法解决美国财政部的可持续问题,同时国会的认可甚至还将支持美国财政部未来继续照着目前的支出无限制扩大政策路线走下去。

二、金融监管与打击非法金融活动

(一)传统金融监管政策

国会众议院金融服务委员会提醒美国金融体系存在不稳定问题。[1] 众议院金融服务委员会主席玛克辛·沃特斯(Maxine Waters)与美国国家信贷联盟管理局(NCUA)主席罗德尼·胡德(Rodney Hood)、联邦存款保险公司(FDIC)主席耶琳娜·麦克威廉姆斯(Jelena McWilliams)、货币监理署审计长约瑟夫·奥廷(Joseph Otting),以及联邦储备系统理事会监督副部长兰德尔·夸尔斯(Randal Quarles),共同举行了一场关于金融机构的安全性、健全性和问责性的全体委员听证会。

对经营机构的违法行为进行罚款并不是有效的监管手段。一段时间以来,玛克辛·沃特斯说,他担心监管机构对违法的大型银行开出的罚款太轻,不能有效促使它们进行整改。在过去的 10 年里,美国的全球系统重要性银行(GSIB)因滥用消费者权益和其他违法行为,共计支付至少 1 637 亿美元的罚款,

---

[1] "Waters to Prudential Regulators: We Will Not Tolerate Actions that Threaten the Stability of Our Financial System," https://financialservices. house. gov, 2019 - 05 - 16.

同期,他们的利润为 7 800 亿美元。在过去的 10 年中,仅富国银行(Wells Fargo)就支付了 110 亿美元的罚款,却获得了超过 1 970 亿美元的利润。这家机构一直在广泛滥用消费者权益,包括创建数百万个未经授权的欺诈性账户。尽管富国银行仍处于美联储设定的资产上限之下,并在最近的声明中受到监管机构的公开指责,但这些举措似乎还远远不够,副部长夸尔斯、审计长奥廷和主席麦克威廉姆斯必须描述他们准备采取哪些有效措施,来遏制像富国银行这样滥用权益的大型银行。

国会不允许任何威胁美国金融体系稳定的行为。需要对美联储、货币监理署和联邦存款保险公司是否采用了放松管制议程加强检查,国会不会容忍威胁美国金融体系稳定的行为。在上届国会通过第 S. 2155 号法案之后,银行正在加速整合,拟议中的美国分支银行和信托集团与太阳信托银行合并,将缔造美国第六大银行。在 2006 年至 2017 年期间,有数千家银行提出合并申请,但没有一家银行的合并申请被美联储正式拒绝。银行并购不应只是监管机构加盖橡皮图章,它们应该为银行服务的社区提供明确的公共利益。

(二)虚拟货币金融监管

财政部金融犯罪执法局(FinCEN)对于可兑换虚拟货币(CVC)制定了新指南。[1] 为了给从事金融领域活动的企业和个人提供监管确定性,金融犯罪执法局指南规定了可兑换虚拟货币的商业模式政策。金融犯罪执法局指南是针对金融机构、执法部门和监管机构处理不断变化的可兑换虚拟货币交易监管而制定的。

金融犯罪执法局就涉及可兑换虚拟货币的非法活动发布了咨询报告。该报告帮助金融机构识别和报告利用可兑换虚拟货币从事洗钱、逃避制裁和其他非法融资目的的可疑活动。该咨询报告强调了典型类型,相关的"危险信号",并

---

[1] "New FinCEN Guidance Affirms Its Longstanding Regulatory Framework for Virtual Currencies and a New FinCEN Advisory Warns of Threats Posed by Virtual Currency Misuse," https://home. treasury. gov, 2019 - 05 - 10.

确定了可疑活动报告中对执法最有价值的信息。

美国财政部负责恐怖主义和金融情报的副部长西格尔·曼德尔克（Sigal Mandelker）说，财政部致力于帮助金融机构更好地发现和防止不法分子利用可兑换的虚拟货币从事洗钱、逃避制裁和其他非法活动。金融犯罪执法局强调了暗网市场、点对点交换器、未注册的货币服务企业和可兑换虚拟货币信息亭的风险，并确定了类型和危险信号，以帮助虚拟货币行业保护其业务免受非法利用。

金融犯罪执法局局长肯尼斯·布兰科（Kenneth A. Blanco）表示，作为处理虚拟货币问题的金融监管机构，首先要将责任分配给相关企业以防范金融犯罪。金融犯罪执法局在 2011 年发布的货币转移定义，以及 2013 年发布的指导意见，阐明了该定义如何适用于涉及虚拟货币的交易，事实证明，这一定义非常持久。金融犯罪执法局的监管方式始终如一，尽管新金融技术、新产品和新服务层出不穷，但金融犯罪执法局最初的理念依然正确。简单地说，那些以任何方式接受和转移价值的人必须遵守金融犯罪执法局的规定，金融犯罪执法局的根本关注点仍然是滥用方法的犯罪行为。

新指南没有建立任何新的监管预期。它整合了当前金融犯罪执法局里涉及虚拟货币的货币转移法规、指导和行政裁定，并将同样的解释标准应用于涉及可兑换虚拟货币的其他常见商业模式。金融犯罪执法局的规则将涉及可兑换虚拟货币的某些业务或个人定义的货币转移，与其他货币服务业务一样，它们也需要满足相同的注册要求和一系列反洗钱程序、记录保存和报告责任。

美国财政部部长要求加强虚拟货币监管。[1] 最近，比特币和 Libra 等虚拟货币大热，但是，Libra 虚拟资产和虚拟货币存在许多监管问题，财政部将重点关注洗钱者、恐怖主义金融家和其他不良行为者对虚拟货币的滥用问题。脸书（Facebook）Calibra 项目的代表前往国会讨论关于 Libra 加密货币的提案，不止美国财政部，整个美国政府以及国际金融界最近都在从事大量与数字资产和加密

---

[1] "White House Press Briefing by Treasury Secretary Steven Mnuchin on Regulatory Issues Associated with Cryptocurrency," https://home. treasury. gov, 2019 - 07 - 15.

货币的监管和处理有关的工作。

美国财政部担心虚拟货币被滥用。由 28 家企业组成的 Libra 联盟宣布正在开发一种加密货币,美国财政部非常担心 Libra 会被洗钱者和恐怖主义金融家滥用。比特币等加密货币已被用于支持数十亿美元的非法活动,例如网络犯罪、逃税、勒索、非法药物和人口贩运。许多玩家试图使用加密货币来资助其恶意行为。因此,加密货币监管是一个国家安全问题。美国声称不允许数字资产服务提供商的暗箱操作,也绝不容忍使用加密货币支持非法活动。

美国财政部要求数字金融服务提供商实施反洗钱和反恐融资(AML/CFT)措施。加密货币的货币传送者必须遵守《银行保密法》(BSA)相关义务,并在金融犯罪执法网络(FinCEN)中进行注册。金融犯罪执法局实施《银行保密法》的规定,并对货币服务业务和银行拥有联邦监管、监督和执行权。管理货币服务提供商的规则同样适用于实体交易和电子交易。作为货币服务业务,加密货币传送者与其他位于美国的银行一样,也要接受合法性检查。

金融稳定监督委员会(FSOC)数字资产工作组是美国重要的金融监管机构,它同金融犯罪执法局、美联储、美国货币监理署(OCC)、商品期货交易委员会(CFTC)、消费者金融保护局(CFPB)、美国证券交易委员会(SEC)和其他主要利益相关方携手应对加密货币带来的风险。比特币是虚拟的,非常不稳定。金融稳定监督委员会在担心比特币的投机性质的同时,将确保美国金融系统免受欺诈。

金融犯罪执法局对加密货币的有效监管不会止步于美国境内。以美国为首的金融行动特别工作组(FATF)通过了关于各国如何规范和监督该领域活动和提供者的全面措施,这是朝着统一有关加密货币的国际规则迈出的重要一步。

美国财政部声称欢迎任何负责任的金融创新,包括可以提高金融系统效率和扩大获得金融服务可及性的新技术。考虑到脸书的 Libra 和其他加密货币的发展,美国财政部的首要目标是保持金融系统的完整性并保护其不被滥用。财政部非常重视美元作为世界储备货币的作用,将继续努力保障美国和全球金融体系的安全。

美国监管机构发表数字资产联合声明,表明了强化监管的决心。[1] 美国商品期货交易委员会、金融犯罪执法局以及美国证券交易委员会根据《银行保密法》,有义务开展反洗钱和反恐怖主义融资行动。反洗钱和反恐融资义务适用于"金融机构"实体,其中包括须在美国商品期货交易委员会注册的期货商和介绍经纪商、金融犯罪执法局定义的货币服务业务(MSB)、须在美国证券交易委员会注册的经纪交易商和共同基金。反洗钱和反恐融资义务包括制定和实施有效的反洗钱程序以及记录保存和报告,报告义务包括可疑行为报告(SAR)。

"数字资产"包括在美国相关法律下合格的证券、大宗商品和基于证券或大宗商品的其他金融工具。联合声明指出,用于指代数字资产或从事涉及数字资产的金融业务人员的标签或术语,未必符合《银行保密法》或由美国商品期货交易委员会和美国证券交易委员会管理的法律和规则对资产、业务或服务的定义。例如,数字资产市场上所称的"交易所",不一定符合联邦证券法对"交易所"的定义。因此,无论市场参与者使用何种标签或术语,或采用何种技术水平或技术类型,资产的一般分类、涉及相关资产的具体监管措施以及所涉人士是否为《银行保密法》所规定的"金融机构"是根据构成资产、业务或服务的事实和情况确定的,相关事实和情况包括其经济现实和应用。

从事数字资产业务是决定在美国商品期货交易委员会、金融犯罪执法局或美国证券交易委员会登记的关键因素。例如,某些"商品"相关的业务可能触发《商品交易法》(CEA)下的注册和其他义务,而某些涉及"证券"的业务可能触发联邦证券法律下的注册和其他义务。如果某人符合"金融机构"的定义,其反洗钱和反恐融资业务将受到一个或多个上述机构基于《银行保密法》的目的监管。期货交易商的反洗钱和反恐融资业务将受到美国商品期货交易委员会、金融犯罪执法局以及美国全国期货协会(NFA)的监管,货币服务业务将由金融犯罪执

---

[1] "Leaders of CFTC, FinCEN, and SEC Issue Joint Statement on Activities Involving Digital Assets," https://www.sec.gov, 2019-10-11.

法局监管，证券经纪交易商的监管将由美国证券交易委员会、金融犯罪执法局和自律性组织——主要是金融业监管局（FINRA）——负责。

一些适用于证券经纪交易商、共同基金、期货商或介绍经纪人的《银行保密法》义务，如推行一个反洗钱程序或报告可疑行为，应用得非常广泛且不考虑特定交易是否涉及联邦证券法或《商品交易法》定义下的"证券"或"商品"这些术语。

美国商品期货交易委员会的使命是通过健全的监管促进美国衍生品市场的诚信、弹性和活力。美国商品期货交易委员会主席希思·塔尔伯特（Heath Tarbert）认为，为了达成这一使命，美国商品期货交易委员会依靠《商品交易法》监管衍生品市场的主要参与者，包括同业会、期货商、介绍经纪商、掉期交易商、主要掉期参与者、零售外汇交易商、商品基金经理和商品交易顾问。《银行保密法》相关法规将"介绍经纪商"或"期货商"定义为根据《商品交易法》注册或须注册为介绍经纪商或期货商的人士。介绍经纪商和期货商须报告可疑行为，并推行设计合理的反洗钱程序。这些义务并不局限于数字资产可被视为商品或用作衍生品的业务，也适用于不受《商品交易法》监管的业务。

金融犯罪执法局是财政部《银行保密法》执法和监管的主要机构。金融犯罪执法局局长肯尼斯·布兰科认为，金融犯罪执法局的使命是保护美国的金融系统不被非法利用，确保国家安全，保护人民不受损害。金融犯罪执法局拥有对美国金融机构的监督和执法权，以确保反洗钱和反恐融资机制的有效性。因此，金融犯罪执法局为美国金融机构规定了某些控制、报告和记录保存义务。《银行保密法》及其实施条例规定了普遍适用于金融机构的监管义务，包括反洗钱程序、记录保存和报告义务。金融犯罪执法局还负责监管货币转移者和其他现金服务提供者，《银行保密法》将"货币转移者"定义为提供货币转移服务业务的人员或从事资金转移业务的任何其他人员。"货币转移服务"一词指的是"从一方接受货币、资金或其他价值物，或通过任何方式将货币、资金或其他价值物转移到别处"。

《2019 年可兑换虚拟货币（CVC）指南》提醒金融犯罪执法局货币服务业务规定适用于某些涉及货币转移的业务模式，特别是可兑换的虚拟货币。指南整合了金融犯罪执法局线性法规，以及自 2011 年以来发布的相关行政裁定和指南，并将这些法规和解释应用于涉及可兑换虚拟货币、从事相同基础业务模式的其他一般业务。

数字资产业务将使人们受到金融犯罪执法局的监管。任何"在美国证券交易委员会或美国商品期货交易委员会注册并接受其职能监管或审查"的人，将不受《银行保密法》约束，而受相应监管机构的《银行保密法》义务的约束。因此，即使一个介绍经纪人、期货商、经纪交易商或共同基金作为数字资产的交易商并提供基于《银行保密法》目的的货币转移服务，它也不会成为货币转移者或任何其他类别的货币服务业务，且不具有适用于货币服务业务的《银行保密法》义务。这些人将受到金融犯罪执法局法规的约束，这些法规分别适用于介绍经纪商、期货交易商、经纪交易商和共同基金。这些义务包括制定反洗钱程序和可疑行为报告，以及所适用的美国商品期货交易委员会或美国证券交易委员会法规下的义务。此外，无论其联邦职能监管机构如何，所有交易符合联邦法律对"证券"的定义的数字资产的金融机构都必须遵守联邦证券法。

证券交易委员会要保护投资者，维护公平、有序和高效的市场并促进资本形成。美国证券交易委员会主席杰伊·克莱顿（Jay Clayton）认为，一般来说，证券交易委员会对证券和与证券相关的行为有管辖权。从事涉及数字资产的证券业务的人员依据联邦证券法，有登记或其他法定监管义务。证券交易委员会监督证券市场的主要参与者，其中一些人可能会参与数字资产业务。证券市场的主要参与者包括但不限于美国各证券交易所、证券经纪人和交易商、投资顾问和投资公司。接受付款或参与其他数字资产交易的市场参与者，应考虑此类交易会产生的与现金和现金等价物交易类似或额外的风险，包括反洗钱和反恐融资风险。对于受证券交易委员会监管的实体，根据《银行保密法》实施细则，经纪交易商和共同基金都被定义为"金融机构"。根据《银行保密法》实施细则，"经纪交易商"被定义为根据《证券交易法》注册或要求注册为经纪人或交易商的人，而"共同基金"被定义为根据《1940 年投资公司法》注册或要求注册的"开放式"投资公司。

经纪交易商和共同基金被要求推行合理设计的反洗钱程序，并报告可疑行为。这些规则的适用范围不限于涉及联邦证券法律称为"证券"的数字资产的业务。

总之，数字资产的膨胀一方面是技术发展的结果，另一方面也是各国进行财富管理的必然选择。美元资产的贬值因美国政府滥用美元信用而加剧，各国运用加密货币等虚拟货币工具将有助于维护本国的资产安全和国家利益，而美国无论是在技术开发，还是在有关的风险防范机制建设方面，都承续着百年来建立的"美元霸权"，目前都占有一定的先机，值得借鉴和学习。

三、州与地方财政监管

美国部分地区的财政收入高度依赖罚款和收费，很难治理。[1] 调查报告显示，全美罚款收入占地方总收入 10% 以上的地方有 600 多个，其中三分之一的地方，罚款占预算 20% 以上。地方政府年度预算严重依赖罚款和收费，其中有许多是农村和贫困地区，但通过罚款获得可观财政收入的并不仅限于贫困率较高的地方。

由于多年来经济衰退或州政府大幅削减资金，地方税基已被侵蚀，部分司法辖区严重依赖罚款。调查报告显示，"过去 10 年来，最依赖罚款的司法辖区所遭受的政府拨款削减幅度超过全国其他地区"。决策者应意识到两个重要问题：一是地方财政收入不足，这与国家税收体系有关；二是罚款和收费常常使低收入者陷入债务循环，在某些司法辖区，最终将未付罚款定为轻罪，从而使贫困变成了犯罪。

---

[1] Meg Wiehe, "Why Local Jurisdictions' Heavy Reliance on Fines and Fees Is a Tax Policy Issue," https://itep.org, 2019 - 09 - 04.

　　国家授予征税权约束了地方政府的征税能力。多数地方被禁止征收所得税,许多地方还面临着严格的财产税征收额度限制。其他地方则无权扩大其销售税基或提高销售税率。即使州政府授权地方政府增加地方税收,在很多情况下,也必须在加税生效前经选民批准。以俄亥俄州为例,该州已授权各司法辖区在州税的基础上征收地方所得税,但未经选民批准,市议会不能提高税率。

　　许多州的国会议员一直致力于削减营业税和所得税,为教育、基础设施、公共安全和地方政府的投资留下的资源就更少了。因此,反征税的州国会议员们将税收的一部分交给了地方政府,并限制了他们可以利用的收入来源。由于这些限制,对某些资金紧张的地方政府来说,通过公共安全罚款或城市服务收费来增加收入是满足预算请求的最便捷的方式。州和地方税制是累退的,从低收入者那里获得的收入比从高收入者那里获得的要多,罚款和收费实质上是一种替代税,不成比例地落在黑人和低收入者身上。

　　密苏里州圣路易斯市郊区的弗格森镇就是一个著名的例子。2015年司法部的一份报告显示,弗格森政府的每个部门都涉及了一个针对黑人居民的罚款和收费体系。从这些罚款中获得的数百万美元收入为市政府提供资金,而不是用于改善公共安全。弗格森并不是唯一的。研究发现,一个司法辖区的黑人居民比例,与使用罚款和费用为政府服务提供资金的情况存在很强的相关性。美国杂志的一篇文章中写道:"研究发现,这些地方的非裔美国人数量是全国平均水平的5倍。白人人口众多的司法辖区根本没有那么多罚款。"

　　过度依赖罚款和收费不仅限于农村或贫困地区。去年有两份调查报告披露了芝加哥对交通违规或缺乏现行机动车登记的罚款,使低收入黑人居民不成比例地陷入债务循环。换言之,罚款和收费给那些没有支付能力的人带来了不应有的负担。芝加哥市新任市长洛里·莱特富特(Lori Lightfoot)希望减轻低收入人群的这部分负担,包括重新评估未能按时支付而受到的罚款。

　　地方政府依靠罚款和收费为基础服务提供资金并影响低收入人群和有色人种。这是必须解决的系统性政策挑战,关键的第一步是同时审查州政府和地方政府的税收结构,并确定如何筹集足够的收入,使州政府和地方政府能够满足其基本需求,而不激发旨在弥补税收不足的罚款和收费制度。第二步是认真对待大量的研究(这些研究表明,罚款和收费对低收入者和黑人产生了往往是毁灭性的影响),并提出了解决这一严重不平等政策的方案。

美国各州与地方财政债务问题突出,和联邦财政状况类似。据美国有关的统计分析报告,2017 年各州与地方财政债务总额高达 1.75 万亿美元。其中,伊利诺伊州、新泽西州、马萨诸塞州、康涅狄格州、加利福尼亚州、肯塔基州负债均超过 100%,而且像纽约州、伊利诺伊州和加州这样的人口大州,负债率都非常高,其中社会性支出影响着州财政的健全,但同时这里也都是民主党重要的"票仓",社会福利无法削减,甚至还在"贪得无厌"地不断增加。

总之,第四节揭示了美国联邦财政和州与地方财政的运行情况,讨论了财政监管中的各种问题,当前除了联邦财政运行中长期监管的问题,数字技术的发展还产生着新的监管要求,这方面美国也在积累相关的经验。

第五节　国际财政关系与政策协调

第一章第五节通过简要回顾和分析美国外国投资委员会以及新修订的《2018 年外国投资风险审查现代化法》,研究美国国际财政关系和政策协调问题。

美国外国投资委员会(CFIUS)不断强化外资审查。[1] 美国财政部为了全面实施《2018 年外国投资风险审查现代化法》(FIRRMA),以及更好地解决由投资和房地产交易而引起的国家安全问题,由美国外国投资委员会负责,审查本国境内涉及外来投资的交易案例,并确定此类交易事项对美国国家安全的影响。《2018 年外国投资风险审查现代化法》和拟议法规的颁布,促使美国外国投资委

---

[1]　"Treasury Releases Proposed Regulations to Reform National Security Reviews for Certain Foreign Investments and Other Transactions in the United States," https://home. treasury. gov, 2019 – 09 – 17.

员会得以拥有实权并进行组织更新。美国财政部部长史蒂文·努钦（Steven Mnuchin）说，美国欢迎并激励外来资本对美国和劳动力的投资。为了应对由外来投资引发的国家安全风险，以及促进美国外国投资委员会的工作流程更加现代化，必须加强财政部的权力。

《2018 年外国投资风险审查现代化法》扩大了美国外国投资委员会的工作权限。2018 年 8 月获得两党压倒性支持，使美国外国投资委员会能够更好地解决国家安全问题，先前这些国家安全的投资交易问题不在其管辖范围内。《2018 年外国投资风险审查现代化法》还促进了美国外国投资委员会的工作流程现代化，以便能够更及时、更有效地审查交易事项。

《2018 年外国投资风险审查现代化法》确立了美国外国投资委员会对部分投资交易事件的管辖权。具体包括针对涉及关键技术、关键基础架构以及个人敏感数据的美国企业的非控制性投资。他们还确立了美国外国投资委员会对部分涉及外国人的房地产交易的新管辖权。

美国保守势力批评美国进出口银行对经济影响甚微。[1] 据乔治梅森大学莫卡斯特中心高级研究员维罗尼卡·德·鲁吉（Veronique de Rugy）和贾斯汀·莱文萨尔（Justin Leventhal）的一项新研究，进出口许可从 2014 财年的 210 亿美元降至 2018 财年的 36 亿美元（调整后），与此同时，自 2015 年以来，美国年均出口总值为 2.3 万亿美元。

支持者认为进出口补贴对美国出口至关重要。美国贸易代表罗伯特·莱希泽（Robert Lighthizer）声称，缺乏一个功能完备的出口信贷机构是"对美国经济的严重打击"。但即使在进出口信贷达到顶峰时，进出口银行也仅为美国出口贡献 2%，最大的受益者是少数跨国公司，如波音、卡特彼勒、通用电气、约翰迪尔和其他工业巨头，事实上，仅波音公司一家就获得了进出口银行贷款担保的 70% 和所有授权的 40%。

---

[1] Diane Katz, "Export-Import Bank Is Not the Way to Fight China," https://www. dailysignal. com, 2019 - 05 - 01.

美国的私人出口融资并不短缺,甚至波音公司现在也依赖私人资本来完成其 96%的商业交付。在没有为其外国客户提供进出口融资的情况下,波音公司于 2018 年交付 806 架飞机,收入 607 亿美元,2018 年年底,该公司积压的订单总计 5 900 架商用飞机,价值 4 900 亿美元。

美国财政部要求强化反洗钱和反恐融资执法的国际合作。[1] 美国财政部部长史蒂文·努钦在佛罗里达州奥兰多市金融行动特别工作组全体会议上发表了闭幕词。这次会议既是金融行动特别工作组成立 30 周年的历史性纪念,也是美国任主席国期间的最后一次全体会议。财政部负责打击恐怖融资的助理部长马歇尔·比林斯利(Marshall Billingslea)担任主席期间,在打击非法融资方面取得了关键进展。

努钦部长说:"在美国任职主席国期间,金融行动特别工作组应对了世界上几个最紧迫的洗钱、恐怖融资和扩散融资挑战。金融行动特别工作组要求所有国家对虚拟资产金融活动和相关服务提供商进行监管,打破了历史性的局面。"

一是,金融行动特别工作组就国际反洗钱和打击恐怖主义融资以及扩散融资标准适用于虚拟资产进行解释。

二是,金融行动特别工作组就所有司法管辖区如何监管和监督虚拟资产金融活动和虚拟资产服务提供商达成了一致意见。

三是,金融行动特别工作组成员还支持联合国安理会第 2462 号决议的通过,该决议概括了金融行动特别工作组将恐怖主义融资定为国际法的标准,并表明了金融行动特别工作组领导的重要性。

四是,金融行动特别工作组还表决通过了修正案,以帮助世界各国迅速采取协调一致的行动,打击恐怖组织及其附属组织的融资活动。

在美国任职主席国期间,金融行动特别工作组培训了来自世界各地的 160 名检察官和法官,以使他们掌握更有效地调查和起诉恐怖主义融资的技术,

---

[1] "U. S. Concludes Successful Term as President of the Financial Action Task Force(FATF)," https://home. treasury. gov, 2019 - 06 - 21.

金融行动特别工作组还同意继续努力,提高其在美国国内扩散融资合作和协调方面的标准,并制定与扩散融资风险评估有关的新要求。

小　　结

美国财政不断在"国家能力"与"财力资源"之间进行调整以支撑"霸权"的延续。美国作为当今世界的"霸权者",天然存在无限延伸其"霸权"的冲动,但是这个目标的实现需要"能力"(capability)的匹配,支撑这种国家能力的主要是财力,从美国财政整体状况和发展史来看,美国"国家能力"已经长期处于下降中,可以判断失去霸权是早晚的事。回首美国的霸权发展,19世纪末20世纪初,美国的经济能力和财政能力在帝国主义阶段为"称霸"打下了坚实的基础,但是当时欧洲霸权尚未落幕,美国也无力争雄。20世纪在经过两次世界大战后,美国国力如日中天,趁机构建了称雄世界的"霸权"体制,包揽了联合国、世界银行、世界贸易组织(WTO)等国际组织,还承担着这些机构运行的多数费用,美元成为很多国家的货币之锚。然而经过了20世纪70年代布雷顿森林体系的解体、20世纪90年代初冷战结束后滥用军事实力、21世纪初中国加入WTO并推动全球竞争、2007—2009年大衰退经济危机的冲击,美国财政最典型的一个特征就是年度赤字急剧扩大、债台高筑成为新常态。在新兴经济体纷纷崛起的情况下,美国的全球财政竞争颓势愈发明显,可以预见的是,这种趋势在未来的一二十年内将很难改变,而且2020年暴发的全球性病毒大流行,对一个财政早已千疮百孔的大国的影响不是一般的国家所能想象的,这都将是压垮骆驼的稻草。

第二章 美国税收制度问题与改革

税收的本质是国家为了满足和实现其职能,参与社会产品分配所形成的分配关系。税收理论认为:第一,历史上东西方税收产生与存在毫无例外地有两个主要条件,即政治条件和经济条件。所谓"政治条件",是说税收的产生和存在以国家的产生和存在为政治前提,如果没有国家,税收就失去了征收的必要。所谓"经济条件",是说税收是社会经济提供的维持国家存在、满足其职能实现、维持社会再生产需要的"社会扣除",作为"社会扣除"的剩余产品是税收产生和存在的物质基础。国家是一种暴力机器,反映在税收上,体现为税收具有强制性和无偿性的特征。第二,国家征税的依据是"国家权力说""纳税义务说"和"纳税人利益说"的有机统一。第三,税收具有三大职能。一是聚财职能,二是调控职能,三是监督职能。第四,税收的基本准则是效率、公平和收入。其中所谓"收入原则"是指"足额稳定"和"适度合理","足额稳定"是保证收入;"适度合理"是指公平与效率兼顾。税收效率原则既指"经济效率",又指"行政效率"。"经济效率"指国家征税应有利于经济的稳定增长。"行政效率"指征税费用要少,避免因征税造成财富无谓消耗。税收公平原则也包括两方面内容,即经济公平和社会公平。"经济公平"原则是公平税负,促进平等竞争。"社会公平"原则主要指居民个人收入分配的税收问题。第五,税收模式。税收模式是指选择什么税种、税率和税收优惠政策措施,其中税制模式是核心。"税制模式"一是指国家以哪个税种为主、哪个税种为辅,二是指税负模式。在历史上各国都有"轻税负"的思想,实现轻税负要靠"低税率、宽税基、紧优惠、严征管"等措施。[1]

只有运用财政税收理论才能正确分析美国财政及其政策问题。第二章将从《减税与就业法》征管改革、美国的国际税收与企业竞争力、美国税制改革与社会政策效应,以及州税与地方税问题四个主要方面展开论述并总结。

第一节 《减税与就业法》征管改革

第二章第一节将围绕 2017 年《减税与就业法》政策改革、2017 年美国税改后的不同税种改革及其政策效应、新的税收征管措施三个方面,揭示《减税与就业法》对于美国税收征管体制改革的作用与意义。

一、《减税与就业法》政策改革

有关《减税与就业法》税制改革的问题主要涉及美国国会税收联合委员会"蓝皮书"关于税改的评论、2017 年减税的经济后果争论和进一步的税改建议等。

(一)国会税收联合委员会"蓝皮书"

2018 年 12 月 20 日,国会发布了《减税与就业法》通释。[2] 这部由税收联合委员会(JCT)发布的"蓝皮书"为《减税与就业法》提供了全面的技术描述,并确定了需进行技术修订的法律,阐明了国会的意图,并澄清了立法和国会报告的含糊其词。具体而言,蓝皮书清楚地解释了 16 项政策的具体规定及其他条款。

1. 年度纳税所得包含的特别规则

第 451 节"全部事项测试"收入确认规则进行了重大修改。新的第 451(b)节规定,按权责发生制确认计税的纳税人收入,在根据以往"全部事项测试"

---

[1] 邓子基:《税收理论若干问题的思考》,《扬州大学税务学院学报》1998 年第 3 期,第 1—4 页。

[2] "JCT issues 'Bluebook' clarifying tax reform provisions affecting accounting methods, Section 451 income recognition, bonus depreciation, Section 199A, research and development incentives and similar provisions," *EY Tax Alerts*, 2019 - 01 - 17.

确认的时间和根据适用财务报表确认的时间之间,以两者中较早者为准。这实际上是要求应税所得要在收益、应收、收到,或在财务报表层面,确认最早的那个时间。此外,新的第451(c)节修改了第2004-34号税收程序所规定的预付款递延支付方法,并取消了财政部行政法第1.451-5节允许多年递延支付方法的规定。

国会预计财政部将对是否及如何分配交易价格提供指引。第451(b)(4)节规定,对于包含多项义务的合同,将交易价格分解到每项应履行义务金额中的目的,是将该项目纳入纳税人的资产负债表中,并计入收入。(1)履行义务不是以合同为基础的,例如,给客户提供免费商品或服务,或提供培训和技术支持;(2)包含在第451节规定中的收入和第460节规定的长期合同的安排;(3)为所得税目的的收入确认时间,与为了财务报表目的的收入确认时间不同。

2. 修订后的账面收入确认规则

2018年,账面收入和税收收入的认定规则将发生重大变化。ASC 606是新的收入确认标准,影响所有与客户签订商品或服务转让合同的企业——公共、私人和非营利实体。根据2017年和2018年的最后期限,上市公司和私营公司现在都应该符合ASC 606。IFRS 15是国际会计准则委员会(IASB)颁布的一项国际财务报告准则(IFRS),为客户合同收入的会计处理提供指导。

ASC 606和IFRS 15(新准则)大刀阔斧改革了公认会计准则和国际财务报告准则财务报表确认收入的方式。财务会计准则委员会和国际会计准则委员会发布了新准则,取代了几乎所有现有的收入确认指南。其核心原则是,在对客户履行义务时,纳税人必须确认收入,确认收入的数额应反映出纳税人期望的有权获得的对价,作为对履行义务的交换。在这一过程中,纳税人很可能会比在以往的指导方针下进行更多的判断,作出更多的估计:(1)第451(b)节要求在不迟于可供销售(AFS)中的收入入账时确认收入;(2)可供销售确认收入的方式发生了变化,新标准给纳税人在计算应税所得时带来了不确定性。

3. 销货成本

在生产定制产品方面,新准则可能要求在产品生产收入增加的同时,增加相关产品销售的成本(简称"销货成本")。例如,一项涉及定制产品制造和销售的交易,可能同时需确认收入和销货。根据旧的入账规则,当使用交货单位方法,将所有权从制造商传递给买方时,需进行确认。然而,根据新准则,在商品生产阶段确认收入和销货成本有可能加速。虽然第 451(b) 节要求加速确认本例交易中的收入部分,但在扣减销货成本的适当时间方面,存在不确定性。

有关销货成本的法律条文没有变化。蓝皮书指出,在计算销货成本时,不得通过考虑某一数额而减少总销售额,其计算不得早于经济绩效发生的课税年度。一旦发生经济绩效时,应该在所有权转移给客户并计算销货成本时,考虑该金额;如果不需要资本化,则不受《国内税收法典》任何其他要求在纳税年份之后的税收年度中扣除经济绩效的限制。因此,如果没有所有权转移,纳税人将不太可能通过加快扣减销货成本匹配收入与支出,或者遵循销货成本的账面成本规定。

总收入一般包括来自任何来源的所有收入。第 61 节规定,总收入一般包括所有与财富明显相关的项目。当某一项目具有足够固定和明确的条件,可以作为应税所得处理时,就可以清楚地确认该项目的总收入。根据第 451 节规定,一旦确认收入后,总收入将列入纳税年度的一般时点收入规则。

第 451(b) 节要求确认收入不迟于可供销售收入入账时间。这项规定使许多纳税人疑惑,如果没有发生确认事件,是否需要确认纳税收入。蓝皮书规定,第 451(b) 节关于为税收目的实现某收入的规则没有修改,因此,在尚未发生确认事件时,不需要确认收入。

在发生某些事件时,纳税人可以通过签订合同约定获得绩效奖励。关于绩效奖励,在新准则实施之前,绩效奖金收入可能在触发事件发生时需要确认。然而,在新准则下,所有或部分绩效奖金收入,可在触发事件发生前确认。

第 451(b) 节规定,在绩效奖金达到必要的物质条件和收入条件时,才会要求确认绩效奖励收入。未来的独立事件不能假定为基于联邦所得税目的,即使账簿中将事件视为可能发生并确认收入。因此,即使全部或部分绩效奖金可以提前反映在纳税人的可供销售中,也不能按照全部事项测试规定计入应纳税所得额。

4. 资产折旧

第一,《减税与就业法》将第一年折旧的额外扣除延长至 2026 年,并从 2027 年开始适用于生产周期更长的房产和某些飞机。第二,允许纳税人对 2017 年 9 月 27 日到 2023 年 1 月 1 日之前购买并投入使用的合格房产,进行 100% 的奖励性折旧。此项规定从 2024 年 1 月 1 日开始,适用于某些生产周期较长的合格房产及某些飞机。第三,将在 2024 年 1 月 1 日之前投入使用的合格房产的奖励性折旧率降至 80%;在 2025 年 1 月 1 日之前投入使用的合格房产的奖励性折旧率降至 60%;在 2026 年 1 月 1 日之前投入使用的合格房产的奖励性折旧率降至 40%;在 2027 年 1 月 1 日之前投入使用的符合条件的飞机的奖励性折旧率降至 20%。有关规定还适用于 2017 年 9 月 27 日至 2027 年 1 月 1 日种植或嫁接的某些植物,其奖励性折旧的比例一致。

将合格财产的定义范围扩大到某些已使用的财产。以前,只有满足初次使用要求的财产,才有资格获得奖励性折旧。对已使用的财产,规则规定如果纳税人第一次使用该财产,通常有资格获得奖励性折旧。此外,2017 年《减税与就业法》将扩大合格财产的定义范围,纳入某些合格的电影和电视作品,以及某些合格的戏剧作品。

先前某些符合奖励性折旧条件的财产被排除在合格财产定义之外。具体而言,合格财产不再包括受管制的公用事业公司:(1)电能、水或污水处理服务行业或业务使用的房产;(2)需由局部配气系统输送气体或者蒸汽的行业或业务使用的房产;(3)运输气体或蒸汽的管道行业或业务使用的房产,除非装配或销售这类服务的奖励率已经获得州或政治性区域、一个机构或单位、一个公共服务或公用事业委员会或其他类似机构的批准。合格财产不包括任何在交易或经营中有融资负债限制的房产。

第 168(k)节修正案适用于 2017 年 9 月 27 日以后取得并投入使用的财产。对于前款规定的财产,自订立具有约束力的书面收购合同之日起,不视为取得行为。同时废除第 168(k)(4)节替代性最低税(AMT)加速抵免以代替奖励性折旧规定的备选方案。

蓝皮书就奖励性折旧提供了相关解释。对于在 2018 财年将符合奖励性折旧物业投入使用的公用事业公司,如果该物业符合奖励性折旧条件,则可以利用奖励性折旧,但可能需要进行技术修正,以反映这一意图,这与建议采纳的《美国联邦行政法典》第 168(k)(2)条规定一致。根据第 168(k)(9)条规定,不必使用奖励性折旧的某些公用事业的出租人,如果该财产具有其他奖励资格,则本身可以使用此类财产的奖励性折旧,除非出租人在贸易或业务中没有使用奖励性折旧资格。

根据第 168(k)(9)节,具有计划融资债务的交易或业务,对其他符合奖励的财产给予奖励性折旧。相反,仅有资格申请奖励性折旧的此类贸易或业务,其中与此类债务有关的计划融资利息被纳入第 163(j)节规定的可扣除利息费用,并可选择是否将计划融资利息用作税收年度的部分可扣除利息费用。

一旦计划融资利息被包括在此类贸易或业务中扣除利息部分,则贸易或业务不得对在该纳税年度或任何纳税年度中投入使用的资产使用奖励性折旧。

第三方根据具有书面约束力的合同为纳税人建造的房产,是在签订具有书面约束力的购买该财产合同之日获得的,该财产不被视为"自建"房产。

蓝皮书发布第 168(k)节和第 163(j)节的最终规定之前,为适用奖励性折旧的纳税义务人提供了额外的考虑事项:(1)出租人可以对租赁给某些公用事业的物业使用奖励性折旧;(2)在某些情况下,与计划融资债务有关的利息的交易或业务,可以对该交易或业务所投入的符合奖励资格的财产进行奖励性折旧。根据第 168(k)节和/或第 163(j)节,预计两个项目及之前描述的其他项目,将在最终条例中得到解决。

5. 房地产回收期

新法取消了合格租赁改良房产、合格餐厅房产和合格零售改良房产定义,但却保留了对合格改良房产的单独定义,同时不再为此类属性指定回收期;还将替代性折旧制度下的住宅租赁物业的偿还期从 40 年缩短至 30 年。此外,新法要求房地产行业或企业在不受第 163(j)节规定的利息扣除限制的情况下,选择使用替代性折旧制度,对其任何非住宅房地产、住宅租赁房产和合格改良房产进行折旧。

蓝皮书补充说明了立法的目的。即在一般折旧制度下,给予改善合格物业15 年的回收期;在替代性折旧制度下,给予 20 年的回收期,但可能需要先进行技术修正,然后才能实现该目的。

对选定的房地产贸易或业务,比如贸易或商业不动产,可以选择不受第163(j)节利息费用的限制,不仅包括非住宅房地产、住宅租赁房产和合格改良房产,而且合格租赁改良房产、合格餐厅房产、合格零售改良房产也包括在内,但必须使用替代性折旧制度,进行技术修正后即可反映这种政策意图。

《美国联邦行政法典》关于财政部的第 168(i)节的变更用途规定。对选定的房地产交易或企业的某些房产变更,使用替代性折旧制度。

蓝皮书为纳税人提供了对某些不动产和某些不动产交易或业务的额外考虑事项。蓝皮书指出,对于符合条件的改善性房地产,一般折旧制度回收期为15 年。在没有技术修正的情况下,不可能单方面规定回收期。

贸易或商业不动产可以选择不受第 163(j)节利息费用的限制。但必须对非住宅房地产、住宅租赁房产、合格改良房产、合格租赁改良房产、合格零售改良房产、合格餐厅房产使用替代性折旧制度。但是现行的第 168(g)(8)节,并没有提到合格租赁改良房产、合格零售改良房产或合格餐厅房产。

6. 合格营业收入的扣除界定

《减税与就业法》对符合条件的纳税人新设立了第 199A 节。一是允许从某些贸易或经营收入中扣除 20%,并允许从房地产投资信托基金(Real Estate

Investment Trust, REIT）的股息和公开交易合伙企业（PTP）的收入中扣除 20%。二是根据"W-A 工资/在该贸易或业务中使用的折旧资产"规定，限制了可扣除的贸易或业务收入，并限制了纳税人在第 199A 节项下的总扣减额为纳税人应纳税收入的 20%，不包括资本净利得。

劳务收入与资本利得需要区分。设立第 199A 节的目的，是将非公司业务的劳务收入与资本利得区分开来。这样就可以对资本利得采用较低税率，与下调公司税率保持一致。第 199A 节确定了一些服务业务，这些业务通常会带来劳务收入或劳动收入，"特定的服务行业或业务"则被排除在外。

不同纳税人需要界定。贸易或商业的纳税人是指在指定类别的服务行业中的独立承包商，在这一行业中企业的纳税人/独立承包商经营多种不相关的业务，持有最少的产权，独立承包商的主要资产是其所有者的声誉或技能。对于由第 199A 节定义为指定服务或业务的行业，蓝皮书引用第 448（d）（2）（a）节中的"类似列表"，并描述第 448 节的定义。但是，第 448 节的定义并不是为了第 199A 节而采用的。

贸易或商业活动亦需进一步界定。贸易或商业活动，根据第 199A 款定义，是必须定期和持续地进行并以盈利为主要目的的活动。第 446 节中确定的纳税人是否拥有多个独立行业业务的因素适用第 199A 节。第 469 节原则对于第 199A 节所述的单独和不同的贸易或业务不是决定性的。第 199 节举例说明了某项活动如何将被视为属于贸易或商业。即基于下述事实，根据第 199A 节，房地产租赁活动构成一项单独的贸易或商业活动：商业和住宅租赁活动使用单一的账簿和记录；由纳税人"实质性参与"；而且按照第 168 节和第 162 节规定，允许成本回收和费用扣除。

为确定合格业务收入总额，本年度及以前年度结转过来的合格业务收入亏损之和，不能将合格业务总收入降至零以下。

持有房地产投资信托证券基金或公开交易合伙企业的受监管投资公司（Regulated Investment Company, RIC）股东，作为纳税人，应被视为直接获得合格的房地产投资信托基金股息或合格的公开交易合伙企业收入者,受监管投资公司股息应归入此类合格金额。美国国会打算对房地产投资信托基金股票的持有期进行规定,以避免发生操纵交易。

2018纳税年度纳税人可以把从2017—2018纳税年度中符合第199A节规定的两个财年的穿透实体收入都列入合格业务收入。

第107892－18号文件把特定服务行业或业务的"声誉或技能"类别限制为一个人通过背书、使用个人身份,或个人形象获得收入的行业或业务。对独立承包商提出了更宽泛的定义。

租赁房地产示例说明该活动属于贸易或经营,主要是纳税人可以在第168节和第162节下扣除成本回收和费用。

在贸易或业务确定合格业务收入时,本年度相关的结转亏损不会减少合格房地产投资信托基金股息或合格公开交易合伙企业收入。因此,如果纳税人有负的贸易或合格业务收入,但合格房地产投资信托基金股息或合格公开交易合伙企业收益为正,纳税人可以仅根据合格房地产投资信托基金股息或合格公开交易合伙企业收益进行扣除。在W－2工资限制或W－2工资及折旧资产限制适用之前,来自其他贸易或合格业务类型的负的贸易或合格业务收入,有可能不能完全抵消正的贸易或合格业务收入。

目前关于个人是否可归为合格房地产投资信托基金,以及合格公开交易合伙企业收入的受监管投资公司股息如何处理,政策尚不清晰。纳税义务人通过受监管投资公司间接持有的、来自房地产投资信托基金或公开交易合伙企业的合格收入,会被包括在第199A节的合格营业收入总和中。

穿透实体的日历年度(2018)报表第199A项包含一个财年(2017—2018)对纳税人有利。第199A节适用于2017年12月31日后开始的纳税年度。

7. 研究与开发激励政策

《减税与就业法》允许纳税人将研究支出或实验支出资本化,并在5年内摊销(国外研究支出规定为15年)。一是新的第174节要求,需将所有软件开发成本视为研究或实验支出。二是与摊销期间处置、报废或者废弃的财产有关的资本化研究或者试验支出,必须在摊销期间的剩余时间内继续摊销。

纳税人在第41节和第280节下全部或减少的研究抵免计算方法。具体来说,根据第41节,在2021年之后的税收年度,如果纳税人的研究抵免超过了该年度税法规定所允许摊销扣除的金额,根据现行税法规定,应该资本化的金额必须减去超出的那部分金额。根据第41节,纳税人可选择申请扣除其在该纳税年度的第174节下的支出。如果进行了这样的选择,研究抵免额将减少该抵免额乘以最高公司税率。

《减税与就业法》第174节规定的适用范围,被视为是为了第481节立法的目的,纳税人对会计方法的变更,由纳税人发起,并经财政部批准。由于适用于研究或实验支出支付或共同截止的基础会被改变,在2021年12月31日之后开始的税收年度才开始实行,所以关于2022年1月1日之前税收年度的研究或实验支出的第481(a)节规定没有调整。

纳税人应就其全部软件开发成本和现行第174节规定的成本,提交自动会计方法变更申请。根据第162节、第174节或2000-50税收程序,不论目前第174节成本或软件开发成本是否进行费用化或资本化,纳税人都应分析现在第174节的成本及未来可能的第174节的成本,以确定这些成本是否符合本节规定的研究或实验支出的定义。不符合这些要求的费用将不受第174节新摊销规则的约束。

8. 研究抵免和税基侵蚀与反滥用税

《减税与就业法》对第41节不作实质性修改。研究抵免对计算税基侵蚀最低税额具有不同影响,计算纳税人适用的"税基侵蚀与反滥用税"(BEAT)应纳税额有计算示例。根据税基侵蚀与反滥用税规定,纳税人除了可能承担任何其他常规纳税义务外,还必须缴纳相当于该纳税年度基本侵蚀最低税额的税款。

税基侵蚀最低税额等于调整后的应纳税所得额超出常规应纳税所得额部分,再减去一些特定税收抵免总和(不包括研究抵免)的10%,其中2025年12月

31 日之后的纳税年度的比例为 12.5%。

计算税基侵蚀最低税额的例子。2026 年之前的纳税年度,更高的研究抵免额不会增加纳税人的税基侵蚀与反滥用税应纳税额,因为它被排除在税基侵蚀最低税额之外。然而,从 2025 年 12 月 31 日以后开始的纳税年度,因为有第 38 节规定,常规纳税义务的所有抵免金额降低了,包括第 41 节中的抵免政策。纳税人的研究抵免不能抵消其应纳超额税额。

9. 关于库存的会计规定

《减税与就业法》废除了企业保持库存的要求。但是这项规定的前提,是他们的平均总收入要达到 2 500 万美元。2 500 万美元总收入水平,是根据 2018 年后开始的纳税年度的通货膨胀指数计算得来的。新法允许企业:(1)将存货视为非附带原材料及供应品;(2)按照财务会计准则处理存货。

符合 2 500 万美元总收入条件的纳税人,无须根据第 471 节核算存货,但可采用以上两种存货核算方法之一进行计算。在某一纳税年度没有通过 2 500 万美元总收入测试的纳税人,没有资格在该纳税年度保留存货。此外,第 471 节是对第 481 节中纳税人会计方法的更改,会计方法由纳税人发起并经财政部批准。

新法与之前有关的小企业准则一致。新准则允许更多纳税人不采用第 471 节规定的存货会计方法。纳税人如符合总收入测试,并希望适用新的小企业准则,一般须提交下述任意一个更改会计方法的申请:(1)将存货视为非附带原材料及供应品;(2)按照财务会计准则处理存货。一般情况下,根据《税收程序 2018 - 40》中的会计程序,变更自动完成。

10. 统一资本化规则

《减税与就业法》扩大了小企业纳税人统一资本化规则的例外范围。根据该法,任何符合 2 500 万美元总收入测试的生产商或经销商,都不适用第 263A 节。同时,新法依据的统一资本化规则(Uniform Capitalization Rule,UCP),保留不以总收入为豁免标准的规定。

小企业纳税人可以不受统一资本化规则的约束。蓝皮书阐明了第 263A 节

和第 163(j) 节之间的相互作用。根据《美国联邦行政法典》关于财政部第
263A - 9(g)(1)(i) 节的规定,"第 263A 节与第 163(j) 节相同,在利息资本化后
才适用"。新准则允许更多纳税人不必适用第 263A 节规定。符合总收益测试并
希望适用新小企业准则的纳税人,通常需要提交会计方法变更申请,根据第
263A 节无须再将成本资本化。一般情况下,根据《税收程序 2018 - 40》,该变更
申请可以自动执行。

为适用第 163(j) 节的限制性规定,根据第 263A 节,资本化到指定财产的利
息不属于"利息"。特别是受到第 163(j) 节限制的纳税人,应重新审查现行利息
资本化方法,并评估是否符合第 263A 节规则。对指定财产资本化的利息可通过
折旧/销货来收回,如果根据第 163(j) 节,首先要限制利息并结转,则这种收回
可提早发生。此外,根据第 263A(f) 节,如果利息资本化为有利于存货生产或转
售活动的可折旧资产,作为折旧收回的利息,将根据第 263A(f) 节资本化为存
货,作为销货成本收回。如果这种利息与外国债务有关,则不受第 59A 节规定
限制。

11. 第 263A 节事项

关于存货的第 263A 节的"税基侵蚀与反滥用税"。受税基侵蚀与反滥用税
影响的纳税人,可以从第 263A 节规定的存货计划中受益,因为支付给外国关联
方的款项,不受税基侵蚀与反滥用税影响,这些款项可以通过销售进行分配。纳
税人应查明支付给外国关联方的款项,并按照现行第 263A 节的存货方法,确定
这些款项是否资本化。可能需要通过改变会计方法,改变第 263A 节的存货方
法。此外,根据第 263A 节,资本化到存货的任何成本,都必须在纳税申报单上以
销货成本的形式列示。变更会计方法可能需要将成本"在标准以下"作为扣除
额处理,将成本"在标准以上"按照销货成本来处理,反之亦然。

如果纳税人计划将会计方法变更与"全球无形资产低税所得"(GILTI)和
"外国来源无形资产所得"(FDII)一并计算,需遵守第 263A 节。对于受控外国
公司,改变归属于美国的比率,可以减轻纳税繁琐程度,亦可以其他方式满足第

263A 节要求。此外,纳税人应考虑是否采用第 263A 节,结合 GILTI/FDII 计划,对自建资产进行规划,例如,将自建资产税基成本资本化或剔除不需要资本化的成本。

12. 酒类生产周期

《减税与就业法》将啤酒、葡萄酒和蒸馏酒的陈年期暂时排除在生产周期之外,以符合统一资本化规则有关利息资本化的规则。啤酒、葡萄酒和蒸馏酒生产商,可以扣除因生产周期较短而产生的利息支出,任何其他适用限制除外。此规定不适用于 2019 年 12 月 31 日以后支付或计提的利息。

该条款的适用并不改变第 481 节规定的会计方法。这是因为纳税人对可资本化利息成本的会计方法没有改变。纳税人 2017 年 12 月 31 日以后、2020 年 1 月 1 日以前已资本化的支付或应计利息费用,将不再进行资本化,可按照第 481 节的规定变更会计核算方法。

啤酒、葡萄酒和蒸馏酒生产商因生产周期较短而产生的利息支出可扣除,在适用本规则时,是否提交会计方法变更申请均可。

13. 招待费处理规定

《减税与就业法》对影响公司扣除 2018 年 1 月 1 日之后发生的餐饮和娱乐费用的政策进行了重大修改。第一,修改了第 274 节规定,对于由雇主提供的娱乐支出,包括娱乐活动门票和纳税人经营的设施,均不得扣除。第二,修订第 274(n)节,在涉及食物或饮品的最低附带福利方面,支出的经营扣除前提是:(1)根据第 132(e)(1)节向职工提供的最低膳食福利;(2)根据第 132(e)(2)节在雇主经营的饮食设施内提供的膳食,包括根据第 119 节在该设施内为雇主提供的膳食;(3)从 2026 年 1 月 1 日起,第 274(o)节规定禁止对下列任何费用进行商业扣减,一是由雇主经营的饮食设施提供的膳食,二是为雇主提供的膳食。

《减税与就业法》不影响现行的 50% 扣除限制例外规定。一是餐厅或餐饮企业可能继续扣除 100% 的食品或饮料的成本——那些与为付费客户准备和提供餐食相关的成本,以及职工餐厅或可能在工作地点吃的那些食物相关的成本。二是纳税人可能会继续扣除某些与经营有关的食品和饮料支出的50%。因此,纳税人可扣除50%的支出包括:(1)与贸易或业务运营相关的餐饮费用,如职工在上班途中的餐饮消费;(2)与客户共进商务餐有关的餐饮费用。三是以下三种情况产生的娱乐费用,不是100%可扣除的:(1)职工、股东等的商务会议[第274(n)(2)(A)节和第274(e)(5)节];(2)商业联盟会议[第274(n)(2)(A)节和第274(e)(6)节]。

14. 境外取得的无形资产

《减税与就业法》允许美国C类公司从外国来源无形资产所得中扣除37.5%(2025年以后的纳税年度扣除21.875%)。美国公司的"外国来源无形资产所得"的计算,等于总收入的一部分被视为无形资产所得(DII),一部分无形资产所得(合格的海外房地产和服务销售产生的)有资格获得外国来源无形资产所得扣除。

关于《减税与就业法》的未来适用有三个说明。一是可扣除合格收入(DEI),除了六项例外情况外,还有第七项:"任何收到或累积的收入,属于外国个人控股公司的收入。"二是应纳税所得额限制,在确定应纳税所得额限制的适用性时,包括第78节的总额。"如果国内公司的外国来源无形资产所得、全球无形资产低税所得和可归属于第78节总额的全球无形资产低税所得超过了不考虑该条款的应税所得,那么外国来源无形资产所得、全球无形资产低税所得和可归属于第78节总额的全球无形资产低税所得允许获得扣除,但扣除后不能低于零,扣除的金额根据超出的金额来确定。"三是美国政府作为中间人,"如果纳税人将财产出售给非美国人,但美国政府纯粹作为中间人促进交易,例如,某些向国外进行的军事销售,如果满足其他要求,则出售此类财产所得的收入可被视为外国来源可扣除合格收入"。

上述项目对计算外国来源无形资产所得扣除的潜在影响:对于拥有外国个人控股公司收入的纳税人,将这一额外收入项目排除在可扣除合格收入之外,可能会导致外国来源无形资产所得金额减少。

15. 第 78 节总金额

列入第 78 节的总金额可能会减少"外国来源无形资产所得""全球无形资产低税所得"和第 78 节的总金额,以便计算它们各自的扣除额。根据该法,将应纳税收入与外国来源无形资产所得和全球无形资产低税所得的总额进行比较,以确定是否需要扣减。由于在这一决定中包括了第 78 节的总金额,某些纳税人可能更容易受到应纳税收入限制的影响,从而减少扣除额。

16. 合格销售额

对于其他具有合格销售资格的纳税人,他们的交易由美国政府作为中间人促成,从这些交易中获得的收入可以被视为外国来源可扣除合格收入。

总之,国会蓝皮书有助于促进纳税遵从。国会的蓝皮书通过政策解释和示例,一方面解释了实施有关的法律将涉及的重要事项,另一方面也为纳税人正确执行有关规定确立了参考场景。

(二)有关减税经济后果的争论

1. 民主党的观点

民主党认为《减税与就业法》实施以来的政策效果较差。[1] 2019 年 2 月 27 日,众议院预算委员会听证会围绕着《减税与就业法》继续进行党派争论。民主党声称,特朗普税法改革目标没有实现,税制改革只有利于富人。而共和党认为,新税法有助于促进企业发展、提高职工薪酬。众议院预算委员会主席约翰·亚穆斯说:"由于法律中不恰当的国际税收激励措施,公司有可能通过在海外创造收入,并将投资转移到国外,实际减少税负,或者完全避免纳税。这会危及超过 1 500 万美国工人的工作,这部分人的工作岗位最容易被外包,并流入海外。"

税收政策对女企业家和小企业的医疗费用产生了影响。卡罗琳·布鲁克纳

---

[1]　"House Budget Committee holds TCJA hearing," *EY Tax Alerts*, 2019 - 02 - 28.

（Caroline Bruckner）教授指出，国会税收联合委员会经研究发现，年收入在100万美元以上的穿透实体企业，利用第199A节的漏洞，可将44%的收益通过穿透扣除，转嫁到企业成本中。她还说，税收改革未能完成美国纳税人在当前全球化条件下实现税务合规的挑战。

几乎所有民主党证人都指出《减税与就业法》对长期经济增长的推动微乎其微。一位参与听证的证人说，通过对高收入家庭最大幅度减税，无论是相对减税还是绝对减税，都会加大税后收入差距。如果全面考虑减税方式，一是将使大多数家庭的境况变得更糟；二是将使政府棘手的长期财政状况变得更糟；三是将使税收制度更加复杂和不确定；四是将使决策者更难应对未来的衰退；五是还将降低医疗保险覆盖面，提高医疗保险价格，减少慈善捐赠。

第二位听证证人说：一是《减税与就业法》忽视了工人阶级工资停滞不前的严重现实，加剧了不平等；二是当国家需要筹集更多资金时，财政收入就会减少；三是减税激励猖獗的避税和赌博行为，这将破坏税法的完整性。

第三位听证证人劳埃德·道根（B. Lloyd Doggett）长期批评国际税收政策。他表示，跨国公司会借助《减税与就业法》实现"财源滚滚"，并且他提出了"无外包税收减免法案"，建议取消全球无形资产低税所得和外国来源无形资产所得的抵免，取消出于税收目的把外国企业当作美国国内企业进行管理和控制。

第四位听证证人是黄志清，他同意堵住"漏洞"，他认为杜绝外包激励很重要，而且更好地利用与此类政策相关的收入政策同样很重要。新泽西州民主党人塞勒斯（Albio Sires）表示，《减税与就业法》把州和地方税收减免（SALT）总额限制在1万美元以内，将会损害新泽西州的房地产市场。

第五位听证证人指出，《减税与就业法》提高标准扣除额后，抵押贷款利息扣除政策的效果将大打折扣。民主党税收政策的一个潜在目标是附带权益。证人认为，附带权益很明显应作为劳动所得征税，而非资本利得。与对财富税或财富所有者身故之后的资本利得税等其他税进行改革相比，他没有提出所得税改革措施。

民主党认为,2017 年税改产生了四大负面效应。[1] 第一,《减税与就业法》没有兑现对工薪家庭和小型企业的承诺,而是在向富人和大公司提供大量福利的同时,遗忘了大多数美国工薪阶层,因此导致企业税收锐减,而且削弱了美国应对人口老龄化和医疗成本上升造成的预算挑战的能力。

第二,税改应重点关注中产阶级而非富人阶层。民主党认为,美国需要的不是对富人的偏爱,而是负责任的财政税收政策,应把中产阶级家庭和那些努力跻身中产阶级的人放在首位,并确保最富有的美国人和企业支付他们应缴的份额。

第三,企业利润飙升,而美国工薪阶层的税负几乎没有减少。有数据显示:(1)2018 年,美国最大的 60 家公司赢利 790 亿美元,但没有缴纳任何联邦所得税,反而获得了 40 亿美元的净退税,这一数字是《减税与就业法》出台前的 2 倍。(2)企业利润飙升 16.2%,从 2017 年的 1.75 万亿美元增至 2018 年的 2.03 万亿美元。(3)税法对绝大多数美国人没有产生实质性的影响。只有 17%的人认为他们得到了减税。(4)小企业的减税令人失望,准备费用增加,还造成了大规模混乱。

第四,企业税收锐减,国家债务激增。(1)公司税收在 2018 年暴跌,与 2017 年相比下降了近三分之一,即 920 亿美元,2018 年是《减税与就业法》实施的第一年。(2)2018 年,联邦赤字跃升至 7 790 亿美元,较 2017 年增长了近 17%,即 1 130 亿美元,这主要是由于《减税与就业法》的实施。(3)2018 年,联邦财政收入占经济总量的 16.4%,创历史新低,比 50 年来 17.4%的平均水平低了一个百分点。(4)即使考虑到任何经济增长的影响,《减税与就业法》也将使赤字恶化,并在未来 10 年内增加 1.9 万亿美元的国债。

民主党批评减税未能促进投资增长。[2] 参议院财政委员会民主党资深议员罗恩·怀登(Ron Wyden)认为,共和党的减税计划未能兑现其承诺。"共和党

---

[1] "The First Tax Filing Season Under the GOP Tax Law Shows the Rich and Big Corporations Benefitted the Most," https://budget. house. gov, 2019 - 04 - 15.

[2] "Wyden Statement on Congressional Research Service Report on Republican Tax Cuts," https://www. finance. senate. gov, 2019 - 05 - 28.

人的立法草案提出了三项令人难以置信的主张：减税的后果由税收的增加弥补；将工资提高 4 000 美元；快速启动美国投资。事实上，减税只能覆盖由减税造成的成本的 5%，而非 100%。工人们没有感受到显著的工资增长，但是减税的收益被主要用于股票回购，这使得那些首席执行官（CEO）的薪酬越来越高。而且，减税对美国的投资影响微乎其微。""共和党人试图向美国人民兜售立法草案，从而为给公司和富人提供数千亿美元的优惠提供正当理由。"

国会智库——国会研究局认为税改的经济效应和社会效应都不好。[1] 美国国会研究局报告指出，共和党提出的三项经济政策主张牵强附会：（1）所谓的《减税与就业法》促进了美国经济增长；（2）经济增长意味着《减税与就业法》最终将促进政府税收增加，形成良性循环；（3）中产阶级家庭是减税政策的主要受益者。具体如下：

一是减税对美国经济的影响。2018 年，美国经济增长 2.9%，这是《减税与就业法》通过后的第一年，虽然数字听起来不错，但国会研究局和国会预算办公室早在 2017 年减税立法通过之前，就预测到美国经济的增长率大致如此。此外，国会研究局发现，2.9% 的增长率与过去 5 年的"增长趋势"是一致的。这意味着，在没有减税的情况下，2018 年的经济增长率基本上与现在持平。

二是工资收入是衡量减税政策效果的重要指标。对许多人来说，衡量减税效果是否有用的指标是工资变化。如果 2.9% 的经济增长没有非常特别的地方，那么国会研究局报告有关工资方面的变化就很特别。2018 年，经通胀调整后，美国的工资增长了 2.0%，远低于经济增速。"生产和非管理人员"的工资增长了 1.2%。国会研究局得出的结论是："无论与历史相比，还是与 GDP 增长相比，都没有任何迹象表明 2018 年工资水平大幅上涨。"

三是减税立法在促进经济增长和工资收入增加方面是失败的。《减税与就业法》的支持者们依赖于错误的涓滴经济学理论，坚称减税会刺激经济增长，产

---

[1] Matthew Gardner,"Congressional Research Service Calls Three Strikes on the Trump Tax Cuts," https://itep.org, 2019-05-30.

生减税效应。特朗普的经济顾问拉里·库德洛（Larry Kudlow）在 2019 年 3 月再次重申了这一主张。但是，由于企业和个人所得税收入大幅下降，特朗普的计划并没有起到任何作用。公平地说，国会研究局报告发现，减税带来的经济增长只占成本的 5%。但这很难实现经济高速增长的宏伟承诺，因为这一承诺将使减税政策产生经济自我增长效果。

特朗普减税政策对大企业的减税效应明显。国会研究局发现，税法在为盈利的大型企业减税方面硕果累累，当时曾预计 2017—2018 年，美国企业平均税率从 23.4% 降至 12.1%。这意味着"在税收调整后，有效税率与法定税率之比有所下降"。法定税率下降 40%，实际税率下降 48%。这是对特朗普计划实现了企业税"改革"成就的有力控诉。实际上，"如果实际企业税率下降速度快于法定税率，这表明新税法打开的税收漏洞比关闭的更多"。

特朗普减税政策的经济效应遭到多方质疑。事实上，美国财政部 2019 年上半年的研究报告发现，从 2017 年到 2018 年，联邦企业税收下降了 31%。国会研究局作为政策争端的公正仲裁者，其研究报告具有更高权威性。如果连国会研究局都说《减税与就业法》似乎没能增加工资或推动经济增长，但却使美国的长期预算赤字更糟时，那就应该引起对特朗普减税政策进行评估的重视。

2. 共和党的观点

共和党证人一边倒地支持《减税与就业法》。[1] 2019 年 2 月 27 日，在众议院预算委员会《减税与就业法》听证会上，共和党资深委员沃马克坚称，公司所得税税率应该提高到 28%，这是奥巴马总统提出的税率，同时应将某些制造商的税率降低到 25%。沃马克反驳了民主党关于《减税与就业法》会增加赤字的说法。他说，《减税与就业法》增加赤字的原因是支出问题，而不是收入问题。全美独立企业联合会证人表示，《减税与就业法》首先能够通过加薪对职工进行投资，其次可以通过大规模的设施扩张和新设备对企业进行投资，最后将增强地方

---

[1]　"House Budget Committee holds TCJA hearing," *EY Tax Alerts*, 2019 - 02 - 28.

和全国企业的信心和乐观情绪。共和党议员遵循了这一做法，他们一再强调，《减税与就业法》对他们所在地区的小企业有好处，他们还声称，学界中人没有创造就业的经验。共和党证人还表示，潜在的碳税或"绿色新政"将损害家庭经济情况，因此他们主张对低收入家庭免征碳税。

（1）税改与经济增长

美国商会认为《减税与就业法》对经济增长的影响被低估了。[1] 美国商会反驳了国会研究局报告中 2017 年《减税与就业法》对经济影响的初步评估，指出报告中有不少错误的或有倾向性的陈述。

第一，关于"经济增长效应（如有）在第一年往往相对较小"的判断不正确。美国商会指出，国会研究局报告认为 2018 年美国国内生产总值增长了 2.9%，与 2017 年国会预算办公室预测的增长率大致相当，这实际上暗指税改几乎没有提高经济增长率，并使其高于先前预测水平。但事实上恰恰相反，2017 年国会预算办公室预测，2018 年经济增长率为 2.0%，2.9% 的实际增长率较之前国会预算办公室的预测值高出了近 1 个百分点。

第二，何种原因导致经济增长率显著超过国会预算办公室的预测水平无法确定。相较于《减税与就业法》对于美国经济增长的推动力，更大的推动力可能来自特朗普反监管革命的持续影响，反监管革命放松了奥巴马总统在企业合规监管方面的更具惩罚性的举措。当然，报告的作者可能也不想谈论这一点，所以只能假装视而不见，假装的确不存在额外的经济增长因素。

第三，《减税与就业法》的减税从未被视作额外经济增长的真正驱动力。实质性和持续性的强劲增长源于降低资本的税收负担，这主要通过大幅降低法定税率和大幅改善成本回收来实现。减税经过一段时间之后，资本的税负将降低，从而带来更高水平的生产性资本。但企业投资的增长需要长达几年时间，进而发挥新税法的效用，提高资本存量。

---

[1] J. D. Foster, "Congressional Research Service Downplays Tax Reform's Impact on the Economy," https://www.uschamber.com, 2019 - 05 - 30.

第四,投资模式"似乎与预期对供给的影响方向和规模不一致"的结论错误。实际上这种模式表明,《减税与就业法》并非投资加速的原因。在一个快速变化的经济体中,预测各类资产的投资模式很难。

国会研究局报告显然是蔑视特朗普税改政策的。《减税与就业法》是30年来联邦所得税体系中最重要、最有利于经济增长的一次改革,但在国会研究局报告的标题中,被称作"2017年税收修正案",好像只是在国会侥幸通过的小法案,大大抹杀了其重要意义。

共和党认为,减税政策给企业经营带来重要影响。[1] 波音、AT&T、联邦快递、CVS和其他公司雇主开始向职工发放奖金。包括沃尔玛在内的近200家公司宣布,得益于2017年的减税政策,企业职工的工资将上调,还有一些人将享受更多退休金。

减税使美国经济强劲增长,许多企业雇用越来越多的工人。《减税与就业法》通过一年后,美国增加了260多万个就业机会,比上年增加了近25%。失业率大幅下降,申请失业救济的人数降至1969年以来的最低水平,这在很大程度上要归功于减税。

(2)税改与就业

美国财政部认为2017年的税改具有充分就业效应。[2] 财政部指出,尽管当前美国的劳动力市场处于或接近充分就业状态,通胀压力始终存在。但美国经济依然持续稳定增长,推动了就业机会和工资水平进一步增加。此次美国经济复苏的持续时间达到了创纪录的124个月,而且还在继续增加,这一结果既受益于诸如2017年《减税与就业法》等经济提振措施,也受益于促进经济增长、实施结构性改革增强经济弹性的放松监管措施。

第一,财政部对美国GDP增长及其结构的分析显示美国经济是健康的。根

---

[1]　Edwin J. Feulner, "The tax cut that keeps on giving," https://www. heritage. org, 2019 - 04 - 17.

[2]　"Assistant Secretary for Economic Policy Michael Faulkender Economy Statement for the Treasury Borrowing Advisory Committee of the Securities Industry and Financial Markets Association," https://home. treasury. gov, 2019 - 10 - 28.

据对第 2 季度的第三次估计,美国 GDP 的实际年均增长率为 2.0%,而过去两年半内平均增长率更达到 2.6%。第 2 季度增长由 4.6% 的个人消费支出增长所带动,是第 1 季度增长率的 4 倍多,这与 2017 年第 4 季度的强劲势头相当。

政府支出的强劲增长以及对设备和知识产权的进一步投资支持了增长。由于前几个季度积累库存的减少、石油价格下降相关的结构性投资的减少、住宅投资的温和拖累,以及贸易逆差的扩大,第 2 季度 GDP 的增速从第 1 季度的 3.1% 开始放缓。尽管如此,第 2 季度国内私人最终购买的速度(个人消费、商业固定投资和住宅投资的总和)比上个季度增长了 1 倍以上,年增长率达到 3.3%。

第 2 季度的消费者支出达到 4.6%,增速为 2017 年第 4 季度以来的最快水平,比第 1 季度增长了 3 倍多,这一显著增长由 8.6% 的商品增长所带动,其中耐用消费品支出增长了 13.0%,这是五年来的最快增速,非耐用消费品支出增长了 6.5%,这也是近 16 年来的最快增速。

第 2 季度的服务业支出增长了 2.8%。总的来说,消费者支出总额对第 2 季度经济增长的贡献最大,占 GDP 的 3%。

核心零售销售是国民经济中消费者支出的重要组成部分,第 3 季度的年增长率为 6.8%,较第 2 季度的 8.3% 略有放缓。这种增速表明,第 3 季度商品实际消费对实际 GDP 增长的贡献保持稳定。

第 2 季度的企业固定投资下降了 1 个百分点。这一回落主要是由于结构性支出下降了 11.1%,一定程度上与油价疲软有关。知识产权产品投资增长了 3.6%,设备支出增长了 0.8%。第 2 季度的设备投资放缓,在一定程度上与波音 737 MAX 飞机停飞有关。从第 3 季度的数据来看,7 月和 8 月的结构性支出大幅下降,波音 737 MAX 的继续停飞,以及通用汽车联合工会的罢工都削弱了制造业的活动。不过,后一种因素应该很快就会得到解决。

至于占美国经济活动 70% 的服务业,9 月 ISM 非制造业调查报告称,即便面临全球经济逆风,多数美国服务业仍对近期前景持乐观态度。在连续三个季度对经济增长做出积极贡献后,第 2 季度库存积累转为负值,因为企业为应对强劲需求而减少了库存,所以实际 GDP 增速下降了 0.9 个百分点。

2019 年第 2 季度的住宅投资下降了 3.0%,连续六个季度下降,但回落幅度小于去年,这一数据主要是由于自 2018 年春季以来建设价值的大幅下降。最近的数据显示,截至 2019 年 9 月,现有房屋销售量增长了 8%,新的单户房屋销售量已经在 2019 年的前 9 个月中增长了 24% 以上。在截至 9 月的最近 12 个月中,独户住宅的开工数量增长了 4.3%,同期,房屋开工总数增长了 1.6%。值得注意的是,在过去 9 个月中,有 8 个月的建筑许可总量一直高于住房开工总量,这意味着住房建设将进一步升温。这些进展反映了住房负担能力和抵押贷款利率的持续改善,在截至 8 月的一年中,联邦住房金融局房价指数以四年来最慢的速度上涨,截至 10 月底,抵押贷款利率自 2018 年秋季以来下降了 119 个基点。这些情况也说明了房屋建筑商的信心有所复苏,2019 年 10 月,全美房屋建筑商协会(NAHB)的房屋建筑商信心指数已升至 20 个月以来的最高点。

总体而言,第 2 季度政府支出为实际 GDP 增长贡献了 0.8 个百分点。在 2016 年和 2017 年政府对经济增长的贡献基本为中性之后,过去 6 个季度,政府总支出有所增加。整体而言,第 2 季度政府支出增长 4.8%,其中联邦支出激增 8.3%,为 2009 年第 2 季度以来的最快增速,州和地方支出增长 2.7%。

对第 2 季度 GDP 的第三次估计显示,出口的负增长幅度比预期更大,下降了 5.7%。进口增速小幅下调至持平水平,总的来说,净出口从实际 GDP 增长中下降了近 0.7 个百分点,比第 1 季度的增幅超过 0.7 个百分点。如果 7 月和 8 月贸易数据的趋势持续到 9 月,那么净出口对第 3 季度 GDP 增长的影响将保持中性。

第二是财政部对于美国劳动力市场和工资的分析。财政部认为,2019 年 9 月劳动力参与率(LFPR)上升,3.5% 的失业率创 49 年来新低。主要表现在五个方面:

(1)部分失业率创下或保持在历史低位。其中西班牙裔美国人的失业率降至 3.9%,这是自 1973 年以来的最低水平,而非裔美国人的失业率则保持在历史最低水平,20 岁及以上的成年男子的失业率下降到 3.2%,与 2000 年 6 月以来的最低水平持平。最全面的衡量劳动力市场疲软的指标,包括那些与劳动力关系不大的人,以及那些因经济原因兼职的人(U－6 比率),下降了 0.3%—6.9%,这是 2000 年 12 月以来的最低水平,比经济衰退前 9.1% 的平均水平低 2.2%。

(2)劳动参与率与人口统计趋势继续背道而驰。美国劳动局正在对《减税与就业法》的各种激励措施、不断上升的工资水平和大量的就业机会作出回应。财政部认为,的确另一个劳动市场记录是职位空缺数比已就业的失业者人数更多。这一特征在过去 18 个月一直存在。9 月的总体劳动参与率保持在 63.2%,与 1 月、2 月和 8 月创下的五年来最高水平持平。9 月,成年职工的劳动力参与率保持在 82.6%,与 1 月和 8 月创下的九年来最高水平持平。

(3)劳动力短缺仍然是一个严峻的挑战。雇主调查显示,从雇主的角度来看,自 2018 年年初以来,熟练或合格职工的短缺是一个持续存在的问题。8 月全美独立企业联合会(NFIB)小企业乐观指数调查显示,有 57% 的公司表示很难找到合格的职工,而 9 月在全美独立企业联合会的调查中,该指标下降至 50%。

(4)工资的快速增长是过去一年多的一贯特征。近半年来工资已经增长了 3.5%,在过去的 14 个月中,私营部门生产和非管理人员的名义工资增长保持在 3% 以上,并且在过去的五个月中,名义工资的增长在 3.4%—3.6% 之间波动。截至 9 月的 12 个月中,这些职工的名义工资增长了 3.5%,明显高于 2018 年同期的 3.0%。

(5)强劲的名义收益和温和的通货膨胀相结合,不断提高了实际购买力。到目前为止,私营部门生产和非管理人员的实际平均小时收入增长了 1.4%—2.1%,其中截至 9 月的 12 个月中增长了 1.9%。工资和薪金增长的另一项衡量指标是就业成本指数(ECI),这一指标也显示了在过去几个季度中,私人工资和薪金快速增长。

第三,财政部对美国价格波动的分析。自 2018 年 7 月以来,消费者价格通胀的总体水平一直在放缓,这主要是由于能源价格的下降。截至 2019 年 9 月的 12 个月中,所有商品的消费者物价指数(CPI)上涨了 1.7%,远低于 2018 年同期的

2.3%。自 2018 年夏天以来,能源价格已大幅下跌。在截至 2019 年 9 月的 12 个月中,能源价格下跌了 4.8%,而 2018 年同期为上涨 4.8%。另一方面,食品价格通胀率较 2018 年有所回升,在截至 9 月的 12 个月中上升了 1.8%,比 2018 年同期上涨了约 0.5 个百分点。相比之下,不包括食品和能源的核心通胀率在 2019 年上半年相对稳定,但最近有所加速。截至 9 月,核心 CPI 同比增长 2.4%,高于 2018 年同期的 2.2%。

自 2018 年 11 月以来,以个人消费支出(PCE)价格指数衡量的总体通胀率一直低于目标值。截至 2019 年 8 月的 12 个月的整体个人消费支出通胀率为 1.4%,比目标值 2.3% 几乎低了 1 个百分点。截至 2019 年 8 月的 12 个月中,核心个人消费支出通胀为 1.8%,低于 2018 年同期的 2.0%。9 月的个人消费支出价格指数将于 10 月 31 日发布。

第四,美国财政部的分析报告得出了四点结论:(1)第 2 季度个人消费增长超过 4 倍,最终美国国内个人需求增长翻倍。在过去的几个月中,各行各业都表现出了对经济波动的抵御能力。值得注意的是,当前消费者信心高涨、消费支出稳定,劳动参与率不断上升,失业率低,名义工资和实际工资都在增长,通胀水平下降。(2)美国政府的放松管制措施和《减税与就业法》推动了当前扩张计划的破纪录时间长度,并为未来强劲的经济增长奠定了基础。(3)财政不确定性的减少,以及对英国硬脱欧的明显反感,也应该有助于未来几个季度商业信心和经济活动的提振。有关机构预测,到 2019 年第 4 季度末,实际 GDP 增长率为 2.2%,到 2020 年为 1.6%。(4)美国政府坚信,经济的弹性以及政策具有促增长性质。最新预测预计,美国在暂时的困难消失之后,随着投资的恢复和生产率的提高,经济增长将恢复到接近 3%。

(3)税改的社会效应

国会共和党认为,税改促进了经济增长和社会公平。[1]　在 2017 年特朗普

---

[1]　Kevin Brady, "Democrats, as usual, were wrong on Trump's tax cuts," https://www.foxnews.com, 2019 - 04 - 15.

总统签署《减税与就业法》时,众议院少数党领袖南希·佩洛西预言,美国将迎来"末日"。克林顿执政时期财政部部长拉里·萨默斯(Larry Summers)将《减税与就业法》支持经济增长的预测称为无稽之谈,并预测美国经济将陷入长期衰退。《纽约时报》专栏作家保罗·克鲁格曼(Paul Krugman)说,减税后"全球经济衰退,永无止境"。民调显示,许多美国人无法确定减税对他们的影响是好还是坏。税收政策中心声称,对91%的中产阶级纳税人减税是有理论依据的。

税前扣除政策推动美国经济持续发展。根据新税法,一个有两个孩子的单身母亲具有53 000美元的联邦所得税扣除额。根据H & R布洛克税务公司(H&R Block)的最新数据,工薪家庭的税负比2018年下降了近25%,退税增加了1.4%,这就是一个双教师家庭享受2 630美元减税额的原因。原来给小企业的20%的扣除,加上新推出的购买新技术和设备的激励政策,促使广大的小企业凭借着近乎创纪录水平的信心,雇用更多职工、扩大规模,盈利能力也得到提高。最重要的是,美国长期停滞不前的工资水平正以10年来最快的速度增长,且低收入群体的工资水平增长得更快,而低收入群体是最需要涨薪的。就业岗位也在激增,新产生了46.7万个制造业工作岗位,这是继奥巴马时代最后几年制造业工作岗位有所减少后的一个巨大的转变。美国经济正以超预期的速度快速增长,增长速度比经济学家预测的快50%。美国本土企业的投资速度是奥巴马执政期的4倍。

美国的收入不平等现象因减税得到缓解。拉丁裔和非裔美国人的贫困程度是有史以来最好的,失业率也是几十年来最低的。在克林顿执政时期,收入不平等现象比里根执政时期更严重,而在奥巴马执政时期,收入不平等现象又比布什执政时期更严重。但是,根据美联储前理事劳伦斯·林赛(Lawrence B. Lindsey)的说法,由于美国低收入者的工资上涨,特朗普执政时期的收入不平等现象正在缓解,到2020年,收入不平等程度可能会出现半个世纪以来的首次下降。

每个收入水平的税率都降低了,中低收入水平的税率下降最多。儿童税收抵免额增加了1倍,达到2 000美元,更多没有纳税义务的劳动者可以享受该项抵免,新增了有资格享受该项抵免的800万个中产阶级家庭。

美国90%的纳税人不再需要逐项列明来获得全额扣除。将标准扣除额翻倍不仅可以让更多劳动者免于征税,还可以简化纳税申报。近450万的家庭将不再受到替代性最低税(AMT)的影响,此前,替代性最低税使纳税人不得不缴两次税,且排除了主要的扣除额。在高税负的州,取消替代性最低税意味着纳税人可以节省数千美元的税收。

共和党认为减税推动大量美国企业回归美国。[1]《减税与就业法》出台前,美国经济增速迟缓,工资增幅停滞不前,税率达39%,美国在工业化国家中公司税率最高,美国小公司的税率更高,近44.6%。由于美国税率不具有竞争性,阻碍了投资和就业增长,大量雇主被迫在国外投资,就业岗位也随之流失,抑制了经济发展。在2008—2016年期间,美国平均GDP增速1.4%。工资增幅几乎停滞不前。2.6万亿美元外汇收入滞留国外,许多产业的所有者将公司搬迁至其他国家,享受更现代且优惠的税收政策,这造成了数万亿美元收入和数十万就业岗位的流失。公司税率下调到21%,减税大大减轻了中小企业的税务压力。税改之后,美国企业也更容易将境外收入转回美国,因此,美国不再需要制定奖励机制以激励海外美企回美国发展。

美国减税后就业不断增加,经济实现历史性增长。(1)80%的工人实现了收入增长;(2)中等收入家庭成为减税的直接受益者,比如年收入为7.3万美元的四口之家,年均少缴纳2 000美元的税;(3)2018年,时薪和工资增长了3.1%,是近10年来的最大增幅;(4)同年,失业率降到了20世纪60年代以来的最低值,仅为3.9%。国会预算办公室预计,美国2019年的失业率将持续下降至3.5%。目前新增就业岗位达730万个,创历史新高;2018年第3季度GDP年增长率达3.4%。

---

[1] "The Tax Cuts And Jobs Act, Fix Broken Budget Process," https://republicans-budget.house.gov, 2019-02-25.

传统基金会特别报告显示实际税收抵免的范围很宽。[1] 报告指出，2018 年纳税人平均少缴税 1 400 美元，而且，拥有两个孩子的已婚夫妇的减税额达到 2 917 美元。每个美国国会选区都享受了减税优惠，每个人都受益于更强劲经济的影响。所以传统基金会强调，国会应该优先考虑让《减税与就业法》的减税政策永久化，巩固已经取得的政策效果。

（4）税改与美国竞争力

税收基金会声称美国税改提高了税收竞争力。[2] 第一，《减税与就业法》对公司和个人税法进行了改革，在 2018 年国际税收竞争力指数的排名方面，美国已从第 28 位上升到第 24 位。降低税率提高了美国在经济合作与发展组织（OECD）国家中的总体排名。

表 2 - 1　美国在税改前后的排名变化

排名/指标	总排名	公司税	消费税	财产税	个人所得税	国际税收规则
税改前排名	28	34	4	29	27	33
税改后排名	24	20	4	28	26	32

第二，美国公司税负之轻排名从第 34 位跃升至第 20 位。《减税与就业法》将法定联邦税率从 35% 降低到 21%，有助于将联邦、州和地方企业的平均税率从 38.9% 降低到 25.7%。美国新的平均 25.7% 的税率，只略高于经济合作与发展组织 24% 的平均水平。

《减税与就业法》中企业税的另一项改革是 100% 奖励性折旧或全额费用化。这项规定提高了成本回收率，因为它允许企业立即摊销对机械和设备等方面的资本投资。但是在一定程度上，企业所得税的改善被以下因素抵消：

[1]　Edwin J. Feulner, "The tax cut that keeps on giving," https://www.heritage.org, 2019 - 04 - 17.

[2]　Erica York, "The TCJA Improved the United States' International Tax Competitiveness Index Rankings," https://taxfoundation.org, 2018 - 11 - 12.

（1）亏损结转价值的减少,仅限于应纳税所得额的80%;（2）亏损结转的消除;（3）对"外国来源无形资产所得"实行13.125%的特别低税率,类似于欧洲的"专利盒",但仅适用于与出口相关的知识产权收入。

第三,美国个税竞争力排名从第27位上升到第26位。《减税与就业法》降低了最高边际税率,然而,新税法将适用最高税率的门槛从平均收入的8倍提高到了9.5倍,缩小了所得税税基。改革后,通过限制州和地方税收减免,略微提高了资本收益和股息的边际税率。

第四,美国国际税收规则竞争力从第33位上升到第32位。《减税与就业法》对有关跨国公司的外国来源收入的条款作了一些调整。新法律核实相关股息收入扣除,也称"辖地"税收制度。结合新的辖地税收制度,引入了新的反税基侵蚀规则（BEAT）,旨在防止公司将利润转移到较低的税收管辖区。

房产税改革提高了房产税免税水平。新法律没有改革消费税,因为消费税属于州和地方政府的财政收入。根据2018年国际税收竞争力指数,《减税与就业法》通过对美国税法进行重要修改,将美国的排名提高了4位。但是,该指数也表明,税法中仍有许多部分值得审视。

（三）税制改革建议

税收基金会支持国会不再延长一系列临时税收政策的决定。[1] 税收基金会认为,近10年来,几乎每年都有针对企业和个人的税收政策到期失效,然后又被临时延长有效期。2018年《两党预算法》延长了2017纳税年度中的32项规定。除2项外,所有这些规定目前都已于2018年到期,在未来10年内,对临时规定的再授权,将造成财政成本增加150亿美元。

税收延期不能有效实现激励特定经济活动的目标。与此相反,临时税收规定往往是有追溯性的再授权,因此在不激励预期活动的情况下,这些规定会在事后将影响转移到狭小的群体,导致企业和个人无法及时反应,并作出不同的

---

[1] Erica York, "Recommendations to Congress on the 2018 Tax Extenders," https://taxfoundation.org, 2018-04-17.

决策。

目标狭隘的福利政策可能导致资源分配效率降低。这种暂时的、不确定的性质也使企业和个人越来越难以进行长期决策,因为他们不知道哪项税收规定将在未来生效或失效。这些条款减缓了经济增长,导致了税收优惠行业的价格优势,使那些没有从狭隘的条款中受益的行业难以参与竞争,可见,税收政策不应过于偏袒某种类型的技术或行业,而应保持中性。

税收基金会认为国会应确定四类税收延期是否在新税法中占有一席之地。这 26 项条款大致可分为四类:能源条款、成本回收条款、企业条款和个人条款。如果使所有 26 项税收措施成为税法永久性组成部分后,在 10 年内将形成 925 亿美元财政成本。

26 项税收措施大部分都是为了特定行业或集团的狭隘利益。例如,一半以上是补贴特定活动的税收抵免,如能源生产。这些税收优惠通过改变投资的相对成本,降低税收体系的中立性和效率。成本变化可能导致低效的投资选择,因为对投资活动提供税收优惠会减缓经济增长。

按照最初设计,目前许多正在审查中的条款要逐步取消。由于《减税与就业法》的实施,一些税收延期不再必要,另一些也应该到期。由于《减税与就业法》提供了与临时条款类似或更好的成本回收处理方法,因此几种税收延期将不再必要。一些提供了狭隘的、扭曲的利益的税收延期措施,应允许其到期,另一些更适合于拨款过程,而与税收体制无关。

实施临时规定不是理想税法的特征。实施临时规定通常是因为它们是临时立法的一部分,如经济刺激一揽子计划。但是,国会没有按照设计要求,逐步取消这些条款,也没有使它们成为永久税法,而是重新批准了这些临时条款。在大多数情况下,是在最后一刻被批准的。临时和可追溯的税收规定,如税收延期,是糟糕的公共政策,不应期望它们有助于长期经济增长。

许多税收延期措施会改变投资的成本回收处理规定。一般来说,这些规定通过许可更有利的折旧方案,降低资本使用成本,激励增加投资。然而,国会应避免将适当的成本回收处理规定仅限于特定投资,因为这可能会扭曲投资决策。《减税与就业法》为回收期不超过 20 年的合格房产提供连续 5 年 100% 奖励性折旧,并逐步淘汰。合格房产通常包括通过税收延期获得优惠折旧计划的财产,具体是指赛马、对非住宅不动产的赛马场进行的土地改良、合格的印第安人保留地、矿山安全设备、第二代生物燃料厂合格财产和合格电影、电视和现场戏剧制作。此外,《减税与就业法》增加了对第 179 节费用的限制,其中包括某些合格的不动产,如屋顶,供暖、通风和冷却(暖通空调)系统,消防和警报系统,安全系统,以及包含在节能商业建筑延伸部分的财产。

税收延期财产包含在新税法全部费用化条款的覆盖范围内。因为这些财产已经具备了合理的成本回收处理资格,因此是不需要税收延期的。值得注意的是,如果考虑到非住宅不动产、住宅不动产、水电设施不动产或铁路评级和隧道钻孔(铁路修缮),那么这些不动产将不符合《减税与就业法》中更有利的折旧计划。

国会应集中精力将全部费用化的条款扩展到所有行业和产品,包括建筑,而不是少数几个行业,并使全部费用化条款成为永久性条款而非临时性条款。

表 2-2　美国税法中过时且不再需要的条款

项目	成本回收规定	内　　容	10 年成本(百万美元)
1	赛马	两岁或更小的赛马摊销期为 3 年	142
2	赛车运动娱乐中心	赛车运动娱乐中心的摊销期为 7 年,包括辅助和支持设施以及土地改良	504
3	印第安保留地上的商业地产加速折旧	在印第安保留地内开展业务的某些财产采取较短的折旧计划。根据这一规定,10 年期房地产的回收期为 6 年	1 441
4	采矿安全设备	允许在任何合格的采矿安全设备投入使用的年份中,扣除纳税人 50% 的成本	27

项目	成本回收规定	内　　容	10 年成本（百万美元）
5	特定电影、电视和现场戏剧制作	符合规定的电影、电视或现场戏剧制作成本全部费用化（最高为 1 500 万美元，在某些地区为 2 000 万美元）	433
6	第二代生物燃料厂资产津贴	允许第二代生物燃料发电厂在投产的第一年扣除 50% 的调整后计税税基	124
7	节能商业建筑扣除	每平方英尺建筑扣除 1.80 美元的税收，用于抵免节能资产（如节能窗或暖通空调系统）的成本	719

资料来源：美国国会税收联合委员会。

《减税与就业法》减轻了企业和个人的税收负担。新的抵押利息扣除限制、扩大的标准扣除额和降低的个人所得税税率，降低了个别条款的价值，比如允许纳税人扣除抵押利息，同时扣除抵押保险费。考虑到抵押利息扣除的新限制，允许这个条款到期是有意义的，而且税制改革工作会继续推进，从而进一步简化税法。

《减税与就业法》允许年收入 8 万美元以下的纳税人每年扣除 4 000 美元学费。税法已经为教育相关费用提供了永久性福利，包括美国机会税收抵免政策，也包括终身学习抵免政策。永久性政策通常比学费和费用扣除政策提供更大的税收优惠，因此许多纳税人已经利用了这些永久性政策，但没有利用学费和费用扣除政策。鉴于税法已经包含了教育的永久性福利，这一特定扣除应被允许到期，国会应考虑简化和巩固现有的与教育有关的规定。

许可如下 17 项到期规定终止将使所有技术、企业和个人面临相同的税收结构。因此，这些规定不应成为永久性税法的一部分，国会应允许其到期终止。

表 2 - 3　美国税法中应允许到期终止的条款

项目	条　款	内　容	10 年成本（百万美元）
高效能源和可再生能源	新型节能住宅	向承包商或制造商提供经认证的节能型新房每栋 1 000 美元或 2 000 美元抵免	3 020
	特定非商业能源资产	为节能家庭装修支出提供 10% 抵免,最高 500 美元	5 398
	可再生能源发电	根据设施类型,投入使用后 10 年内,发电每千瓦减免 1.2—2.4 美分产量税	1 118
生物燃料和替代燃料	合格的燃料电池汽车	根据重量,燃料电池汽车的抵免额度为 4 000—40 000 美元	72
	可替代能源汽车	乙醇汽车可获得 30% 的抵免,企业最高 30 000 美元,个人最高 1 000 美元	332
	两轮插入式电动汽车	两轮电动汽车成本的 10% 的抵免额度,最高 2 500 美元	12
	第二代生物燃料	每年销售的合格第二代生物燃料,每加仑 1.01 美元抵免	306
	生物柴油和可再生柴油	每加仑生物柴油混合物、生物柴油和可再生柴油的消费税或所得税抵免最高为 1 美元。小农场主每加仑可抵免 10 美分,最多可抵免 1 500 万加仑的农业生物柴油	35 186
	替代燃料和替代燃料混合物	替代燃料和替代燃料混合物可获得每加仑 50 美分的消费税抵免	7 109
常规能源	印第安煤矿	从印第安部落拥有的储量中开采的煤炭,每吨可减免 2 美元的采掘税	332
	关于销售或处置的特别规则	如果收益用于购买可豁免的公用事业资产,则允许在 8 年内,由电力事业公司确认电能销售收益	10

111

续　表

项目	条　款	内　容	10 年成本 （百万美元）
其他 商业 条款	印第安人就业税抵免	对于符合要求的工资和职工健康保险费给予 20% 的税收抵免，最高 20 000 美元	603
	美属萨摩亚经济发展	商业活动扣除企业所得税	96
	授权区税收激励	免税债券融资、20% 的工资抵免、加速折旧和指定地区的资本收益延期	2 296
个人 条款	免除个人总收入以外的主要居所债务	已婚家庭可获得高达 200 万美元的总收入税收抵免，以清偿合格的主要居所的债务	22 972
	抵押保险费	允许主要住宅或第二套住宅相关抵押保险费扣除抵押利息	6 490
	学费和费用	每年可扣除大学学费和其他相关费用，最多 4 000 美元，以收入为上限	1 689

资料来源：美国国会税收联合委员会。

如果国会议员认为其余条款属于国会的优先事项，那么它们将作为永久性条款，而不是临时的税收政策，更好地实施。

在本节税法中有两条规定属于危害较小的税收延期。虽然铁路轨道将在《减税与就业法》下得到全额费用化处理，但对铁路的改进仍然必须在 50 年时间内计提折旧。允许所有铁路投资全部费用化是理想的，但完善铁路轨道维护规定，是朝着这个方向迈出的一小步。如果支持矿山安全培训是国会的优先事项，则应通过拨款程序，而不是税收制度进行补贴。

表 2－4　美国税法中相机决定的财政条款

序号	条　款	描　述	10 年成本（百万美元）
1	铁路轨道养护抵免	地区和短线铁路合格轨道维护支出获得 50% 抵免，每英里最高抵免 3 500 美元	2 066

续　表

序号	条　款	描　　述	10 年成本(百万美元)
2	矿山救援队培训	矿山救援队职工培训计划费用的 20% 可抵免,或最高抵免 10 000 美元	19

资料来源:美国国会税收联合委员会。

国会需要根据不同情况对相关税收政策作出处理。税收基金会经研究得到几点结论:(1)国会 2019 年审查已到期的 26 项规定,以确定它们是否值得在新税法中享有永久地位。将所有 26 项规定作为税法永久性组成部分,10 年预算期内将带来 925 亿美元成本。(2)这 26 项现存的规定大致分为四类——能源条款、成本回收条款、企业条款和个人条款。现存的条款中有一半以上是用于补贴特定经济活动的税收抵免。(3)由于《减税与就业法》提供了类似的或更好的成本回收方案,因此不再需要其中的 7 项规定。另 17 项规定提供了狭隘的、扭曲的福利,应当允许其到期终止。其中 2 项规定,如果能变成国会的优先事项,将在成为永久性政策之后更好地实施。(4)鉴于《减税与就业法》没有把这些条款列为永久性条款,而且《减税与就业法》将减轻企业和个人的税收负担,国会需要消除狭隘的针对性税收条款。

具有强烈民主党倾向的布鲁金斯学会要求修订《减税与就业法》。[1] 修订《减税与就业法》的目的,是实现更具包容性的增长,并使私营部门参与其中。除非企业获得激励,否则不能期望其追求社会目标,例如实现更广泛的共同繁荣。其中的一种解决方案,是为培训职工和与职工分享利润的企业提供税收抵免。2019 年 8 月,商业圆桌会议表示,企业"对所有利益相关者都负有基本承诺",并承诺投资职工和支持社区。

税收政策不仅仅可以降低企业税率以刺激经济增长,还可以在激励企业投

---

[1] "Amend the Tax Cuts and Jobs Act for more inclusive growth and better jobs," https://www.brookings.edu, 2019 - 10 - 21.

资职工、促进包容性增长、超越季度收入预期方面发挥作用。布鲁金斯学会掌握的来自公司的有关证据表明，激励企业投资职工、促进包容性增长、超越季度收入的做法，不仅有利于盈利，而且可以提高生产率，促进长期就业增长并提高工资水平。

税收政策可以推动企业改变收入分配。布鲁金斯学会赞成对利润分享实行税收抵免，这种做法已经很普遍了。近40%的职工参与了雇主的利润分享计划。例如，西南航空2019年早些时候向职工支付了5.44亿美元的利润分享，相当于薪酬增加了11%。

利润分享是否会导致职工工资降低抑或企业利润减少并不确定。总的来说，大量的证据表明，这两个问题的答案都是否定的。虽然因果关系很难厘清，但一项随机对照试验发现，利润分享提高了生产率，提高了利润，降低了职工流失率。

改革《国内收入法》第162(m)节可实现利润分享税收抵免。在《减税与就业法》实施之前，第162(m)节只允许根据绩效扣除100万美元以上的高管薪酬。在《减税与就业法》实施之后，所有高于100万美元的高管薪酬都是不可扣除的。可对第162(m)节进行进一步修改，根据企业与所有职工分享的利润份额，提供部分抵免，直至达到一定的工资或薪酬上限。实际上，这将对股东和所有者保留的利润份额征收企业或主营业务税金及附加，从而激励更多的企业将其职工视为最初产生利润的团队的一分子。这种抵免可以通过将企业税率提高到更合理的水平来支付。

支持对职工开展税收抵免培训。尽管某些大型企业，例如美国电话电报公司，为职工培训提供了有力的支持，但存在一个固有的市场失灵：职工是流动的，职工可以离开培训他们的企业，因此，企业没有动力去向职工投资。这种投资不足正在加剧技能差距，并可能会阻碍生产力发展和工资增长。

阿斯彭研究所(Aspen Institute)提出效仿研发税收抵免政策制订职工培训税收抵免政策。他们建议，为高于既定水平的培训支出提供抵免，并且仅限于薪酬低于 12 万美元的职工。意外之财是有限的,因为抵免的目标是增加雇主培训。薪酬上限将确保培训机会针对的是目前最不可能获得培训的低收入职工。

要使企业参与实现更具包容性的增长。其中一个重要原因是,在不改变市场收入的情况下,实现目标所需的高额税收和转移支付是不受欢迎的。第二个原因是,获得更高的薪水而不是政府福利有助于增强与工作价值相关的自尊和尊严。要在不影响现有银行体系运行的情况下大幅减少不平等现象,需要提高那些被甩在后面的人们的市场收入。有观点认为,不能仅依靠再分配来产生更具包容性的增长。

更广泛地共享增长可能对美式民主至关重要。美国人对当前的经济运行方式感到越来越疏远,不到一半的年轻人对资本主义持积极态度。布鲁金斯学会提出应根据与商业圆桌会议强调的利益相关者一致的方式来修订《减税与就业法》,而不是实行股东资本主义。

多位国会参议员主张将"就业机会税收抵免"永久化。[1] 由于"就业机会税收抵免"政策已多次延期,并将于 2019 年年底到期,联邦参议员罗伊·布朗特(Roy Blunt)、谢罗德·布朗(Sherrod Brown)、本·卡丁(Ben Cardin)、比尔·卡西迪(Bill Cassidy)、鲍勃·梅内德斯(Bob Menendez)和罗布·波特曼(Rob Portman)提出,需推动"就业机会税收抵免"(Work Opportunities Tax Credit,WOTC)永久化。在投票决定"就业机会税收抵免"是否再次延期,或修订,甚至终止前,决策者应该考虑税收抵免的成本收益,并在公平与效率之间进行权衡。

美国企业通过两种方式取得"就业机会税收抵免"。"就业机会税收抵免"是针对公司帮助特定弱势群体就业的税收抵免,有 10 个目标群体,包括某些退伍军人、前重罪犯、18—39 岁的补充营养救助项目(SNAP)受助人,以及贫困家庭临时援助(TANF)受助人等。要想获得"就业机会税收抵免",第一种方式是,符合条件的劳动者可以从州或地方的劳动机构取得一张附有条件的认证表。一

---

[1]　Chad Qian,"An Overview of the Work Opportunity Tax Credit," https://taxfoundation. org, 2019 - 08 - 02.

旦劳工被雇用,雇主将为其填写一张认证申请表。另一种方式是,如果雇主认为,职工属于目标群体,可填写认证申请表和个人特征信息表。无论哪种方式,雇主都必须自职工第一个工作日起,在 28 天内将这两份表格寄给其所在州的"就业机会税收抵免"协调员进行办理。

有关各州需要验证企业职工是否属于"就业机会税收抵免"目标群体。一旦核实无误,国家税务机关就会通知雇主核实结果,然后雇主就可以申请税收抵免。如果该职工当年工作时间在 120—400 小时之间,那么税收抵免的额度为该合格职工第一年工资的 25%。如果该职工当年工作时间超过了 400 小时,抵免额度将达到第一年工资的 40%。

税法为"就业机会税收抵免"工资额设定了上限。抵免上限因人而异,大多数群体的上限为 6 000 美元,因此雇主最多可就每位职工第一年的工资申请 2 400 美元的税收抵免。"就业机会税收抵免"是不退还税收抵免,可向前期结转 1 年,或向后期结转 20 年。白宫管理与预算办公室估计,2017 财年"就业机会税收抵免"约为 13 亿美元。

"就业机会税收抵免"促进了弱势目标群体的短期就业。例如,一项研究显示,"就业机会税收抵免"最高使得目标群体的就业率提高了约 12.6%。兰德公司专门针对合格退伍军人的研究发现,"就业机会税收抵免"使就业率提高了 1.8%,工资收入提高了 39.9%。另一项研究发现,"就业机会税收抵免"使威斯康星州的就业率提高了 5.9%,工资水平提高了约 9%。但与其他两项研究不同的是,这项研究区分了短期和长期影响。研究发现,从长期来看,并没有证据能够表明,"就业机会税收抵免"对目标群体的就业率或工资水平有积极影响。

"就业机会税收抵免"不能改善其长期就业前景。这可能是由于劳动者得到的工作没有为他们提供足够的培训,或者没有提高他们的人力资本,而这些是他们未来工作所需的。

"就业机会税收抵免"的参与率也很低。一项研究估计,1999 年符合条件的弱势青年,参与"就业机会税收抵免"的比例低于 17%,而福利救济的受助人的参与率低于33%。如果"就业机会税收抵免"的参与率能有所提高,也许能对目标群体产生更大的就业促进作用。政府可通过提高税收抵免额、加强宣传推广工作、精简申请流程,或放宽标准和扩大目标群体等措施,提高"就业机会税收抵免"的参与率。

"就业机会税收抵免"创造一个工作机会的成本约为1万美元。兰德公司估计,"就业机会税收抵免"每创造一个就业机会,成本约为7900美元,而其他研究估计,成本约为6100美元。所得税抵免(Earned Income Tax Credit,EITC)是一项针对贫困家庭劳动者的更为普遍的税收抵免政策。因此,"就业机会税收抵免"的成本似乎与同类的就业税收抵免基本持平,远低于直接就业计划的成本。例如,汉密尔顿项目(Hamilton Project)认为,政府工作岗位保障项目的每个就业机会的成本至少为3.1万美元。

雇主试图利用"就业机会税收抵免"政策的漏洞使税收抵免总额最大化。这在两种情况下可能会发生:第一种是置换,雇主解雇不符合条件的职工,以雇用符合条件的职工。第二种是频繁更新,雇主解雇不再符合条件的职工(如他们达到了工资上限),以雇用"新"的符合条件的职工。置换是个问题,因为这将对贫困且不符合条件的劳工的就业产生负面影响。同样,频繁更新也是个问题,因为符合条件的劳工不太可能有长期稳定的工作。然而,国会审计局发现,置换和频繁更新职工的现象都没有得到证据支持。事实上,一项研究通过对93%的公司调研后发现,企业认为置换和频繁更新职工是不划算的。这些公司表示,"就业机会税收抵免"平均只能覆盖招聘、雇用和培训新职工成本的47%左右。

"就业机会税收抵免"存在超边际效应。国会审计局发现,政策可能会补贴那些即使没有税收抵免也会雇用劳工的企业。57%的被调查公司表示,是否符合"就业机会税收抵免"的条件,并不是招聘的考虑因素。美国劳工部对16家公司进行调查后发现,"就业机会税收抵免"在招聘过程中"几乎或根本没有发挥作用"。

流动率高、劳动密集型的临时辅助服务业的公司享受了更多税收优惠。占

60%的101家临时辅助服务公司（THS）申报了"就业机会税收抵免"，但其中只有一家公司表示，是否符合"就业机会税收抵免"条件，可能会影响其招聘决定。根据这些调查结果推测，很可能有相当数量的税收抵免都被用于补贴已有的招聘决策，尤其是在临时辅助服务这样具有高流动性的行业。由于更有利于特定的经济活动和公司，这种税收楔子会导致经济效率的损失。同时，这也背离了中立性原则，而中立性原则是健全的税收政策的主要原则之一。

"就业机会税收抵免"对弱势群体短期就业有显著的积极影响。"就业机会税收抵免"的成本与其他就业税收抵免基本持平，且远低于直接就业计划。"就业机会税收抵免"似乎还存在巨大的超边际效应，为公司雇用本就该雇用的劳工而提供补贴。最后，相比之下，流动性高的劳动密集型公司可以享受更多的税收优惠。归根结底，"就业机会税收抵免"的成本可能会超过收益。

可能的改革措施包括进一步瞄准目标群体。例如将临时辅助服务业的公司排除在外，以减少超边际效应，或提高税收抵免额、简化申请程序，以提高参与率。当然，这些改革都各有利弊。

最后，如果决策者担心这些弱势群体的长期就业结果，还可以考虑其他非税收政策。

税收基金会呼吁修正《减税与就业法》的净经营亏损（NOL）政策。[1] 净经营亏损政策是所得税法的重要组成部分，由于纳税年限并不总是与公司的商业周期完全一致，净经营亏损政策有助于减少差异，确保公司不会因不存在的所得而被征税。

假如一家公司1月份损失50美元，7月份收入100美元，公司一年只赚了50美元，他们的账面价值和应税所得是等价的。但是如果每笔交易发生在不同的时间，那么会发生什么呢？假设公司在7月份有50美元的亏损，然后在接下来的1月份有100美元的收入，净经营亏损政策允许该公司在第一年"结转"

---

[1] Nicole Kaeding，" Fixing the TCJA's Net Operating Losses Provision，" https://taxfoundation. org，2019－05－16.

50 美元亏损,以减少其在第二年的收入。通过这种方式,净经营亏损政策允许公司平衡应税所得。

《减税与就业法》的净经营亏损条款有待修正。(1)公司不再被允许"结转"他们的亏损,这意味着他们不能调整前几年的纳税申报单。(2)公司现在可以将亏损无期限地延续下去,而在此前公司只能将亏损结转 20 年。作为交换,公司在任何一年所能取得的营业收入不得超过公司应纳所得税额的 80%,净经营亏损不能大于公司的应税所得。税收联合委员会估计,通过税制改革,从 2018 年到 2027 年,财政收入将增加 201 亿美元。

净经营亏损条款修正后将产生非常重要的影响。税制改革前后的差异可能很细微,但对于纳税年度与日历年度不一致的公司来说,则差异很大。如果一家公司的纳税年度从 2017 年年中开始,于 2018 年年中结束,那么该公司将受本年的影响,而不受随后一年的影响,这意味着这家企业的净经营亏损被限定在《减税与就业法》通过之前的那个纳税年度。

民主党针对 2020 年大选提出了新的企业税改建议。[1](1)提高税率。参议员伯尼·桑德斯(Bernie Sanders)和南本德市市长皮特·布蒂吉格(Pete Buttigieg)建议,将美国企业税率提高至 35%,以为美国政府筹措财政资金。美国前副总统乔·拜登(Joe Biden)和前国会议员贝托·奥鲁克(Beto Rourke)提议,将企业税率提高到 28%,而参议员艾米·克洛布查尔(Amy Klobuchar)则提出,将企业税率提高到 25%。但是税率本身的意义微乎其微。(2)堵住税收漏洞,取消特别优惠。从 2008 年到 2015 年,持续盈利的《财富》世界 500 强企业,有效税率仅为 21.2%。现在法定的公司税率是 21%,但大多数公司实际支付的税率再次降低了很大幅度。在《减税与就业法》实施的第一年,即 2018 年,至少有 60 家盈利的《财富》世界 500 强企业没有缴纳任何税款。

其原因主要有:一是对美国公司的海外利润的征税少于对美国国内利润的

---

[1] Lorena Roque,"There's a lot more to Corporate Tax Reform than Tax Rates," https://itep. org, 2019 - 10 - 30.

征税。这激励了企业利用会计手段,使美国国内利润看起来是在国外赚到的,或是把业务和工作转移到国外。有的大选候选人已计划解决这一问题,其中最有力的计划是对国内外的利润以相同的税率征税,简化税法。二是加速折旧,使企业少缴税。加速折旧使企业能够更快地摊销购买的设备,而不是依据设备的损耗分期摊销。《减税与就业法》允许"全额费用化",即允许企业在购买设备的同年摊销全部成本。这项政策的支持者认为,"全额费用化"将激励投资,但现实是,这项政策的主要意义在于对本来就会发生的投资提供了优惠税率。(3)以公司向股东和公众披露的利润为纳税税基。参议员伊丽莎白·沃伦(Elizabeth Warren)的这项提议意味着,如果一家公司利用各种漏洞向美国国税局申报很少所得或根本不申报所得,但向股东和潜在投资者报告利润,那么它将纳税。

总之,在 2017 年特朗普发起税改后,两年来美国企业大大受惠,然而税改也产生了一些深远的影响,例如过度减税造成联邦财政收入锐减,而且不少民主党人士预见到,此次税制改革将导致美国经济陷入长期衰退。同时由于税制设计本身的缺陷,也有一些群体的利益在税改后受到负面影响。以上是民主党和共和党对于 2017 年税改产生不同看法的原因。民主党着眼于 2020 年大选,布局较早,多位总统候选人提出了反特朗普税改的改革新建议,以解决特朗普税改的过度优惠企业政策、联邦财政收入锐减政策、财政赤字大增以及环保税收政策等难题。

二、不同税种改革及其效应

作为 1986 年以来美国税制改革史上最全面的改革,此次税改不但涉及个人所得税、企业所得税,而且还涉及资本利得税等各个税种,分析其政策效应有助于指出未来美国税制进一步变革的大方向。

(一)个人所得税

美国 2017 年税改使个人所得税发生了较大变化。其中五项改革措施具有重要作用。

一是大幅度降低了税率。所有七档所得税税率都进行了下调,其中最高边际税率从 39.6% 降至 37%。年所得为 50 000 美元以上的单身人士,边际税率从 25% 降至 22%,而年所得为 75 000 美元的已婚夫妇,边际税率则从 15% 降至 12%。

二是提高标准扣除额。标准扣除额是指完全免除所得税的净收入,税改后标准扣除额几乎翻了一番。共同申报的已婚夫妇,享受的扣除额为 24 000 美元;单独申报的个人的扣除额为 12 000 美元。此次上调后的扣除额取代了个人免税额,并简化了纳税申报程序。约90%的纳税人将在 2018 年按照新的标准申报扣除额,而不必再逐条列出纳税额。

三是儿童税收抵免额增加至 2 000 美元。每名儿童享受的税收抵免额从 1 000 美元增加到 2 000 美元,儿童税收抵免收入门槛将提高到 40 万美元。

四是州和地方税抵扣部分最高为 10 000 美元。选择不适用标准扣除额的纳税人,最多可扣除 10 000 美元的州和地方财产税和所得税。

五是个人所得税政策大幅放宽。将 529 储蓄计划纳入 K‑12 支出计划,限制新增抵押贷款的利息扣除,提高了遗产税减免,提高了替代性最低税的免税额等。

媒体认为《减税与就业法》的税收优惠不足。[1] 2019 年美国媒体报道说,纳税人没有从《减税与就业法》中获得好处。2 月 10 日,《华盛顿邮报》的一则新闻的标题就是《数百万美国人可能会震惊于退税的减少》。两天后,《纽约时报》随声附和,发表了文章,大标题是《退税减少让期待更多减免的人大吃一惊》。2 月 14 日,美国国家公共电台(NPR)发表的一则新闻的标题是《对退税减少的愤怒和困惑应归咎于特朗普的税改计划吗?》

平均退税额减少属于正常波动。美国国税局的数据显示,与 2018 年同期相比,2019 年的平均退税额有所下降,这是否意味着减税的失败呢? 实际上,退税

---

[1] "Trump tax cuts are not taxing situation for most Americans," https://www.jacksonville.com, 2019 ‑ 04 ‑ 02.

额出现波动属于正常现象,而且今后退税额还会持续波动。美国国税局发表声明称,正如美国国税局的数据所显示的那样,现在上涨的趋势又出现了。2019 年 3 月 22 日,美国国税局网站上公布的一般退税额是 2 915 美元,而 2018 年同期是 2 925 美元。从 2019 年新年至 3 月底 4 月初,平均退税额在 1 865 美元到 3 143 美元之间波动。

美国媒体认为特朗普减税的效果远非预测的那样悲观。举个例子,根据美国国税局的数据,奥巴马总统在 8 年任期内平均每年退税 2 852 美元,而 2018 年是 2 899 美元。在 2019 年退税季的前 8 周,平均退税仅 2 693 美元。但过去的六个申报期平均退税 2 955 美元。因为美国国税局从美国政府受财政支出限额政策影响而关门中恢复,所以 2019 年处理的退税总额比 2018 年报税季同比减少了 170 万美元。历史数据表明,截止到 4 月 1 日,只处理了约 60% 的退税申请。因此,要到 2019 年 11 月或 12 月,美国国税局统计完毕所有退税数据并公布年度总额时,才能确切知道减税的累积效应。

特朗普执政前两年的就业人数和美国国税局处理的退税额都创历史新高。2019 年 2 月份,美国劳工统计局(BLS)报告称,劳动者的时薪比 2018 年增长了 1.9%,这是自 2015 年 11 月以来的最高水平。同时,当美国国税局根据税改立法调整扣缴率时,大多数工人的 W-4 扣缴率都维持不变,因此大多数工人保留的工资更多,这是退税减少的结果。据国会税收联合委员会(CJCT)的分析报告估计,美国 94% 的工人在 2019 年将少缴税。让美国人保留更多收入是件好事,目前来看,这正是特朗普的减税政策所实现的。

分项扣除政策允许纳税人从其应纳税收入额中扣除某些费用。[1] 这些费用包括按揭利息、州税和地方税、慈善捐款以及附表 A(表格 1040)中的其他扣除额。纳税人可以通过标准扣除额,在其应纳税所得额中扣减特定数额,而无须进行分项扣除。但如果纳税人的分项扣除额超过标准扣除额,则最好进行分项

---

[1] Scott Eastman, "How Many Taxpayers Itemize Under Current Law?" https://taxfoundation. org, 2019 - 09 - 12.

扣除。否则,标准扣除额会使应纳税收入额减少更多。

　　税改后,纳税人分项扣除政策变化明显地直接惠及纳税人。根据税收基金会的模型,可估算 2019 年不同收入阶层的纳税人在《减税与就业法》实施前后的百分比。《减税与就业法》将个人标准扣除额从 6 500 美元提高到 12 000 美元,已婚夫妇的共同标准扣除额从 13 000 美元提高到 24 000 美元,并降低了某些分项扣除额。它以分项扣除的方式降低了纳税人的应纳税额,并限制了税法激励特定类型支出的能力。

表 2-5　按收入分组的不同阶层纳税人结构

收 入 组	现行法律(2019)	2019 年之前法律
0%—20%	1.2%	3.7%
20%—40%	2.5%	9.3%
40%—60%	5.3%	21.9%
60%—80%	13.8%	45.3%
80%—90%	30.3%	67.8%
90%—95%	50.2%	82.2%
95%—99%	72.8%	91.5%
99%—100%	91.5%	92.1%
总计	13.7%	31.1%

资料来源:美国税收基金会。

　　2019 年,约 13.7% 的美国纳税人将选择分项扣除政策进行申报。若依照《减税与就业法》实施前的法律,预计 2019 年这一比例将提高 17 个百分点,从13.7% 提高到 31.1%。第三收入组(40%—60%)的纳税人在《减税与就业法》实施前后差异最大,若根据《减税与就业法》实施之前的法律,在这一组别的纳税人在 2019 年选择分项扣除的纳税人的比例(21.9%),是根据现行法律估计比例

（5.3%）的近4倍。

提高纳税人的标准扣除额降低了分项扣除额超过标准扣除额的可能性。《减税与就业法》还降低了几个分项扣除额的数值。例如，《减税与就业法》实施前，允许从应纳税所得额中扣除100万美元住房抵押贷款的本金所产生的利息，现在只允许扣除75万美元本金所产生的利息，并将州和地方税的扣除额上限设定为1万美元。

《减税与就业法》降低了与扣除相关的税收优惠。在《减税与就业法》的所得税税率下调前，从应税所得中扣除1美元，将使最高收入者的纳税义务减少0.396美元。现在，通过降低个人所得税税率，对收入处于最高边际所得税等级的纳税人进行1美元扣除，只减少其0.37美元的纳税义务。通过增加标准扣除额和限制某些分项扣除，《减税与就业法》降低了选择分项扣除的纳税人的比例，并限制了税法给予的以特定方式支出的纳税人的税收减免力度。

税收基金会称美国税改后个税税负总体水平在下降。[1]《减税与就业法》对自然人纳税的基本影响显示，大部分自然人2018年所缴纳的个税都有所下降。但是，税负下降并不一定等于年度清算汇缴时退税额比上一年度多。从总体上来说，《减税与就业法》能使2018年80%的个税申报者的应纳税额下降，2018年只有5%的纳税人比2017年缴纳更多的税收。根据估算，在全美各个选区，每个收入阶层都实现了净降税。

新税法通过出台综合降税率措施降低纳税成本。将标准扣除额提高至原来的2倍，把儿童税收抵免额也提高至原来的2倍，并扩大了适用范围，还对替代性最低税进行了限定。新税法对部分州税、地方税和抵押利息的扣除进行了限制。按照新税法，由于纳税人履行相关遵从义务所需要的时间减少，估计本轮个税改革将节约31亿—54亿美元的遵从成本。

新的个税预扣表可能导致全年工薪收入增加。在这种情况下，作为税改举

---

[1] Erica York,"The First Filling Season under the TCJA," https://taxfoundation.org,2019-04-15.

措之一,纳税人进行年度申报时,汇缴退税金额反而可能会减少,甚至为零。个税预扣表是雇主扣缴职工工薪个税的依据,所需扣缴的税款金额取决于支付工薪的周期、纳税人在 W-4 表中所申请的免税金额,以及工资数额。

预扣个税不足的纳税人比例从 18% 略增加至 21%。美国财政部估计,大约 73% 的纳税人属于超额预扣,所以需要退税。总之,修订个税预扣表的实际影响因人而异。截至 2019 年 4 月 5 日,美国国税局处理的年度申报数量,同比减少 51 万件。而已签发的 2 833 美元平均退税额,则与 2018 年的 2 864 美元几乎一致,总退税金额下降 2.6 个百分点,共计 58 亿美元。

退税额不是衡量减税效应的核心标准。《华尔街日报》指出:“不管怎样,纳税人最终至少可以有这样的选择:如果你对今年的税单或汇缴退税金额感到不满意,可以考虑改变预扣方式,防止来年重演。”新税法和修订的个税预扣表,对纳税人和他们的汇缴退税金额会产生不同的影响,但无论如何,2018 年大部分美国民众的实际税负均有所下降。

共和党媒体声称美国 2019 年个人实际纳税额在减少。[1] 2018 年,美国传统基金会研究了减税对各个国会选区的影响,发现 435 个选区的税负都减轻了,美国家庭平均少纳税 1 400 美元。有孩子的美国家庭也从减税中受益,有两个孩子的已婚夫妇如果共同申报纳税的话,平均减税 2 917 美元。最终基于申报人的收入水平、居住地、孩子个数,减税程度会有所差异。

美国人正在受益于减税后经济快速增长所带来的工资上涨。降低企业和个人的税收,有助于促进投资和创新,这就意味着更多的就业机会和更高的工资。未来 10 年,由于经济水平的提高,一个普通美国人的税后所得将增加 26 000 美元以上,一个四口之家的税后所得将增加 44 697 美元。

减税政策成效可通过对特定纳税人的情况进行计算确定。索菲亚·洛佩兹(Sofia Lopez)是一名教师,年收入为 50 000 美元。她 2017 年缴纳的所得税为

---

[1]　Adam Michel,“The Truth About How Much Americans Are Paying in Taxes,” https://www.dailysignal. com, 2019-04-09.

5 474 美元。2019 年,她少缴了 1 104 美元,边际税率从 25% 降至 12%,总的来说,她得到了 20% 的减税。约翰·琼斯(John Jones)和莎拉·琼斯(Sarah Jones)这对已婚夫妇,年总收入为 75 000 美元,他们有三个孩子,还有住房抵押贷款,2018 年按照旧税法缴税 1 753 美元。他们刚完成 2019 年的纳税申报,所缴纳的所得税将减少 2 014 美元。由于上调到 2 000 美元的儿童税收抵免额,他们将获得 261 美元的退税抵减额。

90% 的纳税人通过税改获得减税,且大多数是通过更低的雇主扣缴取得。尽管大多数人都得到减税,但有些人看到初步报告上有些退税项可能较前几年有所减少,因此担心最终退税额可能会减少。这里的关键是,退税是指纳税人在一年中多缴了税后政府退还的税款。退税与纳税人的实际减税额无关。尽管如此,人们仍对意料之外的变化感到担忧。初步申报后经过调整的数字表明,平均退税额大致与 2018 年保持一致。美国人得到了减税,同时也取得了他们预期的退税。

州和地方税收减免上限变化引起负面关注。直到 2019 年 4 月中旬前,州和地方税收减免上限开始调整税收抵扣,由低税率州的联邦纳税人来补贴一些州过高的税收。在持续的负面报道泛滥之后,康涅狄格州的会计师瑞安·谢泼德(Ryan Sheppard)向彭博社解释说:"很多人都以为他们会遭受税收损失而前来咨询,但实际他们并未受损。"这是因为,州和地方税收减免上限是与新的低税率,以及诸如提高替代性最低税的免税额等其他改革措施配套推出的。

传统基金会呼吁特朗普继续延长减税措施。所有的个人减税政策都将在 2025 年后到期,并需要延期。否则,美国人未来将面临大幅增税。总的来说,这些变化为美国普通纳税人简化了纳税流程,并为他们减轻了数千美元的税负。得益于税制改革,2019 年纳税人将没有 2018 年那么痛苦。

2019 年,纳税人税级和税率将按照通货膨胀因素进行调整。[1] 所有税级

---

[1] Amir El-Sibaie, "2019 Tax Brackets," https://taxfoundation.org, 2018 - 11 - 28.

和申报人的税前收入限制将根据通货膨胀因素进行调整。最高边际所得税税率为 37%，单身申报人的应纳税收入额为 510 300 美元及以上，已婚夫妇共同申报的应纳税收入额为 612 350 美元及以上。

表 2 - 6　2019 年美国联邦税级和税率

税率	对于未婚人士，应税收入超过（美元）	对于提交共同申报表的已婚夫妇，应税收入超过（美元）	对于户主，应税收入超过（美元）
10%	0	0	0
12%	9 700	19 400	138 500
22%	39 475	78 950	52 850
24%	84 200	168 400	84 200
32%	160 725	321 450	160 700
35%	204 100	408 200	204 100
37%	510 300	612 350	510 300

1. 标准扣除和个人豁免政策。单身人士的标准扣除额将增加 200 美元，已婚夫妇共同申报的标准扣除额将增加 400 美元，2019 年的个人豁免仍然取消。

表 2 - 7　2019 年美国联邦标准扣除额

申报状态	扣除金额（美元）
单身	12 200
已婚共同申报	24 400
户主	18 350

2. 替代性最低税政策。替代性最低税（Alternative Minimum Tax，AMT）政策起源于 20 世纪 60 年代，这项政策的目的旨在防止高收入纳税人逃避个人所得税。这种并行的税收收入体系要求高收入纳税人计算两次税收：一次是在普通

所得税税制下,另一次是在替代性最低税政策下。纳税人需要支付两者中的较高者。替代性最低税使用另一种应税所得定义,称为替代性最低应税所得,旨在防止低收入和中等收入的纳税人受到替代性最低税的限制,纳税人可以免除替代性最低应税所得的大部分收入。然而,这项豁免将逐步取消对高收入纳税人的征税。替代性最低税以两种税率征收:26%和28%。

2019 年,单身人士的替代性最低税免税额为 71 700 美元,已婚夫妇联合申报为 111 700 美元。

表 2-8   2019 年美国联邦替代性最低税豁免额

申报状态	豁免额(美元)
单身	71 700
已婚共同申报	111 700

2019 年,28%的替代性最低税税率适用于所有超过 194 800 美元替代性最低应税所得的纳税人,已婚夫妇联合申报的替代性最低应税所得为 97 400 美元。

一旦纳税人的替代性最低应税所得达到一定门槛,替代性最低税豁免权将逐步取消,每赚 1 美元,替代性最低税免税额为 25 美分。2019 年,该豁免将开始逐步取消,单身人士的替代性最低应税所得豁免额度为 51.03 万美元,已婚夫妇共同申报的替代性最低应税所得豁免额度为 102.06 万美元。

表 2-9   2019 年美国联邦替代性最低税取消门槛

申报状态	门槛(美元)
单身	510 300
已婚共同申报	1 020 600

3. 所得税抵免政策。如果没有子女,2019 年个人和已婚夫妇联合申报人的最高所得税抵免额为 529 美元。1 个子女的最高所得税抵免额为 3 526 美元,

2 个子女的最高所得税抵免额为 5 828 美元,3 个及以上子女的最高所得税抵免额为 6 557 美元。相较 2018 年,都有较小的增长。

表 2 - 10　2019 年美国联邦所得税抵免金额

申报状态	抵 免 政 策	无子女	1 个子女	2 个子女	3 个及以上子女
单身或户主	最高抵免所得	6 920	10 370	14 570	14 570
	最高抵免	529	3 526	5 828	6 557
	逐步取消	8 650	19 030	19 030	19 030
	取消结束(抵免为 0)	15 570	41 094	46 703	50 162
已婚共同申报	最高抵免所得	6 920	10 370	14 570	14 570
	最高抵免	529	3 526	5 828	6 557
	逐步取消	14 450	24 820	24 820	24 820
	取消结束(抵免为 0)	21 370	46 884	52 493	55 952

4. 儿童税收抵免政策。不考虑通货膨胀因素,每名符合政策条件的儿童的税收抵免总额为 2 000 美元。然而,儿童税收抵免的可退还部分,也称为额外儿童税收抵免,是根据通货膨胀调整的。2019 年,额外儿童税收抵免将保持在 1 400 美元。

5. 资本利得政策。长期资本利得的税级和税率与普通收入不同,具体见表 2 - 11。

表 2 - 11　2019 年美国联邦资本利得税级

税率	对于未婚人士,应税收入超过(美元)	对于提交共同申报表的已婚夫妇,应税收入超过(美元)	对于户主,应税收入超过(美元)
0%	0	0	0
15%	39 375	78 750	52 750
20%	434 550	488 850	461 700

6. 合格的营业收入扣除（199A 部分）政策。《减税与就业法》包括对穿透业务 20%的扣除，未婚纳税人的合格营业收入最高可达 160 700 美元，已婚纳税人的合格营业收入最高可达 321 400 美元。

表 2-12　2019 年美国联邦合格营业收入扣除门槛

申报状态	门槛（美元）
单身	160 700
已婚共同申报	321 400

7. 赠送礼品的年度扣除政策。2019 年，送给他人的首个 15 000 美元以内的礼物免税，送给配偶的礼物的免税金额增加到 155 000 美元。

（二）企业所得税

1. 特朗普税制改革政策进展

《减税与就业法》对企业所得税进行了重大改革。[1] 一是将最高边际税率从 35%调整为 21%，实行单一税率；二是引入了准辖地企业所得税制度，即对国内企业拥有子公司 10%以上股权的海外子公司，将汇回国内母企业的海外股息所得全额免税；三是对美国企业在海外累积利润引入了"视同汇回税"（亦称"过渡税"）；四是引入了全新税收理念，以防止企业利润流向那些低税收国家或地区，激励美国企业将利润保留并投资在美国境内，主要政策包括全球无形资产低税所得（GILTI）机制、外国来源无形资产所得（FDII）机制、税基侵蚀与反滥用税（BEAT）等，美国财政部和国税局发布了指南和细则。

第一，关于税基侵蚀与反滥用税政策。税基侵蚀与反滥用税是修订税法典第 59A 条新增的《减税与就业法》规定，属于一种最低限额税，目的是对那些向海外子公司汇出可税前抵扣的资金，以大幅降低美国境内应税税基的企业，施以惩罚性税收。

---

[1] "Tax Reform in Transition," https://globaldaily.com, 2019-01-11.

税基侵蚀与反滥用税的计算公式：将美国企业向其海外关联企业所支付的资金加回到税前收入内，以该调整后应税收入乘以税基侵蚀与反滥用税税率，然后减去企业正常应纳税额，得到最低限应纳额税。其中2018年税基侵蚀与反滥用税税率为5%，2019年调增至10%，从2025年起，将升至12.5%。

税基侵蚀与反滥用税政策主要针对那些三年平均毛收入超过5亿美元，且向境外关联企业支付可税前扣除款项的美国企业。

2018年12月13日，国税局发布了税基侵蚀与反滥用税建议操作细则。规范了哪些纳税人应适用第59A条规定、如何确定哪些款项支付属于税基侵蚀性支付、如何计算税基侵蚀最低限额税，以及如何据此得出应纳的税基侵蚀和反滥用税额。

第二，关于全球无形资产低税所得和外国来源无形资产所得。税法典第951条及相关条款中关于全球无形资产低税所得的规定，旨在防止美国公司将高收益无形资产向低税国家或地区转移。全球无形资产低税所得的课征对象是美国母公司所拥有的受控外国公司超过10%常规收益水平的那部分收入。全球无形资产低税所得也可享受50%的一般扣除额，经扣除后其实际有效税率为10.5%，外国来源无形资产所得机制是与全球无形资产低税所得配套的政策。

外国来源无形资产所得激励美国企业将知识产权保留在美国境内。它为超过10%常规收益部分的收入提供了37.5%的特别扣除，使全球无形资产低税所得的实际有效税率降至13.125%。

在2018年9月13日，美国国税局发布了全球无形资产低税所得机制操作细则。（1）全球无形资产低税所得适用于受控外国公司（CFC）于2017年12月31日后的首个纳税年度，其美国母公司在受控外国公司相应纳税年度内终止的纳税年度，以及其后各纳税年度。（2）明确了新的报告义务，即纳税人需填写并提交税制改革后的首个表格，即《全球无形资产低税所得美国母公司计算表》，完成全球无形资产低税所得申报。不过，与全球无形资产低税所得有关的境外税额抵扣的计算规定，细则并未具体说明。

第三,关于过渡税。在税改前,公司的海外利润要到分配或汇回给美国股东时,才会作为股息征税。而根据新的第965(a)节税法的规定,此类累积海外利润需缴纳"过渡税",这是全球收入管理制度向辖地管理制度(纳税属地化)转变的具体体现之一,即对那些累积在海外的利润实施税收管控。当然,最近汇回的利润可以享受特惠税率。

"过渡税"的课征原则是将境外子公司的海外利润视同汇回对待。所涉海外利润为现金或现金等价物的,适用15.5%的税率,其他利润适用8%的税率。"过渡税"可在8年内分期缴纳。"过渡税"属于较为复杂的税改项目之一,"过渡税"的建议操作细则,是2018年8月1日由美国财政部和国税局发布的,长达249页。

细则详细解读了税法第965(a)节所规定的海外利润的计算和报告,以及按照第965节之规定,纳税人可以作出的具体选择。美国国税局指出,可以通过税法典第965(c)节所规定的"参与扣除"政策,降低第965节所述之利润的实际有效税率。对于第965(g)节所列项目,还可以适用下调境外税额抵扣的相关规定。

第四,关于利息支出扣除。实行企业利息支出扣除政策的目的是应对税基侵蚀和利润转移。在2017年12月31日之后的纳税年度,企业的营业利息扣除限额为调整后的应税收入加折旧摊销后的总额的30%。上述利息扣除限额不适用于之前3个纳税年度内年均毛收入低于2 500万美元的纳税人,且从2019年起,按年随通货膨胀率进行调整。有些行业不受该限额限制,包括受雇表演行业、房地产交易行业、农业和某些行政公用事业。纳税人必须选择按房地产交易行业,还是按农业等豁免上述扣除限额。

在2018年11月26日,美国国税局发布了关于企业利息扣除限额政策改革的细则。细则规定纳税人需使用税法第163(j)条企业利息支出扣除限制表,计算并报告其当年利息税前扣除情况,以及不予扣除部分拟结转至下一纳税年度扣除的具体情况。

第五,关于折旧扣除。这类政策主要激励外国企业在美投资。其中一项重要政策就是100%折旧扣除。该政策通常适用于摊销期不超过20年的折旧性资产和某些其他类财产。机械、设备、电脑、器具和家具等一般都符合条件。上述折旧扣除可以追溯适用于2017年9月27日之后取得并使用、符合条件的资产。

2018年8月8日,美国《联邦公报》(Federal Register)公布了100%折旧扣除的建议细则,提供了关于哪些财产可以进行扣除,以及关于符合条件的影视作品、戏剧作品和某些设备的具体规定。

第六,关于"穿透"扣除。为了减轻个人经营者的税收负担,税法第199A条增加了关于符合条件的经营收入可以加计20%扣除的规定。该扣除适用于个人独资、个人合伙、S类公司和某些房地产信托机构的经营收入。纳税人可在2017年12月31日后的纳税年度采用该项扣除。工薪收入不适用"穿透"扣除,C类公司的经营收入(按企业所得税税法征税)不适用"穿透"扣除。与《减税与就业法》推行的大部分个人所得税扣除改革政策一样,"穿透"扣除也属于当前税法下的临时性安排,将于2025年12月31日到期。在2018年8月8日,美国国税局发布了"穿透"扣除政策实施细则,包含税法第643条反避税条款,即在某些情形下将多个信托项目共同视为一个信托项目的相关条款。

总而言之,税改政策涉及诸多领域,广大纳税人在按照新税法计算应纳税款时,都可能会面临前所未有的巨大遵从障碍。截至2019年年初,美国国税局发布的多个建议细则都还没有最终定稿,贯彻落实《减税与就业法》的相关改革措施,仍将是2019年美国国税局工作的重中之重。

2. 税改后企业纳税面临的新问题

新的美国通用会计准则对2018年的上市公司和2019年的私营公司均生效。[1] 会计和税收规则的最新变化主要包括收入确认,以及这些变化在会计准则和税收规则之间造成的脱节。作为《减税与就业法》的一部分,新的应税收入

---

[1] Kurt Piwko, "2019's Big Tax Hit, and How to Survive It," https://www.industryweek.com, 2019 - 10 - 07.

确认标准于 2018 年生效。这两种变化结合在一起,使税收形势变得更加复杂,并可能产生严重的成本和现金流问题,这些问题将花费数年时间才能解决。

2019 年受影响最大的企业是制造业、分销和服务业中的中型企业。这些企业更需要加倍关注这些变化,以最大限度地减少税收冲击。新的美国通用会计准则从本质上消除了旧制度中的不同行业标准,并为所有公司提供了一种基于原则的单一方法。尽管采取了不同的方法,有时候新方法可能会获得与旧方法相同的数字答案,但并非总是如此。例如,根据新规定,供应小部件的制造商可能最终会被视为服务提供商,而且必须在制造产品时确认收入,而不是在交付时。

相比税收规则发生变化,重要的是要意识到簿记和税收计划是完全不同的东西。账簿变更并不意味着税收规则也必须出于税收目的而变更。为了确保合规,审查在过去一百年中建立起来的税收规则,变得至关重要。

企业在适应新的变化时总会遇到棘手的问题。企业不得不采用两种并行的簿记系统——一种用于新的美国通用会计准则,另一种用于税收目的。尽管现在不是世界末日,但如果企业已经修改了簿记制度以满足新标准,而现在又必须对税收制度进行某种程度的逆向工程,那就会非常痛苦。

如果税法允许的话,另一种方法是改变税收制度以遵循新的簿记标准。在这种情况下,企业必须正式向美国国税局申请更改其会计方法。这种方法至少意味着企业可以使税收报告与账簿报告保持一致,但是需要做大量的功课,以确保新的会计方法适合税收目的。做到这一点并不容易,而且犯错的成本可能很高,具体取决于错误的严重程度。这一方法的风险在于,如果在一个时期内少报收入,而在另一时期内多报收入,可能会因少报收入和少缴预估税款而受到处罚。

有关加速收入确认的新税收规则导致情况更加复杂。2018 年生效的这些规则仅适用于已审计过财务报表的企业,通常规定,为了税收目的而确认收入的时间不得晚于记账目的时间,但这并不适用于支出。这意味着企业可能在 2019 年税负加重,直到第二年才能扣除支出。

以上情况可能会导致一些严重的问题。如以下案例,2020 年,一家汽车零部件制造商计划以 100 万美元的价格出售存货,制造成本为 90 万美元。在旧规则下,它们将在 2020 年同时记录这两项数据。但是,在新会计准则下,这 100 万美元收入必须记录在 2019 年,但支出必须记录在 2020 年。即使这笔交易的利润只有 10 万美元,该企业仍要为 2019 年 100 万美元中的大部分收入纳税。更糟糕的是,净营业亏损规则的变更意味着从 2020 年开始,企业不能够以 2019 年的应税所得来弥补亏损。表面上来看只是时间问题,但有可能会导致更严重的影响。

那么,企业应该如何避免这些陷阱呢? 以下四个步骤可能会对企业有所帮助。

第一,确保企业内部有人充分了解企业相对于新的美国通用会计准则的立场,以及企业是否已经落后于趋势。在上面的示例中,该企业可能已经面临因少缴预估税款而导致的巨额罚款。

第二,由于新的美国通用会计准则是基于原则的,因此在解释方面存在灵活性。例如,可能会出现这样的情况,企业可以使用不同的收入确认模式进行交易,从而得到更好的税收解决方案。即使不能,在放弃旧的方法之前,企业可能需要确定如何为所得税的目的正确地跟踪收入。至少,企业可能希望更改在总分类账上记录交易的方式,以便在准备纳税申报单时,更容易识别重要的税收项目。

第三,更改与客户签订合同的书写方式,避免将来增加收入项目或出现税收问题。

第四,由于收入确认加速规则仅适用于财务报表已审计的企业,因此,改用其他制度,如审查财务报表,可能是一条出路。

后三个选项很可能无法提供可行的逃生路线。例如,银行可能会排除转移到已审核财务账户的可能性。但是,如果企业现在不开始研究各种可能性,可能就来不及尝试了。

美国对小微企业实行税式支出政策，支持作用较大。[1] 第一，企业在履行联邦纳税义务时，可以利用税收优惠的免税、符合税法的扣除和抵免。企业所承担的税收义务可能因其规模而异。

例如，小公司较少接触国际市场，它们就不太可能利用与国外利润有关的税收条款进行避税。2013 年，小企业管理局（Small Business Administration，SBA）开展了一项研究，意在衡量小微企业使用联邦税收的效益。在这项研究中，小微企业被定义为总收入低于 1 000 万美元或资产低于 1 000 万美元的实体。根据税收联合委员会的税式支出估算，2013 财年小企业使用的税式支出约为 575 亿美元。在 2013 财年，企业承担的税负总计为 1 612 亿美元，其中小企业承担了约 402 亿美元。

第二，税式支出政策的相对规模不一定能说明其对小微企业的重要性。例如，某些税式支出可能会使小公司的纳税流程简化，即使它们不会大幅减少纳税义务。

表 2 - 13　2013 财年美国联邦小企业最大税式支出

支　　出	2013 财年成本（10 亿美元）
退休计划（基奥计划）	10.53
扣除州和地方非政府债券的利息	6.01
扣除个体经营者的医疗保险费和长期护理保险费	5.19
根据税法第 179 条应扣除的企业财产折旧费	4.62
国内生产活动所获收入的扣除额	3.93
超过替代性折旧制度规定数额的设备折旧	3.83
扣除用于公共事业的国家和地方政府债券的利息	3.63
超过替代性折旧制度规定数额的出租房屋折旧	3.27

---

[1] Garrett Watson, " Tax Expenditures Taken by Small Businesses in the Federal Tax Code," https://taxfoundation.org，2019 - 08 - 05.

支　　出	2013 财年成本（10 亿美元）
扣除人寿保险和年金合约的投资收益	2.96
同类交易的递延收益	2.41

资料来源：John O' Hare, Mary Schmitt, and Judy Xanthopoulos, "Measuring the Benefit of Federal Tax Expenditures Used by Small Business," Office of Advocacy, November 2013, https://advocacy. sba. gov/2013/11/01/measuring-the-benefit-of-federal-tax-expenditures-used-by-small-business/, 2021 - 06 - 21.

小企业管理局估计，2013 财年，约 73% 的小企业税式支出政策用在了合伙企业和 S 类公司上，占 575 亿美元总量中的约 422 亿美元。还有许多可供企业使用的税式支出没有被小微公司使用。例如，在《减税与就业法》出台之前，企业从受控外国公司的递延收入中获得收益，在 2013 财年，这一收益的总额约为 424 亿美元。类似地，还有主动融资收入的延期收益。

第三，小企业从税式支出政策中获益。如雇主支付的医疗保险费的扣除、退休计划的税收优惠，以及税法第 179 条下的有关费用的扣除规定。这些税式支出中有许多是针对个体经营者的，同时包含了对职工的税收政策。例如，小企业在计算其个人所得税负债时，可以扣除医疗保险费支出。

第四，小企业使用的税式支出政策并不平等。例如，虽然国会税收联合委员会将超过替代性折旧制度（ADS）的资产折旧视为税式支出，但考虑了货币的时间价值之后，进行全额费用化，能更好地反映投资的经济成本。每项税式支出政策都应根据其本身的特点进行评估，以确定是否符合税收政策。

税收基金会呼吁降低小企业合规要求。[1] 在美国以及整个经济合作与发展组织国家，税法为小企业提供了最低限度的免税和合规减免。如果公司的销售额、收入或工资仍低于规定的阈值，就有资格享受这些优惠，具体取决于政策。

---

[1] Garrett Watson, "New Research Shows Small Firms Value Simplicity More Than Tax Relief," https:// taxfoundation. org, 2019 - 06 - 26.

税收减免的部分目的是帮助小公司规避合规成本,但这可能会带来不成比例的负担。同样地,这些税法也创造了一种激励,企业保持在阈值以下就可以利用这些税收优惠。

降低小企业的合规要求比免税或税收减免对经营影响更大。决策者在为小企业(包括企业家和初创企业)设计税收减免条款时,应考虑将简化税收条款列为优先事项。经济学家发现,税务合规成本在小企业和初创企业的决策中扮演着关键角色。分析 2000 年至 2015 年芬兰所有企业及其所有者的管理数据发现,芬兰增值税(Value Added Tax,VAT)的变化对小企业经济产出具有非常重要的影响。

在芬兰,年销售额低于 1 万欧元的公司免征增值税。这种最低限度的豁免旨在降低小企业的合规成本,因为小企业将不得不使用不成比例的资源来遵守这项税收。如果一家公司的销售额低于最低限额,则可以免除该公司的税收,但如果一家公司的销售额超过了最低限额,则该公司的全部销售额都要交税。虽然免税可以帮助企业减轻税负,但当企业超过这个门槛时,它们将面临较高的边际税率,因为它们将为之前免税的销售产品缴纳增值税。

从 2004 年开始,芬兰为销售额超过最低门槛(目前设定为 10 000 欧元)的公司提供税收减免。税收减免在 10 001 欧元至 30 000 欧元之间逐步减少,在 30 000 欧元时完全取消。这降低了企业的平均增值税税率,从而减少了与最低免税相关的一些成本。

芬兰还简化了销售额低于 25 000 欧元的公司的合规要求,降低了报告要求,并简化了申请减税的流程。在合规要求较低的情况下,小企业更有可能扩大产出。这表明,平均而言,降低增值税的执行成本比减税条款对企业更有利。"减少和简化报告和其他合规程序,可以减少小企业和企业家中各种基于规模的规则所造成的扭曲。"

为小企业提供最低限度的豁免和降低合规要求是有代价的。公司可以调整他们的行为,使其保持在最低豁免或合规减免阈值以下,缩减经营活动,避免新的投资机会。从边际收益上看,企业可能会判断税收优惠超过了最低门槛后,额外投资的预期回报。芬兰为年收入在 10 000 欧元至 30 000 欧元之间的公司提供税收减免,但一些公司仍然低于最低标准,以避免承担税收责任。税法以非中立的方式对待公司,根据销售规模提供税收优惠,公司根据税法作出相应的经济决策。

应该权衡小企业最低豁免和较低合规要求。这些规定减轻了初创企业和企业家的税收负担,但也可能激励他们继续低于税收优惠逐步取消的门槛。这表明,降低合规要求应该是决策者刺激小企业经济产出的首要任务。

3. 美国税制改革造成新的不公平问题

2018 年,美国共有 60 家盈利的《财富》世界 500 强公司实现了联邦所得税避税。[1] 数十年来,《财富》世界 500 强公司一直在操纵联邦税收体系,避税高达数十亿美元。2019 年 4 月,美国游说集团"税收与经济研究所"发布了有关报告,首次全面考察了 2017 年《减税与就业法》实施背景下,美国企业所得税改革对企业避税规模的影响。研究发现,2018 年,美国 60 家最大的公司实现了790 亿美元税前收入的联邦所得税归零。这些公司享受的是 43 亿美元的企业净退税,而不是按 21% 的法定企业税率缴纳 164 亿美元的税款。

实现合法避税的美国世界 500 强公司代表了不同的经济部门:

(1)电脑制造商 IBM 在美国申报了 5 亿美元的营业收入,并获得了 3.42 亿美元的联邦所得税退税。

(2)零售巨头亚马逊(Amazon)申报了 110 亿美元的美国营业收入,并申请了 1.29 亿美元的联邦所得税退税。

(3)流媒体服务商网飞(Netflix)的美国营业收入为 8.56 亿美元,未缴纳联邦所得税。

(4)啤酒生产商摩森康胜(Molson Coors)在美国的全年营业收入为 13 亿美元,并获得了 2 290 万美元的联邦所得税退税。

(5)汽车制造商通用汽车(GM)报告称,其 43 亿美元的营业收入税率为负。

[1] Matthew Gardner, Steve Wamhoff, Mary Martellotta and Lorena Roque, "Corporate Tax Avoidance Remains Rampant Under New Tax Law," https:// itep. org, 2019 - 04 - 11.

表 2-14 2018 年美国 60 家大企业实际所得税税率

公　司	美国收入 （百万美元）	联邦税 （百万美元）	实际税率	行　　业
动视暴雪	447	−228	−51%	计算机、办公设备、软件、数据
邑康科技	238	−122	−51%	工程与建筑
阿拉斯加航空集团	576	−5	−1%	运输
亚马逊	10 835	−129	−1%	零售及批发贸易
阿莫林公司	1 035	−10	−1%	公用事业、天然气和电力
美国电力公司	1 943	−32	−2%	公用事业、天然气和电力
爱玛客	315	−48	−15%	各种各样的服务
箭电子	167	−12	−7%	零售及批发贸易
阿瑟·加拉格尔	322	−	−	金融
大气压能源	600	−10	−2%	公用事业、天然气和电力
阿维斯预算集团	78	−7	−9%	机动车辆及零件
塞拉尼斯	480	−142	−30%	化学
雪佛龙	4 547	−181	−4%	石油、天然气和管道
峭壁自然资源	565	−1	0%	石油、天然气和管道
CMS 能源	774	−67	−9%	公用事业、天然气和电力
迪尔	2 152	−268	−12%	工业机械
达美航空	5 073	−187	−4%	运输
德文能源	1 297	−14	−1%	石油、天然气和管道
道明尼资源公司	3 021	−45	−1%	公用事业、天然气和电力
底特律能源	1 215	−17	−1%	公用事业、天然气和电力
杜克能源	3 029	−647	−21%	公用事业、天然气和电力
礼来公司	598	−54	−9%	医药及医疗产品

续　表

公　　　司	美国收入 （百万美元）	联邦税 （百万美元）	实际税率	行　　业
依欧格资源	4 067	−304	−7%	石油、天然气和管道
第一能源	1 495	−16	−1%	公用事业、天然气和电力
甘尼特	7	−11	−164%	出版、印刷
通用汽车	4 320	−104	−2%	机动车辆及零件
固特异轮胎橡胶	440	−15	−3%	机动车辆及零件
哈里伯顿公司	1 082	−19	−2%	石油、天然气和管道
霍尼韦尔国际	2 830	−21	−1%	工业机械
IBM	500	−342	−68%	计算机、办公设备、软件、数据
捷蓝航空	219	−60	−27%	运输
金德摩根	1 784	−22	−1%	石油、天然气和管道
MDU 资源	314	−16	−5%	石油、天然气和管道
美高梅国际酒店集团	648	−12	−2%	各种各样的服务
摩森康胜	1 325	−23	−2%	食品、饮料、烟草
网飞	856	−22	−3%	零售及批发贸易
西方石油公司	3 379	−23	−1%	石油、天然气和管道
欧文斯科宁	405	−10	−2%	制造业
潘世奇汽车集团	393	−16	−4%	机动车辆及零件
贝弗门斯食品集团	192	−9	−4%	零售及批发贸易
先锋自然资源	1 249	−	−	石油、天然气和管道
必能宝公司	125	−50	−40%	计算机、办公设备、软件、数据
宾州电力	1 110	−19	−2%	公用事业、天然气和电力
信安金融	1 641	−49	−3%	金融

公　　司	美国收入 （百万美元）	联邦税 （百万美元）	实际税率	行　　业
保德信金融集团	1 440	-346	-24%	金融
公共服务企业集团	1 772	-97	-5%	公用事业、天然气和电力
普尔特集团	1 340	-44	-3%	制造业
Realogy 公司	199	-13	-7%	各种各样的服务
罗克韦尔柯林斯公司	719	-16	-2%	航空航天和国防
莱德	350	-23	-7%	运输
赛富时	800	-	-	计算机、办公设备、软件、数据
SpartanNash 公司	40	-2	-4%	零售及批发贸易
斯必克公司	66	-5	-8%	工业机械
技术数据	203	-10	-5%	零售及批发贸易
三一工业	138	-19	-14%	制造业
UGI 公司	550	-3	0%	公用事业、天然气和电力
美国钢铁	432	-40	-9%	金属及金属制品
惠而浦	717	-70	-10%	电子、电气设备
威斯康星州能源	1 139	-218	-19%	公用事业、天然气和电力
Xcel 能源	1 434	-34	-2%	公用事业、天然气和电力
总计	79 025	-4 329	-5%	

资料来源：Matthew Gardner, Steve Wamhoff, Mary Martellotta, Lorena Roque, "Corporate Tax Avoidance Remains Rampant Under New Tax Law," April 11, 2019, https://itep.org/notadime/, 2021-06-21。

公司的低税率源于各种合法的税收减免。该报告中描述的美国公司似乎在利用各种各样的合法税收优惠，抵消联邦所得税：

第一，加速折旧政策。加速折旧政策允许企业加快摊销成本，获得减税条件。雪佛龙（Chevron）、达美航空（Delta Airlines）、杜克能源（Duke Energy）、哈里伯顿（Halliburton）、道明尼资源（Dominion Resources）、捷蓝航空（Jetblue）、莱德（Ryder）、欧文斯科宁（Owens Corning）、德文能源（Devon Energy）和阿莫林公司（Ameren）等大型跨国公司，采用加速折旧的方法大幅降低税率。

加速折旧是一种税收优惠政策，允许企业在资本投资消耗殆尽之前，在更短的时间内摊销投资的资本成本。据雪佛龙公司报告称，2018 年有 2.9 亿美元是与折旧相关的税收减免，哈里伯顿通过加速折旧也减少了 3.2 亿美元的税款。作为集团，这些公司利用与折旧相关的税收优惠减少了 80 亿美元的税款。加速折旧本应激励企业投资，但税收与经济政策研究所的报告解释了为何不太可能实现这一目标。2017 年美国新税法扩大了加速折旧政策的优惠幅度，允许投资公司在第一年扣除资本投资的全部成本。

第二，股票期权。公司通过申请股票期权获得成本费用减税待遇。2018 年，亚马逊通过股票期权减税，减少所得税 10 多亿美元。2018 年 6 月，美国公民税收公正组织发布的一份报告显示，在《财富》世界 500 强企业中，有 315 家披露了从这次减税中获得的利益，这使得公司可以扣除超过向股东和公众报告成本的股票期权相关费用。网飞公司利用这项税收优惠政策，减少了 1.91 亿美元所得税。赛富时公布了 1.37 亿美元的股票期权税收优惠。动视暴雪公布了 5 800 万美元的股票期权税收优惠，霍尼韦尔紧随其后，为 5 200 万美元。2018 年，迪尔（Deere）、罗克韦尔柯林斯（Rockwell Collins）和贝弗门斯食品集团（Performance Food Group）等，都使用股票期权，将所得税降低了 2 000 万美元，榜单上还有六家公司报告称，股票期权减税幅度较小。

第三，化石燃料税收补贴。化石燃料的加速折旧也可以帮助企业获得减税。2018 年，包括使用折旧和折旧率在内的石油和天然气税收优惠政策，先锋自然资源公司（Pioneer Natural Resources）的 12 亿美元的美国国内营业收入免缴了美国联邦所得税。西方石油公司（Occidental Petroleum）利用"加强石油开采抵免"减税 1.58 亿美元。具体的能源税收政策包括替代能源税补贴和税收抵免两种。

许多能源公司利用了替代能源税收优惠。2018年,杜克能源享受了1.29亿美元的可再生能源生产税收抵免。2018年《两党预算法》扩大了这些抵免的范围和减税力度,底特律能源公司(DTE Energy)利用生产税收抵免,将其应纳税收减少了2.23亿美元,WEC能源公司申报生产税收抵免1 200万美元,Xcel能源公司申报风能生产税收抵免7 500万美元。CMS能源公司申报可再生电力生产的税收抵免额1 400万美元,道明尼资源公司的能源税收抵免额为2 100万美元。

各种税收抵免政策不一而足。2018年,美国钢铁公司利用消耗百分比手段减税4 800万美元。道明尼资源公司申请了大约5 900万美元的投资税收抵免。罗克韦尔柯林斯公司享受了6 000万美元的研发税收优惠。网飞公司申报的研发抵免额为1.4亿美元,动视暴雪(Activision Blizzard)为4 600万美元,迪尔公司为4 300万美元。CMS能源公司也申报了研发税收抵免。综合起来,美国税制改革并未消除避税漏洞,主要的问题大致有如下几个方面。

一是研发税收抵免政策一直受到批评。这是因为它不仅激励了企业本来无论如何都会进行的"研究",也激励了快餐包装、动视暴雪视频游戏等领域的研究。2018年,保德信金融集团(Prudential Financial)使用低收入住房和其他抵免减税1.11亿美元,礼来公司(Eli Lilly)获得了8 700万美元的各种商业抵免。

二是模糊的财务披露阻碍对企业避税策略的全面揭发。税收与经济政策研究所的报告引用的所有数据均来自涉案公司公布的10-K年度财务申报文件。在很多情况下,公司披露的信息并没有完全说明使用了哪些减税措施。例如,雪佛龙2018年年报披露,未指明的"税收抵免"使该公司的所得税减少了1.63亿美元。通用汽车披露了6.95亿美元的"通用商业抵免和制造业激励措施",人们不清楚,在这些减税措施中有多少适用于联邦所得税。赛富时披露了1.32亿美元的"税收抵免"。IBM披露,2018年"国内激励措施"使他们减税约1.1亿美元。美国钢铁公司2018年披露,使用了7 100万美元的"税收抵免",而亚马逊披露了 4.19 亿美元的"税收抵免"。信安金融(Principal Financial)披露,2018 年"税收抵免"使其全球所得税税率降低了 3 个百分点。这些披露都不够清晰,无法让分析师、决策者或公众理解,哪些税法应该为这些公司的避税行为负责。

三是描述税收条款时使用的模糊语言并没有明显的违法之处。让公众清楚地了解公司如何减税,从来就不是避税企业发布年度财务报告的核心目标,也不是美国证券交易委员会的优先事项,要想全面了解企业是如何避税的,就需要国会或美国证券交易委员会发布要求上市公司提高税收披露的标准。

因此,真正的企业税改革应从消除税收漏洞开始。在 2017 年年底税收改革辩论的准备阶段,国会议员们对美国避税的基本框架非常熟悉。来自税收与经济政策研究所及各种政府机构的报告,记录了《财富》世界 500 强公司如何使用合法的税收减免来避税,这意味着即使税率为 35%,实际税率也可能很低而且越来越低。

对大企业减税的后果是联邦财政收入越来越少。当美国国会和特朗普政府于 2017 年 12 月推行了一套技术上有缺陷的企业税改革作为税改的内容时,新税法将法定税率降至 21%,这使盈利公司实现零企业所得税。美国国会应该严格评估每一项现有减税措施的成本,包括本报告中讨论的那些措施,并采取措施确保盈利的公司在美国缴纳公平份额的税收。税改之后,美国本已很低的企业税继续下降:根据美国财政部数据,2018 财年,美国企业税收下降了 31%。这是美国历史上经济增长最急剧的一次下滑。

美国民众对于这次税改十分不满。大公司高达数十亿美元的利润避税这一事实,向美国人发出了一个强烈的信号:税收制度是针对他们的,而非公司和最富有的美国人。以消除税收漏洞和支持税收收入为重点的可持续企业税改革,可能有助于减轻这些担忧,并可能成为解决美国财政优先事项的一个重要工具。以下是商业巨头沃尔玛避税的案例和彭博社对此的分析,彭博社提出征收大企业的财富税。

彭博社认为不公平税制成全沃尔玛的商业帝国梦想。[1] 据有关资料，2018 年，沃尔顿（Walton）家族的财富以每小时 400 万美元的速度增长，每天增加 1 亿美元，截至 2018 年 8 月，沃尔顿家族的财富已累积达 1 900 亿美元。对于大多数人来说，这种财富规模是不可思议的。但是，如果这笔巨额财富的背后是沃尔玛公司在全美范围内大肆规避财产税，攫取各州和地方政府本可用于公共服务的财力，这样的财富就会被打上"肮脏"的标签。

但是沃尔玛公司欲少缴财产税的企图也遭遇过罕见的挫折。根据阿肯色州法官的裁定：由于沃尔玛公司未能证明当地对沃尔玛财产税的评估偏高，沃尔玛希望在普拉斯基（Pulaski）谋求 450 万美元财产税减免的如意算盘至少在短期内落空了。如果沃尔玛胜诉了，那么当地的学校、图书馆和其他公共服务都会深受其避税之害。

大企业对应缴的财产税提出异议是常见的事情。这次沃尔玛遭遇挫折似乎有点出乎意料。在美国的很多州，当地政府会对其境内的住宅和商业物业进行财产税评估，但每个州都允许业主在他们认为评估后的税款过高的情况下，通过相关司法途径，对评估提出异议。但实际上，对财产税评估提出异议耗费的时间和经济成本，决定它基本上只能是富人阶层和大企业才享有的"专利"。沃尔玛就是在全美范围内到处利用这一"司法按钮"，以达到少缴财产税目的的企业之一。

对评估提出异议通常仅适用于少数企业"巨头"。原因在于许多当地税务机关没有充足的经费支持，来跟这些大企业的法律团队在法庭上"拉锯对弈"，只能退而求其次选择满足企业的减税要求这种更为经济的解决方法。其结果就是，一个本该体现普遍公平的制度设计，实际上却成了那些拥有强大法律团队的大企业的专属"福利"。

因此，沃尔顿家族的财富增长速度如此之快也就不难理解了。在过去的一

---

[1]　Matthew Gardner，"One Tax System for Most Americans, and a Second System for the Wealthiest，" https://itep.org，2019 - 08 - 16.

年里,沃尔顿家族的财富共增加了 390 亿美元,平均每天 1 亿美元,有人估算,这只相当于沃尔玛在阿肯色一个州谋求少缴的财产税金额。

美国的税制总体上是适度累进的。但是,大公司和富人阶层有足够的能力和财力,利用法律的"后门"打"擦边球",这在事实上形成了大部分普通人根本"望尘莫及"的另外一套税收制度。这"第二套税收制度"让有钱人有机会利用"漏洞",使美国的税收远没有文本上写得那般公平。

对巨额财富征收财富税的提议在议员中引发了激烈的争论。提出对巨额财富额外征收财富税,不仅仅是因为贫富差距不断扩大,另一个重要原因是这个国家最富有的家族可以享有一套与普通大众不一样的游戏规则。

开征国家财富税并不是缓解美国税收和法律制度不公的唯一途径。国会也可以选择其他简单可行的替代性解决方案,比如对资本利得和工薪收入执行相同的税率,或者对海外利润执行与小企业境内利润相同的税率等。在这些必要的改革举措尚未实施之际,对美国最富有家族开征年度财富税,有利于扭转美国民众对政治体制的信任危机,并且至少在表面上,向推动大企业和富人阶层与其他普通大众共享同一套游戏规则的理想世界,又迈进了一步。

（三）资本利得税

美国国会参议员在大选开始前提出了资本利得税新方案。[1] 由参议员罗恩·怀登提出的"按市值计价"税收计划,将对收入最高的纳税人每年征收资本利得税,税率为普通所得税税率。罗恩·怀登建议,通过废除递延制度,消除"锁定效应",但它也会增加储蓄的税收负担,并使税法更加复杂。

按照美国现行法律,投资者在资产出售前,不必为资产的增值部分缴纳资本利得税。这种资本利得税递延缴纳措施,降低了资本利得的实际税率,但也造成了"锁定效应",即投资者有动机长期持有资产,以使他们的纳税义务最小化。如果投资者等到死后才把财产传给继承人,他们可以通过"成本逐步递增"程

---

[1] Taylor LaJoie, "Evaluating Senator Wyden's 'Mark-to-Market' Capital Gains Tax," https://taxfoundation.org, 2019-09-09.

序,完全逃避资本利得税。

怀登参议员曾提议对部分投资利得按市值计价征税。他提出的立法重点是将金融衍生品的处理方式转变为按市值计价。具体来说,拟订立法将要求衍生品交易人按照市场汇率对其掉期、期权和远期合约进行估值,每年向美国国税局申报纳税。

对资本利得按市值计价征税可以增加美国联邦税收。根据怀登的计划,0.3%的纳税人拥有的所有资本利得,将按普通所得税税率(从10%—37%不等)每年征税,不包括主要住宅和401(k)计划的资产。目前,长期资本收益,或持有超过一年的资本收益的税率较低,从0%—23.8%不等,持有不到一年的短期资本收益,则按普通所得税税率征税。

取消递延纳税计划将消除纳税人的"锁定效应"。符合怀登税改议案的纳税人将不再有选择何时缴纳资本利得税的权利,因此,将失去持有这些资产的动机。此外,该提案还将通过提高资本利得税的方式,增加储蓄的税收负担,并可能对储蓄动机产生影响。

但是"按市值计价"税收计划面临征管挑战。例如,美国国税局将很难追踪非公开交易企业的应计税额。总体而言,怀登的"按市值计价"税改议案力求将资本利得与普通收入同等对待。尽管该计划解决了"锁定效应"问题,并将使税法更加累进,但它将增加储蓄者的税收负担,并增加税法的复杂性。

美国国会税收联合委员会提醒资本利得税可能会对投资产生巨大影响。[1]这是因为,纳税人可以选择何时出售资产并缴纳资本利得税。这种影响可以通过按市值计价,并对所有资本利得征税来消除,按市值计价的资本利得税可以消除这种影响,但也会增加对储蓄的征税。根据现行法律,存在资本利得或资产价值超过其成本时,并不征税,只有在资产出售或"变现"时才征税。实现资本利得的时间允许选择,这使纳税人税负最小化,并使资本利得对税率敏感。这种敏

---

[1] "Estimating Taxpayer Bunching Responses to the Preferential Capital Gains Tax Rate Threshold," https://www.jct.gov, 2019 - 09 - 10.

感性可以从资本利得的"弹性"中观察到,资本利得"弹性"衡量资本利得税率的变化如何影响资本利得的实现。对这种弹性的估计表明,当资本利得税率上升时,资本利得的实现率下降。

资本利得的永久弹性大约为-0.79,而暂时弹性估计值的绝对值则超过1。根据国会税收联合委员会的估计,从长期弹性来看,考虑到目前的资本利得税率,资本利得税率提高10%,资本利得收入会减少7.9%。资本利得的永久性弹性和暂时性弹性需要区分,因为税率的预期变化会对资本利得的实现行为产生暂时性的巨大影响。美国国会税收联合委员会指出了两个与税收相关的因素,这两个因素激励了资本利得大幅上升。一是从1985年到1986年,资本利得实现率几乎翻了一番,这是预期最高资本利得税率从1987年的20%提高到28%的结果。二是2012年资本利得实现率也大幅上升,这是因为预期最高资本利得税率将从15%提高到23.8%。1996—2000年和2003—2007年的两个峰值并不是由税收而是由商业周期造成的。总的来说,当经济扩张时,资本利得的实现趋于增加,而当经济不景气时,资本利得的实现趋于减少。

延迟征收资本利得税具有挑战性。美国国会税收联合委员会的研究表明,虽然决策者可以提高税率,但纳税人可以通过改变经济行为避免更高的税率。在1979年至2013年间,纳税人两次加速变现以规避高税率。而根据现行法律,在税率逐步提高的前提下,如果纳税人在死亡之前将财产转移给继承人,可以完全避免资本利得税。这会产生一种"锁定效应",阻碍资本利得的实现。

应实行按市值征税的税收制度。美国国会参议院财政委员会资深委员罗恩·怀登提出议案,取消年收入超过100万美元或资产总额超过1 000万美元的纳税人的个人递延税。根据罗恩·怀登的议案,每年纳税人将为未实现的流动资产利得缴纳资本利得税。非流动资产的资本利得不会按年征税,但在这些利得实现时,将进行"回溯费用"评估,以减少递延所得税的收益,并激励资本利得的实现。

取消递延税将产生多重效应。正如泰勒·拉乔伊(Taylor Lajoie)指出的,罗恩·怀登的计划将消除对一些纳税人的纳税锁定效应。接受怀登议案的个人,在缴纳资本利得税时将不再有选择权。因此,对持有这些资产的激励将消失。即便如此,这项议案也将通过加速对资本利得征税来增加储蓄的税收负担,并可能对储蓄动机产生影响。

在允许递延税的税制下,资本利得的实现至少对税率是敏感的。美国国会税收联合委员会关于资本利得弹性的报告提醒纳税人,对所有资本利得采取按市值计价征税的做法,将通过每年对资本利得征税来消除这种敏感性。这将通过在何时实现资本利得的考量中取消税收这一要素来提高经济效率。它还将增加对储蓄的税收,限制对储蓄的激励。

美国税收基金会要求权衡提高资本利得税的利弊。[1] 提高资本利得税是决策者创造收入的一种方式,但这样做也可能对储蓄产生负面影响。美国国税局收入统计部门的数据表明,富人往往有更多收入形式的资本收益和合法股息。在 2016 纳税年度,纳税人工资和薪酬增加的幅度小于资本收益和股息收入的增幅。尽管资本利得税在 2016 年为美国政府带来了约 1 240 亿美元的收入——主要来自较富裕的纳税人,但有几项税式支出政策限制了从资本利得中获得更多收入。

首先,长期资本利得的税率低于普通收入。对于持有不足一年的资产,按普通所得税税率纳税,持有超过一年的资产,按较低税率纳税。目前,长期资本利得的最高税率为 23.8%,而短期资本利得的最高税率为 40.8%,即 37% 的最高边际所得税加上 3.8% 的净投资所得税。重要的是,所谓的合格股息也按这些较低的税率征税。

其次,有关政策也允许纳税人递延缴纳资本利得税。这意味着他们可以选择何时实现资本利得,何时为所得缴纳税款,从而减少纳税义务。例如,纳税人可以选择在收入较低的一年实现收益,这使他们能够避免较高的边际所得税税

---

[1] Aida Vazquez-Soto, "Increasing Taxes on Capital Gains Requires Trade-offs," https://taxfoundation. org, 2019 - 08 - 02.

率。递延缴纳能降低与资本收益相关的税负现值。

最后,允许已故纳税人将财产转让给继承人,而不因其生前财产价值的任何增值而承受资本利得税义务。这项政策增加了将财产转让给其公平市场价值继承人的表面价值,这意味着发生在死者生前的财产价值,其任何增值都获得免税。

通过限制纳税人推迟收益,可以限制与资本收益相关的税式支出,既产生财政收入也会抑制储蓄。在一定程度上,长期资本利得的优惠待遇是合理的,因为它补偿了纳税人在现行税法下为储蓄付出的较高税负。对于纳税人来说,在任何投资中节省下来的收入都是税后所得,或者是在缴纳所得税和工薪税之后剩下的所得。资本利得税是对这种储蓄征收的第二种税,这些税收使税法偏向于消费,而消费只征税一次。提高税率将进一步阻碍纳税人储蓄,并激励消费。同样,取消递增税基法会通过对转移财产内含资本收益征税的方式,增加转移到继承人手中的财产的税负。由于转让给继承人的财产总价值已经由遗产税征税,因此两项政策合并后,可能会阻碍在财产所有人死亡时转移财产。

增加对资本收益的税负会要求决策者必须权衡利弊。虽然资本利得税会增加财政收入,但它们也可能对经济产生负面影响。资本利得税的任何变化都需要权衡创收对经济发展产生的影响。

(四)税收政策新动向

美国国会审计局提出美国烟草税收政策面临改革。[1] 2009 年,《儿童健康保险计划重新授权法》(CHIPRA)提高了美国政府对卷烟、自卷烟和小雪茄的消费税税率并加以平衡,但没有对烟斗和大雪茄等可作为香烟替代品的产品的税率进行平衡。美国国会审计局报告了由于市场从自卷烟到烟斗,以及从小型雪茄到大型雪茄的转变而导致的 2012 年和 2014 年联邦收入估计。在 2012 年的报告中,美国国会审计局建议,国会应考虑对自卷烟和烟斗烟草的税率进行平衡,并考虑减少由于小雪茄和大雪茄之间的税收差异而导致的避税行为。当时

---

[1]　"Market Shifts toward Lower-Taxed Products Continue to Reduce Federal Revenue," https://www. gao. gov, 2019 - 07 - 23.

美国财政部同意了国会审计局的结论和意见。截至 2019 年 5 月,国会尚未通过立法以减少或消除烟草制品之间的税收差异。

美国国会审计局认为,第一,自《儿童健康保险计划重新授权法》立法以来,烟草市场在各种烟草制品之间发生了转移;第二,如果市场没有发生变化,就会对估计联邦财政收入发生影响;第三,如果国会消除当前各种烟草制品之间的税收差距,会对联邦收入产生影响。国会审计局分析了美国财政部和美国海关与边境保护局(CBP)的数据,以确定美国国内和进口烟草产品的销售趋势,估算未发生市场替代时对税收的影响,并模拟烟草制品均衡税率的影响。

自美国《儿童健康保险计划重新授权法》颁布后,巨大的类似烟草产品之间的消费税差异导致市场发生了变化,主要有三点:(1)自卷烟与烟斗烟以及小型雪茄与大型雪茄之间的税收差异,为避税创造了机会,并使领先的制造商和消费者转向低税率产品。(2)随着市场的变化,低税产品在各自的市场中保持了主导地位。(3)为避免增加烟草税而进行的市场转变导致联邦财政收入继续减少。美国国会审计局估计,从 2009 年 4 月到 2018 年 9 月,由于市场从自卷烟转向烟斗,以及从小雪茄转向大雪茄,美国政府的财政收入损失从 25 亿美元到 39 亿美元不等,这取决于消费者对增税的反应。

如果美国国会将烟斗的烟草税率与目前手工卷烟和自卷烟的税率相平衡,联邦财政收入可能会增加。美国国会审计局估计,从 2019 财年到 2023 财年,如果烟斗的烟草税率与自卷烟和手工卷烟的较高税率持平,联邦财政收入将增加约 13 亿美元。虽然根据过去的经验,对小型和大型雪茄征收同等的联邦消费税可以增加税收,但具体的税收效应尚不清楚,因为无法获得进行这一分析的数据。这些数据不是由美国财政部收集的,因为在目前的税收结构下,管理和征收高额雪茄税不需要这些数据。

税收政策中心反对芝加哥市征收流媒体服务税。[1] 彭博社报道称,索尼

---

[1] Richard C. Auxier, "Chicago's Streaming Tax Is a Bad Tax But It's Not a 'Netflix Tax'," https://www. taxpolicycenter. org, 2019 - 06 - 11.

（Sony）公司向芝加哥税务局缴纳 120 万美元税款。把索尼支付的费用称为税并不合理,主要原因是:第一,索尼的支票价值远远超出了网飞公司缴纳的税款;第二,芝加哥市的税收适用于所有的流媒体服务,包括电视和电影(网飞网)、音乐(服务网站)和视频游戏(索尼);第三,把芝加哥对流媒体服务征收的特殊税种称为"音乐服务网税",然后把对流媒体服务征收的其他所有税种也称为税,混淆了芝加哥市征收的不良税收和所有对这些服务征收的有益税收。

芝加哥是美国第一个对流媒体服务征税的主要城市。但它并不是唯一一个这样做的美国城市。如果纳税人住在一个缴纳销售税的州,那么可能已经在为网飞网,或葫芦网,或 HBO 电视网的订阅节目交税了。在 45 个征收普通销售税的州中,有 33 个州和哥伦比亚特区将视频流媒体服务纳入了销售税征收范围。

将销售税应用于流媒体服务是有意义的。这是因为税收狂热者称之为"横向公平",但简而言之,政府应该以类似的方式对类似的人征税。通过网飞网订阅购买电影的人应该像在百视达购买 DVD 或租赁电影的人一样缴税。

免除流媒体服务州税与免除各州通常商品税的做法类似。也就是说,尽管消费者现在购买的流媒体服务远远多于 DVD 这类产品,各州还未扩大税收的适用范围。各州都意识到了这一点,但由于政治、商业利益以及税收本身的原因,扩大征税范围可能会变得棘手。例如,当哥伦比亚特区对健身房会员和跑鞋一样征税时,一些人反对"健身税"。同样,当各州开始对流媒体服务征收与 CD 和 DVD 等有形娱乐产品相同的税收时,许多人抱怨"有形娱乐产品税"。所有这些税都是令人厌烦的旧销售税——只是产品是新的。

芝加哥市的做法有异于其他州。芝加哥并没有扩大销售税税基,而是决定将适用于音乐会、剧院和体育赛事门票的娱乐税,也适用于"以电子方式提供的娱乐",如电视节目、电影和音乐。城市通常对大型活动征收娱乐税,因为它们吸引了很多人来到城市。虽然城市欢迎人群带来的所有经济活动,但人口的涌入也给城市服务带来了压力,城市希望通过征税来弥补这一点。所以,当芝加哥市在说流媒体服务是娱乐税覆盖范围的时候,本质上是因为,坐在沙发上看网飞网更像是在听音乐会,或像在观看体育赛事,而不是租看 DVD。更奇怪的是,法律规定,永久下载一部电影不会引发娱乐税,因为这是一种购买行为,但在线观看或租赁电影会引发娱乐税,因为这是一种娱乐行为。如果按照芝加哥市的做法,销售税是 1.25%,娱乐税是 9%。简单地说,如果对流媒体服务征收娱乐税,而不是销售税,那么这座城市可以获得更多地方财政收入。

芝加哥市应该停止对流媒体服务征收娱乐税。伊利诺伊州应该对流媒体服务征收销售税(因为它们是消费)。实际上目前芝加哥纳税人面临的州、县和市销售税为 10.25%,高于 9% 的娱乐税。

美国 11 000 个销售税管辖区的税率差别很大。[1] 美国税收游说组织税收基金会认为,在主要州和城市中,芝加哥、伊利诺伊州、长滩和格伦代尔,以及加利福尼亚州征收的州和地方销售税最高,税率高达 10.25%。紧随其后的三个城市的综合税率为 10% 或更高:塔科马(10.2%)、西雅图(10.1%)和亚拉巴马州的伯明翰(10%)。

阿拉斯加州的安克雷奇和俄勒冈州的波特兰均不征收任何州销售税或地方销售税。夏威夷火奴鲁鲁的销售税税率为 4.5%,其他几个主要城市,包括弗吉尼亚州的里士满,总体税率不高。成功的选票方案提高了 9 个主要城市的地方销售税,选民们投票批准的加利福尼亚州格伦代尔市的税率提高了 0.75 个百分点,从而使洛杉矶跃升为所有主要城市中综合税率最高的城市。在 2019 年上半年,佛罗里达州的坦帕市、贝克斯菲尔德市、奇拉维斯塔市和加利福尼亚州的里弗赛德市这 4 个城市的销售税税率提高了 1% 或更多。

随着州销售税税率的提高,跨境购物和其他避税行为也在增多。在美国,销售税不仅由州政府征收,而且由市、县、部落和特区政府征收。在许多情况下,这些地方销售税会对消费者支付的总税率产生深远的影响。可通过四个方面对美国的销售税进行分析。

---

[1] Jared Walczak,"Sales Tax Rates in Major Cities, Midyear 2019," https://taxfoundation. org, 2019 - 08 - 14.

第一,大城市最高和最低的销售税税率。2019年4月,加利福尼亚州格伦代尔一跃成为美国征收州及地方销售税最高的城市之一,原因是选民批准的0.75个百分点上调方案生效了。此次上调使销售税税率达到10.25%,并与芝加哥、长滩持平,这2个城市分别在2016年和2017年上调到目前水平。

美国有3个征收10%或更高销售税税率的城市。塔科马(10.2%)、西雅图(10.1%)和伯明翰(10%)。在主要城市中,伯明翰的地方销售税税率最高,为6%,科罗拉多州的奥罗拉、密苏里州的圣路易斯和科罗拉多州的丹佛紧随其后,分别为5.6%、5.454%和5.41%。路易斯安那州巴吞鲁日市和新奥尔良市之前的综合税率都是10%,但是在2018年,随着部分取消临时提高销售税措施,所有城市的税率略有下降。俄勒冈州的波特兰和阿拉斯加州的安克雷奇既没有州销售税,也没有地方销售税。夏威夷的檀香山是美国主要城市中销售税位列倒数第三的城市,税率为4.5%。然而,由于夏威夷存在广泛的销售税税基,它与其他州没有严格的可比性。威斯康星州的里士满(5.3%)、麦迪逊(5.5%)和密尔沃基(5.6%)也实行较低的州和地方销售税。

美国还有16个人口超过20万的城市不征收地方销售税。韦恩堡和印第安纳州的印第安纳波利斯的州销售税税率高达7%,主要城市的税率中位数是8%。现在,19个主要城市的综合税率达到9%或更高水平。

第二,主要城市销售税税率的变化。在过去的2017—2018两年里,25个主要城市的州和地方销售税税率提高了0.25个百分点或更多,其中有10个城市在2019年上半年有所增长。几乎所有这些增长都来自选民投票方案,尽管在2017年北卡罗来纳州威克县的地方政府官员批准了税率上调,在2018年新墨西哥州阿尔伯克基和哥伦比亚特区批准上调税率。2017年年末,交通改善区销售税的增加影响了明尼苏达州明尼阿波利斯、圣保罗的税率。

在2019年,地方税率涨幅最大的是佛罗里达州坦帕市(1.5%)和加利福尼亚州丘拉维斯塔(1.5%)、里弗赛德(1.25%)和贝克斯菲尔德(1%)。贝克斯菲尔德的税率上调方案以多97票(45 835票赞同对45 738票反对)的微弱优势获得选民批准。此前,该方案在选举之夜以 1 500 多票落后,在随后的拉票过程中一度以 2 600 票落后。

第三,竞争在销售税中的作用。在销售税税率有显著差异的两个司法管辖区,最可能发生销售税避税。研究表明,消费者会离开高税收地区,在低税收地区大笔购买商品。有力的证据表明,在芝加哥地区,消费者主要是在周边郊区或网上购物,以逃避芝加哥的高销售税。在全州范围内,有时企业会在高销售税区的边界之外选址,以避免受到高税率的影响。特拉华州提醒外州的驾车者本州是"免税购物之乡"。州和地方政府应该谨慎对待邻州税率过低问题,以免导致存在收入损失。

第四,销售税征税基数。大多数州免除食品杂货的销售税,而其他州对食品杂货按一定税率征税,还有一些州按单一税率对食品杂货征税。有些州对服装免征关税或降低税率。对劳务和企业的征税税率也因州而异。

大多数州销售税距离理想状态还很遥远。美国夏威夷州的销售税是税基最广的,对许多产品都多次征税,最终征税超过该州个人收入的100%。这一税基比全国平均税基要宽得多,全国平均税基为个人收入的36.2%。

销售税只是整个税收结构的一部分。应该根据具体情况来考虑,例如,华盛顿州有较高销售税,但没有所得税,而俄勒冈州没有销售税,但是有高收入税。虽然有很多因素会影响企业选址和投资决策,但销售税是决策者可以控制的,可以产生直接影响,尤其是越来越多的城市的综合税率超过9%。

总之,美国联邦税制改革带来的变化是全方位的。具体来说,主要是如下几个方面。第一,税制改革是国家和人民之间就财富创造的又一次分配改革,特朗普降低税率的直接后果是将更多的财富留在了企业和个人,但是其代价却是财政收入的减少,财政赤字的绝对增加,联邦债务的绝对快速增加,直接推动利率下行,并刺激经济增长。第二,特朗普进行税改是国际范围内财富的重新分配,由于特朗普的目的是带动海外美国投资回流,并以降低跨国企业的总体税负为基本的手段,所以海外投资减少,间接或直接减少了外国的财富生产。第三,特朗普的税制改革增加了其他国家吸引国际资本的压力。这同样是由于特朗普降低税率后,其他低税率国家将不得不连带降低税率,这样将加剧国际范围内的"税率竞争",增加全球"有害"税收实践的发生率。

三、税收征管措施

美国国税局 2020 年将启用简化纳税表 W－4 表。[1] W－4 表格将在 2020 年开始使用,新的税收表设计降低了表格的复杂程度,提高了税款扣缴制的透明度和准确性。重新设计的税收制度是美国财政部和国税局对雇主、工资单提供者和税务团体成员进行广泛调查后制定出的,根据反馈,对表格进行修改,目的是开发一种可以使税款扣缴更灵活和透明的表格。

美国财政部部长史蒂文·努钦说:"更简单、更公平的税法是《减税与就业法》的诸多好处之一。拟议中的 W－4 表格为纳税人提供了一个更准确、更透明的预扣制度,减少了职工负担","降低了美国人纳税过程的复杂程度"。

重新设计的 W－4 表格采用了模块构建法。用简单的问题替换复杂的工作表,使职工更容易确定更准确的预扣金额。虽然新旧表格使用了相同的基础信息,但它使用了更个性化的分步骤方法,以更好地满足纳税人的个人需求。

2020 年之前,在任何一年内提交了 W－4 表格的职工,无须因为表格的重新设计而提交新表格。雇主将继续根据职工提交的最新 W－4 表格,计算预扣税。美国财政部和国税局将在夏季与税务服务团体合作,及时完成改进后的 W－4 表格,以便美国民众在 2020 年使用。

美国国税局发布 2018 财年管理绩效手册。[2]《2018 财年国税局数据手册》描述了从 2017 年 10 月 1 日至 2018 年 9 月 30 日美国国税局的活动情况,包括纳税申报单、退税、考试和税务上诉等信息。这份年度出版物配有图表,显示

---

[1] "Department of the Treasury, IRS Announce Development of Improved 2020 Form W－4," https://home.treasury.gov, 2019－05－31.

[2] "IRS releases Data Book for 2018 showing range of tax data including audits, collection actions and taxpayer service," https://www.irs.gov, 2019－05－20.

了美国国税局的执法活动、纳税人援助水平、免税活动、法律支持工作量、国税局预算和劳动力水平，以及与 2017 财年和前几年相比的变化。2019 年还包括了一项长期民意调查中有关纳税人态度的部分。

美国国税局局长查克·瑞蒂格（Chuck Rettig）说："今年发布的数据手册中，这些数据的背后是国税局职工的辛勤工作。""我们的职工是这个机构的骨干，高效地履行使命，他们努力帮助纳税人，手册中罗列的数据反映了他们践行自己的承诺。"

2018 财年，美国国税局共收缴税款近 3.5 万亿美元、处理纳税申报单等各类报表 2.5 亿多份、办理个人所得税退税 1.2 亿多笔、退税总额近 3 950 亿美元。

美国国税局在 2018 财年收到和处理的报税表都比前一年多。其中（1）遗产税单申请量下降不足 1%；（2）通过穿透实体提交的申请有所增加；（3）2018 财年与前一年相比，合作社企业提交的退税申请增加了近 5%；（4）S企业的申请增加了近 6%。

美国国税局提供了超过 5 亿次的纳税人援助。国税局通过信件、免费热线或纳税人援助中心等不同的服务渠道帮助了 6 480 多万纳税人，咨询退税业务的申请人数同比增长 11%。

美国国税局从拖欠税款中获取净收入 400 多亿美元，同比增长 1.6%。与 2018 年相比，国税局的税收额增加了 8.3%，但与 2017 财年相比，国税局申请的留置权减少了约 8%。与前一年相比，2018 财年的审计工作有所减少。国税局在本财年审计了逾 892 000 份个人所得税申报表，较上年略有下降。

美国国税局的数据手册中包含了 2018 财年对纳税人态度进行全面调查（CTAS）的结果。（1）大多数纳税人仍然认为，在所得税上作假是完全不可接受的。自 2009 年以来，对同一个问题的回答结果，一直保持在 4 个百分点的变化范围内。（2）大多数纳税人仍然对他们与美国国税局的互动感到满意。（3）在 2018 年作出反馈的纳税人中，近一半的人认为，服务和执法是适当平衡的。

美国国税局要求上市公司纳税人提供 2020 年合规保证程序（CAP）利益声

明。[1] 合规保证程序于 2005 年推出,通过美国国税局和纳税人之间公开、合作和透明的互动,在提交纳税申报单之前解决问题,从而提高联邦税收遵从性。自 2015 年以来,合规保证程序的新申请人一直未被接受。这份意向书是 2019 年秋季正式申请程序的前奏。美国国税局将利用潜在申请人在意向书中提供的信息,帮助确定 2020 年扩大上限的方法。

总之,2017 年的税制改革除了在税率和税基上面做文章,减少纳税遵从成本也是一项主要内容,美国国税局在这方面的推进客观上有利于纳税人,也是推进税收进步的举措。

第二节　国际税收与企业竞争力

第二章第二节主要围绕 2017 年美国国际税收制度改革中税收规则的变化、美国对于全球数字税税收原则的争论、联邦国际税收与大选争论三个方面,分析美国国际税制与企业竞争力问题。

一、美国国际税制改革与新的税收规则

美国国际税制改革是 2017 年税改的主要亮点。其中主要涉及受控外国公司(Controlled Foreign Company,以下简称 CFC)规则演变与跨国公司税收政策问题、联邦税法第 951A 节全球无形资产低税所得政策问题、第 250 节的海外来源无形资产所得(Foreign-Derived Intangible Income,以下简称 FDII)和全球无形资产低税所得(Global Intangible Low-taxed Income,以下简称 GILTI)扣除政策问题、第 960 节外国税收抵免政策问题、第 965 节 F 分篇(Subpart F)收入的确定问题、强化资本弱化规则问题以及《外国账户税收合规法》与海外税收合规等,具有较强的技术性。

---

[1] "IRS wants to hear from large corporate taxpayers interested in applying for the Compliance Assurance Process," https://www.irs.gov, 2019 - 06 - 14.

（一）CFC 规则演变与跨国公司税收问题

对横跨司法管辖区的企业征收所得税是国际税收的重要问题。[1] 各国对跨国公司的外国子公司的营业收入征税的方式各不相同,而辖地税制最为普遍。这意味着一家公司对其经营收入仅在一个国境内进行纳税。辖地税制所面临的问题之一是,跨国公司可以对其业务进行结构调整,以减少所缴纳的税款。在某些情况下,这些结构可能导致税基侵蚀和利润转移,导致一个国家从母公司征收的税收很少或根本没有。

大多数国家的 CFC 规则结构类似。各国为了保护税基,通常利用 CFC 规则,以确定何时应该对在海外经营业务的公司的营业收入征税,以及何时对外国收入免税。各国对于如何解决由此产生的税基侵蚀和利润转移问题,有着不同的方法。一般来说,CFC 规则有助于确定国内公司何时对外国子公司拥有足够的控制权(可以根据国内法律对其收益征税),以及哪些收益和这些收益中有多少被征税。然而,并不是所有国家都有 CFC 规则,近年来各国的 CFC 规则立法也发生了重大变化。

表 2－15　美国与西方国家 CFC 规则的由来

年份	CFC 规则的发展事实
1950	美国在第二次世界大战后,通过税收递延方式,支持跨国公司在海外投资
1960	美国设立 CFC 规则是为了收集海外投资实体的信息
1961	肯尼迪总统提出改革美国 CFC 规则,以消除递延
1962	美国 CFC 规则被修改为包括 F 分篇收入:新规定纳入了 50% 的控制标准。美国股东的概念是为任何拥有外国公司 10% 股份的美国人设立的
1973	德国继美国之后第二个采用 CFC 规则
1975	美国《减税法》扩大了 F 分篇的范围,将航运收入纳入其中

---

[1] Daniel Bunn, "How Controlled Foreign Corporation Rules Look Around the World: United States of America," https://taxfoundation.org, 2019－06－24.

年份	CFC 规则的发展事实
1976	加拿大将 CFC 规则纳入其税收制度
1978	日本制定 CFC 规则
1980	法国将 CFC 规则纳入其立法,以解决滥用参与权豁免的问题
1984	英国制定 CFC 规则,以应对导致资本输出而没有任何后果的纸面制度
1986	美国《1986 年税收改革法》将控制标准调整为美国人所拥有的股份,即有投票权股票价值的 50%
1995	西班牙采用了 CFC 规则
2004	美国《就业创造法》允许从 CFC 获得的现金股息一次性扣除 85%
2008	中华人民共和国制定 CFC 法规
2012	英国改革了 CFC 规则
2015	经济合作与发展组织发布了 CFC 规则税基侵蚀和利润转移行动计划的最终报告
2016	哥伦比亚共和国颁布 CFC 规则。欧盟理事会发布反避税指令(ATAD)
2017	美国《减税与就业法》通过后,50% 的控制权和 10% 的股权门槛将扩大到投票或估值
2019	美国创造了全球无形资产低税所得 荷兰采用了 CFC 规则 欧盟理事会反避税指令于 2019 年 1 月 1 日起强制执行

　　CFC 规则要求跨国企业遵循三项要求。(1)所有权门槛,确定外国实体是否受到国内股东的充分控制,而被视为 CFC。(2)税收条件,包括确定 CFC 的收入是否已经至少按照最低水平被外国征税,有时需要结合辖区列表,确定外国实体应免征的国内税收。(3)收入类型,无论是被动收入(即利息或资本利得),还是 CFC 收到的所有收入。

　　关于美国所有权要求,CFC 规则规定了外国实体是否为 CFC 结构。美国《国内收入法典》将美国股东定义为持有外国公司 10% 或以上投票权或股份的任何人。如果一家外国公司超过 50% 的投票权或股份由美国股东控制,那么它就是一家 CFC。可以通过对直接、间接和建设性所有权的评估,满足这个控制阈值。所有权包括直接所有权和推定所有权两项主要要求。

直接所有权是指美国股东拥有外国公司 50% 以上的投票权或股份。为了说明间接所有权规则是如何运作的,假设皮特和安妮都是美国人,各自直接拥有一家名为 ForCo A 的外国实体 50% 的股份。另外,ForCo A 直接拥有另一家外国实体 ForCo B 60% 的股份。那么,皮特和安妮各自间接拥有 ForCo B 30% 的股份,计算如下:

$$50\% \times 60\% = 30\%$$

因为皮特和安妮被认为是美国人,并且每人持有超过 10% 的外国公司股份(30%),所以他们都将被视为 ForCo B 的美国股东。此外,ForCo B 超过 50% 的股份归美国人(皮特和安妮共持有 60% 的股份),因此,ForCo B 被认为是 CFC。

使用推定所有权规则包括两个条件。(1)将包括实体、个人、配偶、子女、孙辈或父母在内的相关人员所拥有的股票的有效所有权相加。(2)合并由外国实体直接拥有的股票,如果该股票由美国股东按其对该外国实体所有权的比例间接拥有的话。本规则适用于外国公司、房地产或合伙企业。

属于 CFC 的实体必须确定在美国征税的外国来源收入。一般来说,属于《国内收入法典》F 分篇收入定义的收入类别之一,要在美国征税。属于 F 分篇的 CFC 收入必须包含在母公司的总收入中,并由股东按美国所得税税率纳税。CFC 收入是根据每一个单独的外国实体水平确定的,然后归属于美国股东进行征税。(1)F 分篇收入包括保险收入和外国基地公司收入(外国个人控股公司收入,外国基地公司销售收入、服务收入、航运收入)。(2)F 分篇收入还包括受国际抵制规则、非法贿赂、回扣或其他非法支付支配的收入,以及来自任何外国的收入。

避税天堂为跨国公司交易和滥用避税手段提供了空间。美国财政部规定,必须登记某些避税和交易,或由参与这些交易的各方(包括银行、公司或其他人士）保留一份投资者名单。美国国税局要求在参与者的纳税申报单上披露其中一些信息。

应税所得的类型为被动收入。根据 CFC 规则,可评估的收入通常是被动收入。在税改之前,美国的立法主要针对的是外国的被动收入,以及来自低税收地区的收入,这些收入将作为美国收入的一部分被征税。某些不具备 CFC 资格,但在结构上仍有一名或多名美国人作为所有者的外国投资公司,面临着与 CFC 类似的规则,其运营所得在美国征税。

投资基金需要缴纳现行的美国国内税收。条件是被动外国投资公司（PFIC）总收入的 75% 来自被动收入（即资本收益或利息收入）,或 50% 的资产产生被动收入。如果被动外国投资公司也有资格成为 CFC 时,该公司根据 F 分篇的收入规则纳税,而被动外国投资规则是不适用的。在这两种情况下,允许美国对来自其他国家的部分收入征税,如果没有相关规定,这些收入可能无须纳税。

全球无形资产低税所得规定扩大了美国 CFC 规则的范围。作为 2017 年颁布的《减税与就业法》的一部分,GILTI 规则扩大了美国跨国公司的税基,不仅使美国的税收体系更加复杂,而且更积极地应对税基侵蚀和利润转移。与 CFC 规则一样,GILTI 规则只适用于美国股东持股 50% 的外国实体,美国股东的定义也同样适用于规则。与 F 分篇规则不同的是,GILTI 的计算方法是将 CFC 的所有收入和亏损相加,以确定需要按 GILTI 规则缴纳多少美国国内税收。在汇总受 GILTI 规则管辖的外国收入之前,允许每个外国实体对合格商业资产投资（QBAI）进行 10% 的排除。外国实体的利息支出减少了实体层面的合格商业资产投资排除额。GILTI 规则还将外国税收抵免额限制在 80% 以内。

GILTI 的税率在 10.5%—13.125% 之间。然而,一些企业发现,它们的 GILTI 的实际税率要高得多。主动测试收入（不包括股息和 F 分篇收入在内的总收入的超额部分）在股东层面汇总,总金额与测试亏损（对于期末结余为负的 CFC）相抵。在 GILTI 的计算中,股东层面的 GILTI 有 50% 的扣除,从而减少了应缴的税款。

总而言之,美国是第一个制定 CFC 规则的国家,而且它可能是该规则最复杂的国家。这些规则通过综合所有权测试来确定控制权:一项针对公司,另一项针对股东。根据该规则,可评估的收入通常是被动收入,但随着 GILTI 规则的采用,需缴纳美国税收的外国收入数额有所扩大。

(二)联邦税法第 951A 节中的全球无形资产低税所得

美国财政部和国税局在 2019 年 6 月份发布全球无形资产低税所得最终条例。[1] 美国财政部和国税局根据外国税收抵免、确定了合伙人 F 分篇收入的美国国内合伙企业的税务处理的第 951A 条,以及基于第 951A 条适用于外国高税率的受控国外企业,提出了 GILTI 最终条例。

第一,最终条例为确定外国公司美国股东的总收入中包含的 GILTI 提供了指导。最终条例针对那些根据第 951A 条被合伙企业持有的受控外国企业,保留了某些修改方案,其中包括在拟议方案中规定的反滥用权利条款和修订美国国内合伙企业条款,使之适用那种为了确认企业合伙人总收入中的 GILTI 的综合方法。

第二,最终条例还为确定美国股东 F 分篇收入和总收入中包含的 GILTI 提供了指导。最终条例提供了有关确定美国股东按比例分配受控外国公司的 F 分篇收入和美国股东总收入中包含的 GILTI 的指南,以及与此相关的某些报告要求,包含 F 分篇收入和 GILTI。

第三,美国财政部和国税局根据第 78 条、第 861 条和第 965 条要求,发布了有关向外国公司收入豁免制度过渡的某些外国税收抵免方面的最终规定。

第四,美国财政部和国税局还发布了关于根据第 915 条对合伙人总收入中的美国国内合伙份额进行处理的拟议条例,其中包括对合伙人拥有的受控外国公司,以及基于第 951A 条法规适用于外国高税率的受控国外企业的处理。美国财政部和国税局要求对这些拟议规则发表意见。

---

[1] "IRS and Treasury issue guidance related to global intangible low-taxed income (GILTI) ," https://www.irs.gov, 2019-06-14.

（三）联邦税法第 250 节的 FDII 和 GILTI 扣除政策

联邦税法第 250 条为美国公司在税收年度的外国来源无形资产所得和全球无形资产低税所得给予扣除。[1] 对于 2017 年 12 月 31 日至 2025 年 12 月 31 日之间的纳税年度，美国本国公司可以要求相当外国来源无形资产所得 37.5% 的扣除额，以及全球无形资产低税所得和第 78 节中所有全球无形资产低税所得股息之和 50% 的扣除额。对于 2025 年 12 月 31 日之后开始的纳税年度，这两个比率分别降至 21.875% 和 37.5%。但是，对于任何纳税年度，如果美国本国公司的外国来源无形资产所得和全球无形资产低税所得之和超过其应税所得（不考虑第 250 条扣除），则据以确定第 250 条扣除额的外国来源无形资产所得和全球无形资产低税所得的总量按比例减少，以消除过量扣除。

1. "国外来源比率"是一个重要的新概念

国内公司在纳税年度的 FDII 相对无形资产（DII）的比率，与国外可扣除合格收入（FDDEI）相对其可扣除合格收入（DEI）的比率一致。可扣除合格收入是其总收入超过扣除的部分。

一是，总收入不包括第 951（a）（1）条 F 分篇的收入内容、全球无形资产低税所得、金融服务收入［第 904（d）（2）（D）条规定］、作为美国股东从公司金融顾问（CFC）收到的股息、国内石油和天然气开采的所有收入以及国外分支机构的收入［第 904（d）（2）（J）条规定］，由此产生的总收入称为"总的可扣除合格收入"。扣除包括税收中适当分配给上述"总的可扣除合格收入"的部分。

二是，国外可扣除合格收入通常是与以下项目产生的可扣除合格收入：（i）出售给非美国居民在国外使用的财产；（ii）为美国境外的个体或财产提供的服务。

所以，FDII 是其可扣除合格收入超过有形资产收入收益（DTIR）的部分，有形资产收入收益为美国国内公司本年度合格商业资产投资的 10%。

---

［1］ "Proposed Section 250 regulations provide guidance on calculating the FDII/GILTI deduction, including qualification of property and services transactions as FDDEI transactions," *EY Tax Alerts*, 2019－03－12.

向非关联个体出售的财产,个体购买财产的用途是在美国境内进一步加工改进,那么此类出售不能被视为在国外使用。同样,向美国境内的非关联个体提供的服务也不符合国外使用资格条件,即使对方使用这些服务向外国提供服务也是如此。但是,对于向关联外国人提供的资产销售和服务,存在一般中介规则的例外情况。

2. FDII 包括可扣除合格收入、有形资产收入收益和国外可扣除合格收入

一是专门的规则规定,出售财产或提供服务为国外使用需要达到一定程度,并针对不同类型的财产和不同类型的服务提供了补充的规则。

二是为确认不同类型的国外交易提供了不同的规则文件。

三是为协调第250条的扣除与第163(j)条和第172(a)条规则中的其他应用限制,提供了指导,这些限制是根据国内公司在纳税年度的应税收入制定的。

四是为纳税年度内进行第962条选择的个人、并表集团和免税公司提供了特殊规则。

3. 计算 FDII 要经过多个步骤

计算 FDII 时,要分别确定排除的总收入、销售成本的归属、扣除的分配、合伙关系等要素。这个过程从"总的可扣除合格收入"和"总的国外可扣除合格收入"概念开始。所有总的国外可扣除合格收入都包含在总的可扣除合格收入中,但并非所有总的可扣除合格收入都是总的国外可扣除合格收入。在完成总金额计算后,国内公司的扣除额将根据总项目,分配给可扣除合格收入和国外可扣除合格收入。国外可扣除合格收入可能大于或者小于可扣除合格收入,这要取决于产品销售成本的归属和分配扣除。当两个金额均为正数且可扣除合格收入大于有形资产收入收益时,根据第250(a)(2)条的应税所得限制,美国国内公司将被允许进行第250条的扣除。如果可扣除合格收入为零或负数,则不允许美国国内公司进行扣除。如果美国国内公司的国外可扣除合格收入超过其可扣除合格收入,将导致"国外来源比率"超过1,拟议条例规定国外可扣除合格收入相对可扣除合格收入的比率不得超过1。因此,制定细则和在应用中将各种可能的

决策考虑在内,都至关重要。

一是确定排除总收入。其中包括:(i) 第 951(a)(1)条规定的内容(包括第 78 条相关的任何股息);(ii) 全球无形资产低税所得内容(包括第 78 条相关的任何股息);(iii) 金融服务收入[见第 904(d)(2)(D)条的定义];(iv) 从特定公司金融顾问收到的股息;(v) 国内石油和天然气收入;(vi) 国外分支机构收入。即以上等于为国外分支机构带来收入的资产由于直接或间接销售获得的收入或收益,其中还包括由于忽略销售收入实体或合伙权益而产生的收益,而根据第 904(d)(1)(B)条,这些不属于国外分支机构收入类别。国外分支机构是美国国内公司考虑合并持有知识产权的国外分支机构的因素,因为第 367(d)条的任何收入都将被视为此目的下的国外分支收入,从而不适用"总的可扣除合格收入"和"总的国外可扣除合格收入"的待遇。

二是确定销售成本的归属。为了确定将总收入金额分配给可扣除合格收入总额和国外可扣除合格收入总额的单独收入项,拟议条例将要求以任何合理的方法将生产销售成本匹配到总收入。即使之前与纳税年度活动相关的生产销售成本,也要求进行匹配。但是,美国国内公司不能将生产销售成本分组,并且不能将它们不成比例地分配于未包括在可扣除合格收入总额和国外可扣除合格收入总额中的金额。在可扣除合格收入总额和国外可扣除合格收入总额排除的六个项目中,生产销售成本可能仅归因于国内石油和天然气收入以及国外分支机构收入,这表明美国国内公司的生产销售成本将大部分反映在可扣除合格总收入中,较小部分反映在国外可扣除总合格收入中。对于许多国际税务从业者而言,生产销售成本分配是一个新概念,因为实践过程中,生产销售成本分配可能与第 861 条的费用分配和分摊不同。然而,第 199 条使用了类似概念,可以为此目的提供指导。

三是确定扣除的分配。在确定可扣除合格总收入和国外可扣除合格总收入后,美国国内公司需要根据不同项目,将这些扣除分别分配到可扣除合格收入和国外可扣除合格收入。拟议条例明确了国外可扣除合格收入的分配扣除。法规简单地规定国外可扣除合格收入是可扣除合格收入中来自特定交易的部分。拟议条例明确规定,扣除额分配给国外可扣除合格总收入和非国外可扣除合格总收入,而两者之和等于分配给可扣除合格总收入的扣除额。正如所料,《美国联邦行政法典》有关财政部的 1.861-8 至 1.861-14T 规则和 1.861-17 规则,适用于将可扣除合格总收入和国外可扣除合格总收入进行扣除,得到可扣除合格收入和国外可扣除合格收入。然而,由于序言中没有解释,研发支出将不在《美国联邦行政法典》有关财政部制定的地理分配规则进行分配。

四是确定合伙关系。拟议条例将合伙企业视为一个主体,以确定向合伙企业提供的或由合伙企业提供的销售或服务是否为国外可扣除合格收入交易。因此,可扣除合格总收入和国外可扣除合格总收入将在合伙企业层面计算。但是,合伙企业没有资格申请外国来源无形资产所得扣除,因为它不是美国国内公司。因此,拟议条例规定,美国国内公司合伙人要一并将合伙企业可扣除合格总收入,国外可扣除合格总收入和扣除中的分配额纳入,从而计算合伙人的外国来源无形资产所得。合伙人的分配份额将和合伙人在收入、收益、扣除和亏损等基本项目中的分配份额一致。

4. 计算国外可扣除合格收入要确定销售收入和扣除额

国外可扣除合格收入等于美国国内公司的国外可扣除合格总收入超过美国国内公司扣除中分配给国外可扣除合格收入总额的扣除额。国外可扣除合格总收入等于美国国内公司的可扣除合格收入总额中来自该可扣除合格收入的美国国内公司"国外可扣除合格收入交易"的部分。

关于国外可扣除合格收入销售额。"国外可扣除合格收入交易"是指国外可扣除合格收入销售或国外可扣除合格收入服务。关于资产销售,对一般资产和第 367(d)(4)条无形资产的销售,要求提供不同资格和文件规则。国际运输资产的资产销售有特殊规定。然而,无论资产类型如何,卖方都必须取得特定文件,以证明资产的接收人是外国人并供外国使用。拟议条例还对面向外国关联方的销售作出了特殊规定。

关于一般资产的规定。除国际运输资产外,一般资产的销售如果在交付之日起三年内不在美国国内使用,或在资产收到美国国内使用之前,已在美国境外进行了制造、组装或其他加工,将被视为国外使用。此目的下的美国国内使用包括在美国的任何使用、消费、处置、制造、组装或其他处理。一般资产如果在物理上或实质上发生变化,或作为一个组成部分纳入第二个产品,则为发生了进一步的制造、装配或其他处理。具体而言,只有当卖方出售并纳入第二个产品的所有一般资产的公平市场价值,不超过第二个产品公平市场价值的 20% 时,一般资产才会被视为第二个产品的组成部分。

假设一家美国国内公司向无关联的外国人销售木浆,该外国人使用木浆在外国辖区制造纸张,然后生产的纸张被出售给美国消费者,向外国人出售木浆被认为是国外使用,因为它在美国国内使用之前,需要在美国境外进行制造和加工。

国际运输资产将被视为一般资产的组成部分。包括"飞机、铁路车辆、船舶、机动车辆和能够提供出国旅行交通方式的类似资产"。只有在交付之日起的三年内,物业在美国境外的时间占比超过 50%,物业使用过程中超过 50% 的里程在美国境外,国际运输资产的销售用途才属于国外使用。卖方为证实在国外使用而必须取得的文件中包括销售国际运输资产的特殊规则,以及难以追查特定资产时一般资产的"可替代量"。

关于无形资产的规定。出售无形资产供外国使用,当且仅当无形资产在美国境外使用过程中产生收入。如果无形资产用于开发、制造、销售或分销产品,则将基于最终用户的位置确定无形资产使用的地点。对于在美国境外和境内使用的知识产权,也有特殊规则来确定国外使用的部分知识产权。

关于军事销售的规定。就第 250(b)条而言,根据《武器出口管制法》,美国国内公司向美国政府出售武器用于转售给外国政府的行为,将被视为美国国内公司向外国政府出售武器的行为。此销售行为仍须符合拟议条例的 3 至 6 项要求,包括文件要求。拟议条例不包括对纳税人如何根据《武器出口管制法》进行销售的指导。美国财政部和国税局要求就最终法规是否应包括此类指导提出意见。

关于关联方销售额规定。对于面向关联方的销售,法规提出的规则相较面向无关联方的销售更严。具体而言,当且仅当出售的财产由国外关联方转售给国外使用,或者由国外关联方用于提供国外用途的服务或销售国外使用的财产时,拟议条例才认为对国外关联方的出售符合国外使用。拟议条例就在这些情况中如何确定国外使用提供了指导。

只有符合如下条件之一才是国外可扣除合格收入销售。即(i)国外关联方将资产转售给无关联的外国人,单独出售或作为其他资产的组成部分出售;(ii)卖方合理地预期该资产将用于向无关联的国外方出售其他资产或提供服务[(i)或者(ii)都被定义为"非关联交易"],纳税人还必须满足每种类型的非关联交易的其他要求。此外,国外关联方必须遵守文件要求。拟议条例将所有国外关联方视为单一的国外关联方。

当关联方转售资产时,无关联交易需要符合前述国外可扣除合格收入销售部分提出的国外可扣除合格收入销售资格,并且无关联交易必须在国外无形资产申请日期或之前发生。如果无关联交易未在国外无形资产申请日期或之前发生,纳税人需要修改其关联销售发生当年的回报,以便在无关联交易发生后再申报收益。

当国外关联方使用购买的资产生产其他资产或提供服务时,卖方必须合理地预期无关联交易是否符合前一条规定的国外可扣除合格收入销售或国外可扣除合格收入服务资格。此外,卖方必须合理地预期国外关联方收入的80%以上是否将产生自无关联的国外可扣除合格收入交易。

关联方销售规则不适用于知识产权交易。序言指出,知识产权的关联方销售不需要额外的规则,因为知识产权交易仅限于在美国境外使用的知识产权。例如,美国国内公司向国外关联方出售机器,国外关联方使用该机器制造小部件,并将小部件出售给美国境内外非关联方。只有当小部件的80%以上销售给美国境外非关联方时,该机器的销售才符合关联方销售规则下的国外可扣除合格收入销售资格。相反,如果美国国内公司许可国外关联方使用知识产权,国外关联方使用知识产权制造软件,然后将软件销售给美国境内外的非关联方,则根据一般规则,美国国内公司所赚取的特许权使用费收入中,国外关联方销售额中境外软件销售收入所占比例的那部分,通常符合国外可扣除合格收入销售。

关于国外可扣除合格收入的服务。国外服务使用的规则有四类:(i)资产服务;(ii)邻近服务;(iii)运输服务;(iv)其他一般服务。一般服务是吸纳剩余的类别,分为提供给个人消费者和提供给其他接受者(商业接受者)的服务,需要提供国外使用的证明文件。

邻近服务是指除运输服务和物业服务之外,面对面提供给接受者的服务。基于此,与物业服务一样,如果服务提供商花费至少80%的时间在接受者或其职工在场的情况下提供服务,则基本上所有服务都在接受者或其职工在场的情况下提供。基本所有的标准视事实而定,或者80%是明线测试(bright-line test)存在类似的问题。接受者将被视作位于提供服务的地点。对于部分在美国境内进行的服务,拟议条例规定了分配方式。例如,如果美国国内公司在商业接受者的所在地为商业接受者的职工提供培训服务,则该服务将被视为邻近服务,并且如果商业接受者位于美国境外,则该服务符合国外可扣除合格收入服务。另外的情况是,如果美国国内公司远程提供50%的服务,则该服务不是邻近服务。

运输服务是采用运输方式输送人员或资产的服务。运输方式包括飞机、铁路车辆、船舶、机动车辆或任何其他类似方式。如果服务的起点和目的地都在美国境外,则是向美国境外的接受者,或者位于美国境外的资产提供服务。如果服务的起点或目的地中仅一方在美国境内,则视50%的服务为国外使用。

物业服务是除了运输服务之外为有形资产提供的服务。指的是在物业所在地提供的,同时该服务对资产进行物理操控的服务,例如组装、维护或修理。只有当服务提供商花费至少80%的时间在物业所在地或附近提供服务时,拟议条例才认为所有服务是在有形资产所在地提供的。这个80%的门槛似乎是一个明线测试,所以不清楚如果在该物业所在地或附近花费较少的时间是否能满足上述的基本所有标准。例如,如果美国国内公司有一份维修机器的维修合同,而美国国内公司的职工都在位于美国以外的所在地提供所有服务,则维护服务是符合国外可扣除合格收入服务资格的物业服务。但是,如果50%的服务是现场服务,而50%的服务是美国国内公司的职工在位于美国的工作地点执行的其他活动,则服务似乎不符合物业服务,因为不是几乎所有服务都是在机器所在地提供的。但是,基于后面讨论的一般服务规则,部分服务仍然可以作为国外可扣除合格收入服务。

其他一般服务是除运输服务、物业服务或邻近服务之外的任何服务。一般服务是否为国外使用取决于接受者是最终消费者还是商业接受者。提供给消费者的一般服务将被视为发生在提供服务时消费者的住所地,服务提供者必须取得记录消费者位置的文件。相反,提供给商业接受者的一般服务是否在美国境外提供,取决于商业接受者在美国境外的业务受益于该服务的程度。一般而言,为商业接受者在美国境外或境内业务运作提供的利益金额是"根据具体情况适合的方法确定的"。该标准与"任何合理方法标准"不同,通常根据《美国联邦行政法典》有关财政部的 1.482 - 9(k) 规则的原则确定。这种转让定价条款通常适用于在数个控股集团成员中进行成本分配,这些控股集团成员都受益于某项控制交易。合理的方法可以包括基于服务提供者所花费的时间或成本进行分配,或按照商业接受者的总接受量、收入、利润或资产进行分配。

商业接受者将被视为在其长期办公室或其他固定营业地点开展业务活动。如果商业接受者的业务活动完全在美国以外,则确定商业接受者受益的一般服务相对简单。然而,在更复杂的事实模式中,这种识别一般服务的行为使商业接受者的美国业务受益程度和非美国业务受益程度的概念变得复杂,其中需要应用转移定价原理。

关于军事服务。美国国内公司根据《武器出口管制法》向美国政府提供的服务,被视为是向国外政府提供的服务。

关于向国外关联方服务。向国外关联人员提供服务,要符合国外可扣除合格收入服务资格要求。关联方服务规则适用于提供给商业接受者的一般服务,而不适用于任何其他类型的服务。具体而言,提供给美国境外关联方的服务,将不是国外可扣除合格收入服务,除非关联服务与关联方提供给美国境内人员的服务"基本上不相似"。关联方为美国境内人员提供的服务满足两个定量测试。

第一个定量测试(受益测试)是满足关联服务的60%及以上为美国境内人员受益。

第二个测试(价格测试)是关联企业提供的关联服务中,关联企业提供服务的价款超过60%的比例由美国境内人员支付。如果由于价格测试而认定服务基本相似,则来自关联方服务的部分收入仍然可以作为国外可扣除合格收入服务。

例如,假设外国公司(FC)与跨国公司(MNC)签订服务协议,为跨国公司自己的市场营销提供市场研究。跨国公司向外国公司支付200美元的服务费。外国公司与美国国内公司达成协议,根据协议,美国国内公司将为北美和南美提供市场研究,金额为150美元。外国公司会将美国国内公司的研究用于向跨国公司提供服务。跨国公司为外国公司提供一份声明,声称其80%的业务运营位于美国境外。

(i)根据受益测试,由于美国国内公司提供的80%服务与跨国公司在美国境外的业务运营相关,因此美国国内公司提供的服务中只有20%被视为与跨国公司在美国的业务运营相关。因此,基于受益测试,美国国内公司提供的市场研究服务与外国公司向跨国公司提供的市场研究服务基本上不相似。(ii)根据价格测试,跨国公司支付价格的20%被视为由美国境内的人支付。同样,跨国公司关于美国业务支付的40美元中,30美元归为美国国内公司提供的市场研究。因此,跨国公司为美国境内业务支付的价款中的75%归为美国国内公司提供的服务。因此,基于价格测试,美国国内公司提供给外国公司的服务与外国公司提供给跨国公司的市场研究服务是基本相似的。

由于美国国内公司提供给外国公司的服务与外国公司提供给跨国公司服务仅在价格测试下基本相似,因此符合国外可扣除合格收入服务资格的美国国内公司总收入为120美元,国外可扣除合格收入服务所占的百分比取决于跨国公司在美国境外的业务比例。

关于合伙关系。美国国内公司对国外合伙企业的销售符合国外可扣除合格收入交易资格,因为合伙企业是外国个体。此外,美国国内公司对美国国内合伙企业的销售不符合国外可扣除合格收入交易资格,因为销售是针对美国国内个体的。美国国内合伙企业向外国人提供的销售或服务通常是国外可扣除合格收入交易。但是,如果合伙企业提供的销售或服务归属于国外分支机构,则相关收入不符合国外可扣除合格收入交易,因为第250(b)(3)(A)条将国外分支机构收入排除在外。

5. 关于境外可抵扣收入交易的确定

为了使销售或服务为国外可扣除合格收入,资产卖方或服务提供方要收集特定文件,以确定交易总收入属于国外可扣除合格收入的事实。拟议条例规定,各类交易需要提供用以满足要求的特定文件。卖方或服务提供方通常需要在"国外无形资产申请日"之前取得文件,且不得早于销售或服务日期前一年。"国外无形资产申请日"是销售或服务的总收入构成卖方或服务提供方总收入的纳税年度所得税申报的到期日,包括延期。

每种交易需要满足特定类型文件要求。卖方或服务提供方需要满足的国外可扣除合格收入交易资格不同,文件类型也不同。可以采用的文件通常包括:接受方关于外国身份、预期用途或预期使用地点的陈述。就个人而言,外国政府提供的有效身份证明;双方之间的合同文件;公开信息,如年度报告或经审计的财务报表,以及秘书在表格或后续指引中明确的其他文件。对于一次性无形资产销售或无条件向第三方销售无形资产,卖方可以通过提供财务预期文件的方式证明国外使用,该文件包含卖方合理预期使用资产将获得的收入金额和地点。

此类文件必须与用于确定销售价格的财务预测一致。

可替代大规模销售、小企业进行的交易或小额交易适用例外情况。对于无法合理追踪的可替代大规模销售,允许卖方通过统计抽样、经济模型或其他类似方法确定国外使用。当卖方或服务提供方是小型企业[1],或对于小额交易[2],卖方或服务提供方可以使用接受方的收货地址确定每笔交易的美国境外人员的身份、国外使用或位置。

禁止卖方或服务提供方获得外国来源无形资产所得的信息。如果卖方或服务提供方对相关事实或陈述的了解使得"合理谨慎的人"质疑文件的准确性或者可靠性,拟议条款会认为卖方或服务提供方知道或有理由知道文件不可靠或不正确。拟议条例包括针对亏损交易的特殊规则。当卖方或服务提供方知道或有理由知道销售、一般服务将满足国外可扣除合格收入销售、服务的要求,但又未能满足文件要求时,在不将该交易视为国外可扣除合格收入交易会增加公司当年外国来源无形资产所得扣除额的情况下,该交易将被视为国外可扣除合格收入交易。

6. 合格商业资产投资计算

合格商业资产投资是美国国内公司在产生可扣除合格收入过程中,使用特定有形资产的总调整基数的平均值,同时满足两个条件。即(i)美国国内公司在贸易或业务中使用了该有形资产;(ii)属于第 167 条此类型的扣除。

美国国内公司的特定有形资产包括"两用资产"。两用资产的调整要以可扣除合格收入与所产生的总收入的比例为基础,这一比例被称为"双重用途比率"。"两用物业"是既产生可扣除合格收入又产生非可扣除合格收入的资产。

替代性折旧法的适用。基于第 250(b)条,任何资产调整后的基数应该由第168(g)条规定的替代性折旧法确定。即使该资产于 2017 年 12 月 22 日之前投入使用,替代性折旧法也应适用于第 250(b)条下的所有资产,资产自投入使用

---

[1]　上一个纳税年度的总收入少于 1 000 万美元。
[2]　纳税年度内从接受人取得的总收入不足 5 000 美元。

之日起便适用替代性折旧法。

不足纳税年度的特殊规定。当美国国内公司的纳税年度少于 12 个月时,美国国内公司的合格商业资产投资,是每个完整季度结束时特定有形资产的总调整基数之和除以 4,再加上不足一季度时,特定有形资产的总调整基数乘以不足一季度的天数,除以 365 天。

有关方法在合伙企业计算中的应用。在纳税年度结束时,持有合伙权益的美国国内公司,按照其在合伙企业特定有形资产的调整基数中所占的份额,增加其合格商业资产投资。美国国内公司的份额采用合伙企业的合格商业资产投资比率计算。合伙企业特定有形资产的调整基数,以及合格商业资产投资比重,将采用前述原则来确定。

反滥用规则包括向关联方和非关联方转让特定有形资产规则。如果满足以下条件,国内公司将被视作将特定有形资产转让给特定关联方:

(i) 公司转让资产的主要目的是降低其有形资产收入回报;

(ii) 美国国内公司或符合外国来源无形资产所得资格的关联方在"取消资格期"内将相同或基本相似的资产返租。

符合外国来源无形资产所得资格的关联方是属于同一并表集团的美国国内成员,或同一并表集团成员持有 80% 及以上权益的合伙企业。

"取消资格期"从转让发生前一年起,至以下两者中较早的日期结束:(i) 资产剩余复原期终止;(ii) 转让达一年的日期。

如果根据"结构化安排"向非关联方进行转让或租赁,则被视为对指定关联方进行转让或租赁。属于结构化安排要满足以下条件之一:

(i) 减少美国国内公司的有形资产收入回报是转让或租赁定价的重要因素;

(ii) 在应用事实情况测试时,此项安排的主要目的是减少美国国内公司的有形资产收入回报。

将资产转让给指定关联方,然后在转让后六个月内对相同或基本相似的资产进行返租,将被视为本身具有减少美国国内公司有形资产收入回报的目的。

7. 协调第 163(j)节、第 172 节和第 250 节的多步骤过程

第 163(j)节是关于商业利益的限制,第 172 节是关于净经营亏损的扣除。第 962 节允许具有 F 分篇收入或全球无形资产低税所得的个人适用公司纳税方式对这部分内容进行纳税,以便使通过美国国内公司投资国外公司的个人获得平等。为了维持这种平等,允许对进行第 962(d)节选择的个人的全球无形资产低税所得适用第 250 条扣除。

8. 第 250 条扣除适用于并表集团成员

把成员企业的特定项目汇总到并表集团,然后按比例分配给成员。

(i)参考集团所有成员的相关项目和属性来确定第 250 条扣除;

(ii)根据《美国联邦行政法典》第 1.1502－13 节,确定每个成员的国外可扣除合格收入;

(iii)防止公司间交易影响合格商业资产投资;

(iv)将第 250 节扣除的收入作为免税收入抵消,从而对成员企业股份进行基础调整。

通过参考并表集团所有成员的相关项目,汇总每个成员的可扣除合格收入、国外可扣除合格收入、有形资产收入收益,以及全球无形资产低税所得,确定并表集团的第 250 节扣除额。并表集团将使用成员的可扣除合格收入之和、国外可扣除合格收入之和和有形资产收入收益之和计算其合并的外国来源无形资产所得,与合格商业资产投资所有权或公司金融顾问收入在并表集团成员间的分配无关。

根据并表应税所得限制减少合并的外国来源无形资产所得。这种限制与单独实体背景下的应税所得限制类似,会按照外国来源无形资产所得和全球无形资产低税所得超过公司税收激励(CTI)的比例,相应减少外国来源无形资产所得和全球无形资产低税所得。其中全球无形资产低税所得包括第 78 节相关的股息。公司税收激励包括除第 250 节扣除额之外的所有项目,这些项目包括第 163(j)条允许的商业利息费用和第 172 条规定的净经营亏损扣除。

将合并的外国来源无形资产所得扣除额按照比例分配给每个成员。在 2026 年 1 月 1 日之前的年份,外国来源无形资产所得扣除额为集团合计的外国来源无形资产所得乘以 37.5%。同样,集团会汇总每个成员的全球无形资产低税所得,如有必要,通过公司税收激励限额减少这些总额,然后将得到的扣除额,按照全球无形资产低税所得的相对大小,分配给每个成员。在 2026 年 1 月 1 日之前的年份,全球无形资产低税所得扣除额为集团合计的全球无形资产低税所得与第 78 节相关的股息之和乘以 50%。

采用《美国联邦行政法典》第 1.1502-13(c)节确定每个成员的国外可扣除合格收入。这是通过增加例子来扩展单一实体的重新确认属性原则。在确定 S 公司的收益是否属于可扣除合格收入或国外可扣除合格收入时,S 公司和购买成员(B)被视为单一公司的不同部门。如果 B 随后将该财产出售给外国人供国外使用,则除了 B 的项目之外,S 公司的项目也符合国外可扣除合格收入的资格,尽管 S 公司将该财产出售给美国人 B。同样,如果 S 公司将财产折价出售给 B,在确定 B 的可扣除合格收入和国外可扣除合格收入时,S 公司的亏损仅归属于 B 从财产中获得的总收入。

阻止公司内部交易影响合格商业资产投资。一般而言,公司内部交易可能会影响成员的资产基础,因为基础是根据相关守则确定的。例如,如果 B 按照第 1001 节从 S 公司购买财产,并支付交易现金,则 B 采用第 1012 节确定该资产的成本基础。但是,如果公司内部交易为了影响合格商业资产投资而改变可折旧有形财产的基础,那么这将使得公司内部交易影响公司税收激励,这不符合单一实体原则。

特殊规则规定成员的财产基础需要排除在公司内部交易中实现的部分。有关法规忽略了以增加折旧调整应纳税收入的公司内部交易产生的基础,与第 163(j)条规则类似,即使交易的收益或亏损加速实现,公司内部交易也不影响合格商业资产投资,例如,如果 S 公司不再是该集团的成员。

关于将第 250 条扣除所抵消的成员收入作为免税收入增加成员股权基数。

一般来说,这会不考虑第 250 条扣除的外国来源无形资产所得和全球无形资产低税所得金额,增加附属机构的股权。

9. 免税公司政策规定

适用第 511 条非关联营业所得税的美国公司,可以要求第 250 节扣除。拟议条例明确规定,此类公司的外国来源无形资产所得仅取决于收入、收益、扣除或亏损项目,以及在计算非关联营业收入时考虑的调整后的财产基础。

10. 纳税申报注意事项

(i)所有要求扣除的纳税人需提交新的 8993 表格——"外国来源无形资产所得和全球无形资产低税所得的第 250 节扣除",以及纳税人的年度所得税申报表。(ii)纳税人必须提交 5471 表、5472 表和 8865 表,包含与第 250 节扣除相关的特定信息,以免影响第 250 节扣除。(iii)新的第 250 节适用于 2019 年 3 月 4 日或之后结束的纳税年度。新的第 962 节适用于外国公司 2019 年 3 月 4 日或之后结束的最后一个纳税年度,适用于美国国内人员的纳税年度为外国公司此类纳税年度结束的那一个纳税年度。新的第 1502 节适用于美国财政部在《联邦公报》中决定该规则成为最终法规的合并所得税申报纳税年度以及之后的纳税年度。

总之,联邦税法第 250 节为未明确处理的问题提供了指导。其中最重要的是如何确定国外使用资产。要求大量文件以证明国外使用资产可能仅仅是一项合规行动。对于一般服务,确定为商业接受者的美国和非美国业务带来利益则可能是一项具有挑战性的工作。

(四)联邦税法第 960 条外国税收抵免政策

《减税与就业法》对美国向外国经济活动征税进行重大改革。[1] 新的规则包括从外国子公司获得的股息扣除额度,以及增加 GILTI 规则,这些规则按美国现行税制对按以前法律可以递延的外国收入加以限制。

---

[1] "IRS Announces Hearing on Foreign Tax Credit Regs," *Global Daily Tax News*, 2019 - 03 - 05.

（1）修改外国税收抵免规则以反映新的国际税收规则。美国国税局指出，这些变化包括：取消根据外国子公司的累计收益和外国税收计算股息的视同已缴外国税收抵免的规则；取消为外国分支机构收入增加两个单独的外国税收抵免限额类别和可包括在 GILTI 规则内的金额。

（2）修改外国税收抵免限额应纳税所得额计算方法，不考虑与股息收入扣除有关的某些费用，并废除了使用公平市场价值法分配利息支出。美国国税局证实，新的外国税收抵免规定适用于 2018 年和未来几年。

第 960 条外国公司税收抵免"适当归属"于 F 分篇或测试收入。[1] 对于适当归属于"剩余收益组"的税收，如高税收产生的 F 分篇收入、外国石油和天然气开采收入，以及 CFC 级别的基础差异，不能视为缴纳了外国所得税。规则具备三项条件：

（i）（参照外国法律）可分配和分摊到 F 分篇或测试收入；

（ii）在 CFC 的美国纳税年度中支付或累计，在此期间承认 F 分篇或测试收入；

（iii）与美国股东总收益中包含的 CFC 的 F 分篇或测试收入成比例。

计算第 960 条外国公司税收抵免要通过 6 个步骤才能完成。

步骤 1：从最低级别的 CFC 安排开始，将总收入项目分配给第 904 条类别和类别内的收入组别；将第 959（b）条分配添加到相应的"已纳税盈利和利润"组和账户。

步骤 2：将包括税收在内的扣除额分配给收入群体。

步骤 3：确定根据第 960（a）和（d）条认定已支付抵免。

步骤 4：将第 951（a）条或第 951A（a）条的当年年度收益转移到相关"已纳税盈利和利润"组，并确定第 960（b）（2）条与第 959（b）条分配相关的应纳税额。

步骤 5：对下一个较高级别的 CFC 重复步骤 1 到 4。

---

［1］ "US Tax reform readiness: The FTC regulations — Credit given（maybe）where credit is due," https://www.pwc.com, 2019 - 01 - 21.

步骤 6：根据第 960（b）（1）条就第 959（a）条分配确定已缴纳的税款。

任何外国所得税都不适用于第 956 条的内容。拒绝第 956 条包含的视同支付抵免，将增加应用第 956 条拟议条例的必要性，如果无意中触发了第 956 条的包含规定，可能会导致不利的税务后果，如收入不符合第 245A 条假设分配中的"股息收益扣除"（DRD）。

国会每年建立及追踪 10 个独立的"已纳税盈利和利润"账户。拟议条例并未将可适当归属的外国所得税限制在与征收收入相同的美国纳税年度内征收的税款之内。相反，外国税收一般被视为 CFC 在外国纳税年度结束时应计的税款，并分配给该国纳税年度收入的收入组别。外国税收被视为美国股东在包括外国应纳税额日期的 F 分篇或 GILTI 的年份缴纳的税款。因此，外国税收不一定由于 CFC 在美国和外国的税收年度不匹配而造成亏损。

费用分配和分摊按照《美国联邦行政法典》第 1.861－8 条至第 1.861－13 条和第 1.861－17 条修订。政策阐明了扣除额如何分配和分摊，并处理对第 864（e）条和第 904 条的修改。《美国联邦行政法典》第 1.904（b）－3 条规定了在计算外国税收抵免限值时应用第 904（b）（4）条的规则，有如下 4 个关键要求。

（i）费用分摊适用于 GILTI 篮子。美国财政部和国税局可能会提供减免，联邦税法第 250 条的 FDII 和 GILTI 属于免税收入，而根据第 864（e）（3）条，引起该免税收入的股票或资产被视为部分免税资产。

（ii）根据第 904（b）（4）条分配给"第 245A 子分组"的股息和扣除不予考虑。

（iii）指定合伙贷款。

（iv）混合性金融工具的 CFC 净利润。

关于第 861 条费用分配和分摊规则。有关规定显著降低了 GILTI 篮子中的第 904（a）条外国税收抵免限制。因为 GILTI 篮子中的税收不允许结转抵免，即使超过 13.125％的外国税收是按照测试收入支付的，许多纳税人的纳税额会增加。

关于第 864(e)(3) 条免税收入和豁免资产处理。其中 GILTI 篮子的收入被第 250 条扣除抵消,相应的 CFC 股票百分比被归类为 GILTI 篮子资产。虽然这种处理方式通常是有利的,但类似的处理 FDII 和 FDII 产生的资产会在一定程度上抵消这种好处。此外,受税基侵蚀和反避税规则约束的某些纳税人,可能会发现在 GILTI 篮子中,任何第 250 条的部分或全部利益,被更高的税基侵蚀和反避税规则义务抵消。

第 864(e)(3) 条不适用于扣除的保留股息。根据第 904(b)(4) 条,第 245A 条适当分配给"分配小组"的股息和扣除额不予考虑。确定 CFC 股票分 5 个步骤:

步骤 1:根据资产或修正后的总收入法,将股票定义为法定分组的收入。

步骤 2:将股票分配到第 951A 条类别(通过对产生测试总收入的股票应用 GILTI 纳入百分比)。

步骤 3:分配股票到储蓄类别。

步骤 4:将每个单独类别中的股票聚合起来,并将股票分配给剩余分组。

步骤 5:确定每个单独类别和美国来源类别第 245A 条和非第 245A 条小组。

有 50% 的受访者表示,费用分摊限制了对 GILTI 包含的国外税收抵免。被视为合格商业资产投资的 CFC 资产不直接分配给第 245A 条小组或被视为免税资产。相反,将 GILTI 纳入百分比应用于产生总测试收入的 CFC 股票,以便将该股票分配到第 951A 条的类别,其余可能分配给第 245A 条子组。

关于《美国联邦行政法典》第 1.904-4 条新的外国子公司篮子。这是用来计算美国人在外国子公司获得的商业利润的新篮子。经调整确定美国人可分配给子公司篮子的总收入数额。根据第 482 条原则,在确定外国子公司的收入时,考虑到的任何被视同或不被视同付款的数额必须是公平的。子公司收入类别是根据总收益确定的,只有美国人的子公司才在定义范围内。子公司与其所有者之间或不同子公司之间的付款在重新分配总收入和外国税调整时,应适用第 482 条的原则。

第 78 条股息规定不作为第 245 条和第 245A 条规定的股息。没有迹象表明,美国国会打算以第 78 条股息为基础,对相同情形的 CFC 财务年度纳税人采取不同的股息待遇,以防止纳税人获得第 901 条规定的、与 CFC 的美国纳税年度无关的抵免,或获得相同的外国税收减免利益。

"外国亏损总额"(OFL)、"单独限制亏损"(SLL)和"国内亏损总额"(ODL)政策的过渡。如果在 2018 年之前有剩余,纳税人可以选择将部分一般篮子外国税收抵免结转重新分配到外国子公司篮子中,分配数量与外国税收抵免分配给子公司篮子的数额相等。进行这次选择的纳税人必须将"外国亏损总额""单独限制亏损"和"国内亏损总额"政策恢复的一部分重新分配给外国子公司。

总之,2017 年《减税与就业法》有关抵免改革新制定了四大政策。即废除了第 902 条规定的间接抵免,修正了第 960 条规定的已付抵免,根据第 904 条规定引入了两个新的外国税收抵免限制篮子,并修改了与存货和利息支出相关的采购规则,从而限制了美国企业纳税人的外国税收抵免。主要措施包括 8 项主要内容:

(1)基于费用分摊的目的,第 250 条规定,从总收入中扣除的部分及相应的资产部分作为免税资产。这不是 50% 的直接扣减,因此纳税人需要重新计算基本费用分摊。

(2)如果纳税人的第 250 条扣除是有限的,如使用净经营亏损结转,那么,GILTI 篮子所享有的第 250 条免税资产待遇,将部分或全部减少。

(3)已扣税所得(PTI),即拟议条例所称的"已纳税盈利和利润",不能作为免税或部分免税资产排除在外,也不能取平均值(金额在纳税年度结束时确定)。

(4)拟议条例直接影响适用合伙企业。

(5)第 245A 条的股息收益扣除不适用于本财年窗口期支付的第 78 条累计股息。

（6）拟议条例包括将外国税收计入外国税收抵免相关限制类别和子集团的规定；第956条不包含相关的被视为已支付的抵免。

（7）子公司篮子计算需要调整，以反映第482条转移定价原则。

（8）纳税人可选择将2017年外国税收抵免转入一般篮子或子公司篮子；2017年至2018年结转的单独限制亏损和外国亏损总额仍保留在原来的篮子里。

41%的受访者表示，费用分摊对公司影响很大；31%的受访者表示，外国税收抵免篮子对公司产生影响。

（五）联邦税法第965条F分篇收入的确定

联邦税法第965条直接影响纳税人通过穿透实体的投资行为。[1] 穿透实体包括合伙企业、S公司、信托、房地产以及个人。新税法修订了第965（g）条外国税收抵免、第965（h）条分期选举、第965（i）条为S公司股东选择延期纳税、适用于第965条的对第962条的修改后条文。

（1）第965条总则规定了特定外国公司（SFC）和递延外国收入公司（DFIC）。根据第965（a）条的规定，特定外国公司的F分篇收入，在2018年1月1日（计税年度）之前的最后一个纳税年度，按其确定的1986年后截至2017年11月2日和2017年12月31日［第965（a）条的收益金额和计税日期］累计外汇收入中的较大者来增加。

增加F分篇收入导致的税收通常被称为"过渡税"。特定外国公司是指第957条所指的任何受控外国公司和任何其他拥有至少10%美国公司股东的外国公司。在1986年后累计递延外国收入的特定外国公司称为递延外国收入公司。

美国股东上报外国公司的盈利与利润（E&P）赤字中美国股东持股的情况。根据第965（b）条，外国公司包括特定外国公司和递延外国收入公司。如果美国股东拥有至少一个递延外国收入公司和至少一个盈利与利润赤字外国公司股份，那么第965（a）条收入金额，将包括在美国股东的收入中，减去美国股东在外

---

[1] "Final Section 965 regulations have implications for S corporations, partnerships and individuals," *EY Tax Alerts*, 2019-03-04.

国的盈利与利润赤字总额中的股份。净额是第 965(a)条列出的项目金额。

特定外国公司在 1986 年后累计的递延国外收入,等于其于计税日期的 1986 年后的盈利与利润,减去归于以下两项的收入:

(i)与在美国进行的贸易和营业密切相关并且应税的任何收入;

(ii)根据第 959 条排除已扣税所得,从美国股东的总收入中扣除。

一般而言,1986 年后特定外国公司的盈利与利润等于在 1986 年 12 月 31 日之后的年度累积的盈利与利润,但仅限于外国公司作为特定外国公司期间,在包含年度内支付给证监会的其他股息减少额。根据第 965(c)条,美国股东有权获得第 965(a)条纳入金额的有效税率的扣除额。扣除金额取决于特定外国公司的外汇现金总额。

(2)外国税收抵免的扣除规则。第 965(g)(1)条和第 965(g)(1)(3)条规定了任何"已缴纳或计提税款的外国收入(或视同已缴纳或计提)"的扣除。法律根据是规定外国税收抵免(包括根据第 960 条视为已支付的抵免额)的第 901 条、规定扣除的第 965(c)条。

第 965(c)条规定纳税人的外国税收抵免不适用百分比扣除。"最后条例"说明,对于美国国内穿透实体所有者,外国税收抵免或扣除的减少适用于证监会第 965(b)条"已扣税所得"美国国内转让所有者视同支付的适用税率,即美国国内穿透实体第 965(a)条的非包含金额。

《美国联邦行政法典》1.965-7(b)和 1.965-7(c)规定,第 965(h)条分 8 年支付和 S 公司股东递延选择规定,允许递延外国收入公司的美国股东选择在 8 年内,通过分期付款,支付第 965 条的净税负,而无须支付利息费用。但是,如果发生加速事件,则所有剩余分期付款的未付款部分,将在加速事件发生之日到期,对于某些加速事件,存在符合条件的第 965(h)条受让人例外情况。

第 965(i)条允许 S 公司股东通过递延外国收入公司美国股东选择,推迟第 965 条 S 公司支付股东的净纳税义务,直至股东纳税年度为止。股东因死亡或其他原因,转让 S 公司股份而存在符合条件的第 965(i)条受让人例外情况,将阻止立即触发第 965(i)条净税负。

（3）加速事件和触发事件规定。加速事件包括 3 项内容：（i）对该人的绝大部分资产进行"交换或其他处置"；（ii）死亡；（iii）终止。S 公司几乎所有资产的"交换或其他处置"属于 S 公司推迟选择的触发事件。

美国财政部担心从加速事件或触发事件的定义中排除非应税交易会妨碍有效管理和征收过渡税，因此，将加速事件保留为税基所有人的资产的"交换或其他处置"，并保留作为触发事件的基本所有 S 公司资产的"交换或其他处置"。

美国国税局和财政部将转让人的死亡视为第 965(h)条的加速事件。因为（i）个人的死亡类似于转移或其他基本上所有纳税人资产的处置，（ii）在死亡时转移债务和执行转让协议存在行政上的困难，（iii）出于第 965(h)条的转让协议，不允许向多名受让人转移，并且在死亡的情况下可能有多名受益人。

（4）转让协议是重要的条款。转让人必须将 965－A 表（针对个人和信托）或 965－B 表（针对公司）附加到转让协议中。纳税人进行第 965(i)条选举的转让协议程序仅适用于因股东转让 S 公司股份而产生的"承保引发事件"导致的联邦税收目的的所有权变更。相反，股东递延第 965 条纳税义务的全部金额在触发事件发生当年到期。S 公司可根据第 965(h)条进行为期 8 年的分期付款选择，该选择必须在触发事件发生年份提交。

当第 965(i)条触发事件是由于转移 S 公司的资产而引起，第 965(h)条的选择只能有条件进行。S 公司股东，在第 965(i)条规定的触发事件发生当年，取得专员同意进行第 965(h)条选择，纳税人必须在触发事件发生后的 30 天内提交同意协议。触发事件还要包括协议的副本，并要求及时归档。

当 S 公司股东去世时，公司股票将被视为从符合条件的第 965(i)条转让人死亡，直接转移到每个符合条件的部分第 965(i)条受让人。如果转让协议在到期日未知受益人身份，则 S 公司股票将被视为从符合条件的第 965(i)条转让人的遗产转移到其财产，然后转让实际股份时从遗产到受益人。

在加速事件或触发事件后，第 965(h)条和(i)条转让协议必须包括第 965

(h)条超过三比一的"杠杆比率"的合格的受让人,或第965(i)条符合条件的受让人的立即陈述。"杠杆比率"是符合条件的受让人的债务总额与债务总额之比,和所有其他资产的调整后基数减少的不为零债务总额。"杠杆比率"超过三比一的受让人可能是符合条件的第965(h)条受让人;美国国税局将使用该信息来评估受让人有能力支付假定的过渡税负债的陈述的有效性,第965(i)条受让人适用于同样标准。

S 公司股票的部分转让属于第965(i)条可分配给该股票的纳税义务的部分触发事件。如果 S 公司多次发生股票转让,第965(i)条转让人可以与多名第965(i)条受让人签订多份转让协议,第965(h)条没有考虑部分转移第965(i)条与信托。

某些信托、设保人或受益人是否可以转让 S 公司股票有不确定性。因为美国"国内穿透实体"可能不会进行第965(i)条的选择,并且不会被视为"符合条件的第965(i)条转让人"以转让 S 公司的股份。

设保人信托和合格的《美国税法典》第 S 章信托(QSST)被视为美国国内转嫁实体,设保人信托的设保人和 QSST 受益人将第965(i)条选择和签署转让协议视为符合第965(i)条条件,如果 S 公司的股份转让给该信托,则为受让人。相反,选择小企业信托的受托人作出第965(i)条选择并签署转让协议,作为符合条件的第965(i)条受让人。

当 S 公司股票的所得税所有者没有变更时,例如从设保人转让给设保人信托,S 公司股票转让是否被视为触发事件存在不确定性。只有当转让导致涉及美国联邦所得税的股权发生变更时,S 公司股票的转让才构成触发事件。

(5)第962条选项。第962条允许作为 CFC 的美国股东,按照第11条的企业所得税税率,对 F 分篇的收入征税。根据第965(a)条,个人总收入将被视为美国国内公司收到的金额,允许个人为视同缴纳的外国税收索取外国税收抵免。然而,选择的美国股东从外国公司收到的实际分配,如果超过选择的美国股东就 F 分篇包含的税额,则再征税。

《美国联邦行政法典》第 965-2(e)(2)条规定,对于第 958(a)条已在过渡税纳入年度进行第 962 条选择的美国股东,其递延外国收入公司股票的基础增加不得超过与递延外国收入公司相关的税额。此类基准调整必须"考虑到第 958(a)条美国股东的第 965(h)条选择"。第 958(a)条美国股东在选择年度同时进行了第 965(h)条选择和第 962 条选择,这只会加大在递延外国收入公司股票中的税基。

(6) 净投资所得税(NIIT)。净投资所得税是对高收入个人以及某些信托和遗产的净投资收入征收的税率为 3.8% 的税。具体而言,第 1411 条适用于(i)净投资所得,或者(ii)个人修正调整后总收入(MAGI)超过阈值金额的超额部分,两者中的较低者。

投资收益一般包括利息、股息、资本收益、租金和特许权使用费收入、非合格年金、参与金融工具或商品交易的企业收入以及对纳税人进行被动活动的企业收入。

在计算"净投资收入"时,允许扣除经常性所得税的扣除额,但仅限于它们可以适当分配给投资收入的程度。第 965(c)条扣除是在达到调整后的总收入时考虑的线上扣除。

(六) 资本弱化规则应当加强

跨国公司经常在国外贷款或在其全球企业集团内部进行贷款后增加投资。[1] 然而,在某些情况下,这种方式也可用于降低企业的全球纳税义务。为了防止企业因税务筹划原因而使用债务融资或进行国际债务转移,许多国家制定了资本弱化规则。

就国际债务转移而言,设想一家总部位于比利时的企业,其子公司位于爱尔兰。比利时总部从其爱尔兰子公司获得贷款,并向其爱尔兰子公司支付利息。支付的贷款和债券款项可以在税前进行扣除,因此降低了应纳税所得。由于比利时的综合企业所得税税率也相当高,为 29.6%,这就大大降低了应纳税额。与

---

[1] Elke Asen,"The Economics Behind Thin-Cap Rules," https://taxfoundation.org, 2019-07-27.

此同时,这家爱尔兰子公司将从比利时总部获得其支付的利息,从而推高爱尔兰子公司的利润。然而,这些利润适用于爱尔兰较低的 12.5% 税率。由于比利时总部省下的税超过了爱尔兰子公司增加的税收,该公司在全球的总税收降低了。

为了防止国际债务转移,各国已实施了资本弱化规则。在实践中最常用的两种类型是"安全港规则"和"收益剥离规则"。"安全港规则"通过设定债务权益比率来限制利息可以抵税的债务数额。超过此设定比率的债务所支付的利息不能免税。大多数国家只将国内债务纳入这一比率,部分国家还包括外债。"收益剥离规则"限制了债务利息与税前收益的比例,而且是最近才出现的规则。

"安全港规则"和"收益剥离规则"在比利时均已实施。债务权益比为 5∶1,适用于集团内部贷款,利息扣除上限为 300 万欧元,或税息折旧及摊销前利润(EBITDA)的 30%。

假设公司从爱尔兰子公司获得了 1 亿欧元的贷款,该公司目前的股本为 1 000 万欧元,没有未偿还贷款,因此债务与股本比为 10∶1,这笔贷款的年利率是 5%,也就是 500 万欧元。由于该公司的债务与股本比高于 5∶1,适用安全港规则。因为这个比例是上限的 2 倍,所以只有一半的利息可以扣除,在本案例中,为 250 万欧元,低于 300 万欧元的收益剥离上限。

跨国公司税收和国际税收规则的辩论使人们重新关注"资本弱化规则"。经济合作与发展组织的税基侵蚀和利润转移行动计划,通过利息扣除和其他财政支付来解决税基侵蚀问题。经济合作与发展组织在 2015 年关于税基侵蚀和利润转移第四项行动的最终报告中建议,收益剥离规则是限制利息扣除的最佳做法。具体来说,经济合作与发展组织建议将利息扣除的上限设定在税息折旧及摊销前利润的 10%—30% 之间。提供这一范围是为了确保各国采用足够低的固定比率来处理税基侵蚀和利润转移,同时认识到并非所有国家都处于同样的水平。截至 2019 年 4 月,经济合作与发展组织所有 36 个成员国中有 17 个国家的"资本弱化规则"与经济合作与发展组织建议的收益剥离措施具有类似的特征。

资本弱化规则不仅限制了国际债务的转移,还可能影响实际经济活动。传统的企业所得税制度允许所支付利息的税前扣除,但不允许股权成本的税收减免,这实际上有利于债务融资而非股权融资,这就是所谓的债务偏好。通过设定可税前扣除利息的上限,资本弱化规则消除了债务高于一定门槛权益的优惠待遇。对一些企业来说,这降低了最优债务股本比例,并增加了股本融资的比例。但由于股权成本不可税前扣除,因此资本弱化规则实际上使得一些公司的资金成本增加了,这可能会阻碍投资。

2014 年的一项实证研究证实了资本弱化规则对经济的影响。[1] 研究通过分析德国跨国企业的所有外国子公司发现,资本弱化规则会增加资本成本,从而对受影响企业的就业和投资产生负面影响,尤其是在高税收的东道国。具体来说,如果一个国家的债务与股本比达到 3∶1,与没有资本弱化规则的情况相比,外国直接投资对该国税率的敏感度大约是前者的 2 倍。

另一项 2014 年的研究分析了美国跨国公司的外国分支机构受资本弱化规则的影响。[2] 研究利用美国劳工部劳工统计局的数据指出,有关关联方借款的资本弱化规则降低了关联方的债务比率。结果表明,资本弱化规则在降低了公司的总利息支出金额的同时,也降低了公司的市场价值。

2017 年,国际货币基金组织(IMF)分析了资本弱化规则如何影响企业的合并负债率,以及它们如何降低企业违约风险。[3] 过高的综合债务水平反映了过度承担的风险,被视为宏观经济稳定的风险。国际货币基金组织的研究结果表明,限制公司内部债务的资本弱化规则对公司的合并负债率没有显著影响,因为它们不影响公司的外部借款。如果适用于所有债务,资本弱化规则将使合并债务资产比率降低 5 个百分点,并使公司陷入财务困境的概率降低 5%。如果各国想用他们的资本弱化规则来解决债务偏好问题,他们不应该将这些规则局限于

---

[1] Thiess Buettner, Michael Overesch and Georg Wamser, "Anti profit-shifting rules and foreign direct investment," *International Tax and Public Finance* 25(2018): 553 - 580.

[2] Jennifer Blouin, Harry Huizinga, Luc Laeven, Gaëtan Nicodème, "Thin Capitalization Rules and Multinational Firm Capital Structure," Taxation Papers 42, Directorate General Taxation and Customs Union, European Commission.

[3] Ruud A. de Mooij, Shafik Hebous, "Curbing Corporate Debt Bias," IMF Working Papers, 2017 - 01 - 30.

关联方债务,而应该包括所有债务。

上述研究成果表明,资本弱化规则可能产生多种不利的经济影响,如投资减少、就业减少和企业市值下降。因此,在设计资本弱化规则时,各国面临着不利经济影响与限制税基侵蚀之间的权衡。同时,根据规则的设计,它们还可能降低债务偏好。如果引入资本规则是为了降低债务偏好,企业股权补贴等激励股权融资的措施可能是有效的。

在实施资本弱化规则时,无论是为了限制税基侵蚀,还是为了限制债务偏好,政府都应该认识到这些利弊。正如经济合作与发展组织指出的那样:"必须谨慎地执行对利息的限制,以协商的方式平衡国内考虑因素和投资者带来的利益。"

（七）《外国账户税收合规法》与海外税收合规

《外国账户税收合规法》(FATCA)旨在提高美国纳税人所持离岸资产的透明度。[1] 2010年《外国账户税收合规法》通过后,众议院要求国会审计局评估该法的实施情况,查清美国纳税人利用离岸账户隐瞒收入或逃税的情况,对居住在海外的美国公民的影响。(1)评估美国国税局利用《外国账户税收合规法》相关信息提高纳税人合规情况的努力;(2)研究美国财政部对海外持有金融资产的报告要求重叠的程度;(3)审查《外国账户税收合规法》实施对居住在国外的美国公民的特殊影响。国会的研究有四大发现。

第一,数据质量和管理问题影响美国税收合规工作。数据质量和管理问题限制了美国国税局根据《外国账户税收合规法》收集外国金融资产数据、改进纳税人合规工作的有效性。具体来说,由于美国国税局提供的纳税人识别号丢失或不准确,美国国税局很难将外国金融机构(FFI)报告的信息与美国纳税人的纳税申报进行匹配。此外,美国国税局无法获得有关外国金融资产和美国人报税时报告的其他数据的一致和完整的数据,部分原因是一些美国国税局的数据库

---

[1] James McTigue, " Foreign Asset Reporting: Actions Needed to Enhance Compliance Efforts, Eliminate Overlapping Requirements, and Mitigate Burdens on U. S. Persons Abroad," https://www. gao. gov, 2019 - 04 - 01.

不存储纸质报税时报告的外国资产数据。美国国税局官员表示,该机构也停止了利用《外国账户税收合规法》数据改善纳税人合规状况的全面计划,因为它不再更新宽泛的战略文件,而是将重点放在个人合规活动上。确保获得从美国个人收集的一致和完整的数据,并采用计划来利用这些数据,将有助于美国国税局更好地利用此类活动并提高纳税人的合规性。

第二,数据重复采集的问题也影响税收合规工作。由于法定报告要求重叠,美国国税局和美国财政部下属的金融犯罪执法局从美国人那里收集了重复的外国金融账户和其他资产信息。因此,在 2015 年和 2016 年的纳税年度,近 75% 在纳税申报单上报告海外账户和其他资产信息的美国人也向金融犯罪执法局提交了一份单独的表格。同样的要求增加了美国人的遵从性负担,并增加了复杂性,可能造成混淆,从而导致出现不准确或不必要的报告。修改有关要求的法规,共享《外国账户税收合规法》信息以预防和发现金融犯罪,将消除重复报告的必要性。这类似于美国国税局为其他目的,如确定社会保障所得税扣缴额,披露报税信息的法定免税额。

第三,《外国账户税收合规法》报告的要求增加了成本和风险。根据国会审计局文件以及访谈,各州联邦基金信息(FFIS)关闭了部分美国人的现有账户,或在《外国账户税收合规法》颁布后,拒绝他们开设新账户。根据美国国务院的数据,从 2011 年到 2016 年,每年批准的放弃美国国籍的人数从 1 601 人增加到 4 449 人,增幅接近 178%。

第四,美国财政部与国务院联合应对美国人在获取外国金融服务方面的挑战。然而,它缺乏一种机制来协调与其他机构的工作,以解决在获取外国金融服务方面的持续挑战,协同解决《外国账户税收合规法》在美国海外所面临的负担,可以帮助美国联邦机构制定更有效的解决方案,通过监测和分享有关此类问题的信息来减轻这些负担,并共同制定和实施解决这些问题的步骤。

可见,美国国税局要利用《外国账户税收合规法》数据执行合规、处理不必要报告以及通过更好的合作减轻美国海外居民负担的能力。

总之,2017 年《减税与就业法》所树立的政策目标在 2019 年有关国际税收规则正式发布后,将推动有关企业的遵从,以实现提高美国财政征收海外收入的能力,同时推动美国国内投资增加,振兴美国制造业,然而政策效果的出现要经过相当长的周期。

二、全球数字化税收原则争论

税收的法定归宿和经济归宿有区别。对营业税来说,零售商需要收取并支付税费(法定归宿),但是,由于税费的存在,消费者将面临更高的商品价格(经济归宿)。有时很难分辨法定归宿和经济归宿之间的差异。法国对亚马逊公司征收数字服务税引发了一系列新的国际税收协调问题。[1]

各国决策者时常面临调整税负挑战。法国对用户数据、数字广告和大型公司运营的线上平台的销售收入征收 3% 的数字服务税。法国实施数字服务税后,亚马逊现已决定对使用其线上市场的供应商提高价格。自 2019 年 10 月 1 日起,亚马逊针对在法国市场销售的企业增加 3% 的佣金率。例如,一家在亚马逊(法国)线上平台销售价值 100 欧元手表的供应商,目前面临 15% 的佣金率,即 15 欧元的佣金。这 15% 的销售费用将再提升 3%,即增至 15.45 欧元,因此 100 欧元手表的新销售费用为 15.45 欧元。尽管法国的数字服务税针对的是亚马逊和其他大型电商,但在这种情况下,承受税负的是亚马逊的法国供应商。

佣金率的上涨并不令人意外。因为这项税收是对通过市场产生的收入征收的,它应该具有类似于营业税或增值税的效果。大量研究表明,这类税收通常都会转嫁给消费者。由于亚马逊的市场并非直接面向消费者,而只是作为中间商开展运作,这就意味着税费会转嫁给使用其市场的供应商。线上供应商反过来会将涨价的部分佣金通过更高的价格转嫁给消费者。一份针对法国数字服务税对经济影响的评估显示,约 55% 的总税收负担将转嫁给消费者,40% 将转嫁给线

---

[1] Elke Asen, Daniel Bunn, "Amazon Passes France's Digital Services Tax on to Vendors," http://taxfoundation.org, 2019 - 08 - 06.

上供应商,新税种所针对的数字公司实际只承担 5%。

针对线上产品的类似税负也转嫁给了消费者。比如,在 2017 年,澳大利亚对数字下载征收了 10% 的商品和服务税,被称为"网飞税"(Netflix Tax)。作为回应,网飞提高了价格,以弥补这一税负增加,并在此基础上增加了额外费用,有效地将价格提高了 10% 以上。

法国财政部部长布鲁诺·勒梅尔(Bruno Le Maire)表示:"我们正在对数字服务巨头征收数字税,因为我们认为,这是一种对他们公平有效的征税方式。"由于亚马逊和其他数字公司可能会将这项税收转嫁给线上供应商,最终转嫁给消费者。法国并不是唯一一个推行数字服务税的国家,法国也绝对不会是最后一个了解税收的法律归宿和经济归宿之间差异的人。

当前各国政府围绕数字化讨论并制定税收政策是必要的。2019 年 1 月 29 日,经济合作与发展组织在巴黎税基侵蚀和利润转移包容性框架会议结束后,发布了可能影响商业模式高度数字化和严重依赖知识产权的公司的政策文件。来自 95 个成员国和 12 个观察员组织的 264 名代表参加了巴黎税基侵蚀和利润转移包容性框架会议,美国财政部官员在华盛顿发表了立场和看法。

改革国际税收制度以适应全球经济数字化的对话是有意义的。互联网使跨境提供数字服务变得越来越实用和经济,经济合作与发展组织的行动是解决这些复杂问题的行动中的重心。而单边行动和经济合作与发展组织成员国的努力背道而驰,威胁到全球经济利益、损害国际信任、破坏国际协议的前景。国别化机制会形成分化,增加纳税人和税务管理者的负担。

美国认为,对"数字业务"征税的单边行动会适得其反。2019 年 1 月,参议院财政委员会主席查克·格拉斯利(Chuck Grassley)和资深参议员罗恩·怀登致函财政部部长努钦,敦促美国政府明确反对单方面征收数字服务税,因为法国已开始考虑对"数字业务"征收 3% 的所得税。[1]

---

[1] John G. Murphy, Caroline L. Harris, "Tax Principles for a Digitalizing World Economy," https://www.uschamber.com, 2019 – 03 – 05.

经济合作与发展组织和其他组织如美国商会认为,各国针对全球经济数字化的税收行动应遵循六大原则:

第一,方案重点应放在针对通过违规操作避税和侵蚀税基的具体问题上。

第二,税收立法应确保行业中性,避免针对特定行业的特殊税收优惠或惩罚。促进增长的税收政策的一个基本原则是,由市场而非税制配置资本和资源。必须严格遵循非歧视原则和国民待遇原则。

第三,直接税应该针对净利润征收而非针对收入征收。对收入征税忽略了与销售相关的成本,也会增加消费者的成本。

第四,包括经济合作与发展组织倡议在内的所有与税收有关的立法,都应提供简单、可预测和易于理解的税收规则,以提高合规性并降低税收管理成本。这些政策应通过有效的争端解决机制提高确定性,包括强制有约束力的仲裁,以及对企业和政府都适用的、恰当的安全港规则。

第五,税法的任何调整都应配合切合实际的过渡规则。规则能够为政策落地提供足够的时间,并帮助减少企业在税制转变过程中可能面临的经济困难。

第六,所有缔约方都必须遵守各自的国际承诺。其中包括防止双重征税的税收协定义务以及贸易协定中的非歧视和国民待遇义务。为避免双重征税,国际税收规则的调整必须伴随着税收和贸易协定的变化。

税收政策和数字商务问题本身都很复杂。法国、意大利、西班牙、奥地利、英国和智利都正在考虑采取单边行动。美国敦促他们,一是摒弃看似容易攫取收入的道路,集中精力达成经济合作与发展组织范围内的共识;二是必须通过多边行动以公平、均衡、透明和有效的方式来解决这些问题的相互作用。

经济合作与发展组织希望在 2020 年就经济数字化的税收挑战达成解决方案。[1] 经济合作与发展组织政策文件指出,防范税基侵蚀和利润转移包容性框架的 127 个司法辖区,目前已经就议案达成协议,其中包括可能成为达成共识的

---

[1]　"US Treasury official's remarks outline scope of US involvement and input into the OECD discussion on international taxation beyond digital," *EY Tax Alerts*, 2019 - 02 - 04.

两大基础。第一是解决数字化经济带来的更广泛挑战,并侧重于各国间税收权利的分配,包括各国间的关系问题。第二是将处理剩余的税基侵蚀和利润转移问题。税基侵蚀和利润转移政策文件指出税收应该在何处缴纳。"在一个企业可以有效地、大量地参与不同司法管辖区的经济生活而没有任何重要实体存在的世界里,新的无形的价值驱动因素越来越多地显现出来",在这样一个世界里,企业应该在世界各国缴纳一定税费。

美国试图主导经济合作与发展组织"数字化税收"讨论。过去几年来,各国采取单边行动的趋势不断加快,一是转移的利润税,其中一些是在税基侵蚀和利润转移行动计划达成共识几周后制定的;二是欧盟委员会在国家援助案件中的各种进展;三是美国税改立法的第59A条偏离了公平的标准,不允许对非常真实的支付和非常真实的经济功能进行扣减;四是针对欧盟范围内的和单边数字服务税(DST)的提议,这些税是针对总收入征收的,有可能产生双重征税。

美国出于对税收管辖权分配的长期国际共识瓦解的担忧参与了经济合作与发展组织的议程。目前各国对税收规划结果普遍不满,而应对的单边措施高度政治化。因此,美国希望随着参与度逐渐提高,在经济合作与发展组织层面就如何在不同税收模式的国家之间分配税收管辖权,达成广泛的政治共识。

绝大多数从事数字经济的目标企业的总部都在美国。在"后 BEPS 时代",大多数经济合作与发展组织的活动集中在数字经济工作小组非常小的范围内,案例研究涉及高数字化公司的商业模式。英国和欧盟的建议只适用于搜索引擎、中介平台和社交媒体平台,而"非常有针对性的税收,满足了一些政治需求"。在 2017 年美国税制改革之后,数字公司受限于 10.5% 的全球无形资产低税所得标准,高于一些欧盟国家的法定税率。

美国希望讨论超越商业模式征税问题。当前国际税收框架有必要采取适用范围更广泛的解决方案,解决数字化商业模式的征税以及依赖无形资产和知识产权的企业,但是通常情况下,正常的转让定价标准没有最好地执行。法国和德国主要满足于推动它们的优先事项之一,即广泛采用最低税率。而各司法管辖区之间拥有共同理解和协议,只有务实才能达成共识。由于发展中国家税收管理资源较少,只用采取可管理和相当简单的措施即可,各方似乎都有诚意寻求全球性解决办法。

认识到无形资产市场的重要性是达成第一个共识的基石。为市场管辖区提供额外的有效收入分配是相当简单和模式化的方法之一,适合许多司法管辖区。另一个方法是赋予市场辖区对辖区内的收入征收明确的小额价差的权利,并根据全球商业模式的盈利能力调整价差。

美国认为公开讨论经济数字化带来的税收挑战意义重大。总体而言,经济合作与发展组织政策文件中提出的措施和方法如果得到实施,当前跨境税收体系就将出现根本变革,并远远超出数字化范畴。随着美国,以及法国、德国和英国参与其中,激励企业监控和持续参与讨论的可能性增加了。

互联网经济的兴起呼唤全球税收治理协调。美国在 2017 年进行税制改革后,国际税制的变革只有利于美国跨国企业,这是特朗普"美国优先"原则的必然结果,然而,由于经济合作与发展组织和 G20 国家,包括美国在内,早在 2013 年就提出了税基侵蚀和利润转移行动计划,美国无疑在一定程度上是同意全球采取统一行动实施反税基侵蚀和避税行为的。在互联网时代,税基侵蚀和利润转移行动计划的实施可能有助于限制跨国公司侵蚀各国税基和进行跨国避税,然而这是触犯美国利益的,因为大的互联网公司都将总部设在了美国,所以法国开始征收数字税必然会激起美国的反对。但最终解决这一难题,仍需要回归到来之不易的税基侵蚀和利润转移行动计划的框架,或以之为基础进行新的协商,达成各方能够接受的方案。

三、2020 年大选与美国联邦国际税制

参与 2020 年大选的民主党候选人呼吁拉平美国国内外税负。[1]　美国总统

---

[1]　Steve Wamhoff, "Taxing Offshore Profits and Domestic Profits Equally Could Curb Corporate Tax Dodging," https://itep. org, 2019 - 08 - 09.

候选人卡玛拉·哈里斯（Kamala Harris）参议员和纽约市长比尔·德布拉西奥（Bill DeBlasio）共同呼吁，对公司在国内外利润采用相同的税率。他们支持参议员伯尼·桑德斯（Bernie Sanders）的观点，认为对国内外同利不同税这种不平等做法，必须要进行全面改革，进而纠正美国企业将利润和工作机会转移到海外的想法。美国跨国企业转移海外的原因有4点。

一是海外利润税负低于国内利润。美国长期存在的一个问题是，联邦税法对美国公司在海外利润所征的税，要比对国内利润所征的税轻。这一问题根深蒂固，在《减税与就业法》通过之前就长期存在，在新的立法下仍然存在。

二是税收政策细节复杂直接导致跨国企业产生机会主义行为。如果跨国公司的海外利润适用的税率低于国内利润，他们将报告更多的海外利润，利用低税率获利。如果对所有国内外利润征收相同的税，他们就没有动力将利润转移到海外。

三是美国针对跨国公司的现行征税办法仍存在漏洞。《减税与就业法》建立了像辖地税制这样的制度，只对在美国获得的利润征税。而现行规定对一些海外利润采用最低税率，这一税率只有国内利润税率的一半。《减税与就业法》为在海外产生的利润提供更低的税率，因此企业仍有动机利用会计手段，使其利润看起来是在企业税率低得多或根本不征企业税的国家产生的。

四是《减税与就业法》的效果可能比以前的税法更糟。因为《减税与就业法》激励公司将实际业务和工作机会转移到海外。根据目前税法，如果公司的国外利润不超过它持有的海外资产（如机器、存货、油井等资产）总额的10%，那么它不需要向美国政府缴税。例如，如果一家公司在海外持有1亿美元的有形资产，那么它将有1000万美元的海外利润免税额。这意味着一家美国公司可能会将更多的有形资产以及工作机会转移到海外，以减少税负。

因此，美国很多人都期待建立一个真正的全球税收体系。桑德斯参议员是三位总统候选人中唯一参与起草建立全球税收立法的，哈里斯、德布拉西奥、谢尔顿·怀特豪斯（Sheldon Whitehouse）和众议员劳埃德·道根都提出了类似的税收法案。

真正的全球税收体系是对海外利润和国内利润平等征税,如果暂时假设21%的企业税率保持不变,那么一家美国公司无论从哪里获得的利润,都要支付21%的税。美国公司一直对支付给外国政府款项的税收享有抵免,这种情况将继续存在下去。因此,如果一家美国公司在一个以10%税率缴纳企业所得税的国家获取利润,那么,在向美国政府缴税时,它将获得关于这部分利润的10%的税收抵免。最终,它将以11%的税率向美国政府缴纳税款,而不是以21%的税率缴税。所以,美国和外国的综合税率总计为21%。

美国企业只有在税率更高的国家开展业务才会支付更高税率。国外税收抵免可以防止双重征税,但除此之外没有任何其他好处。美国公司不会将业务转移到海外获得税收激励,或使用会计手段使其利润看起来是在海外获得的,也不会将利润转移到海外避税天堂。一些美国公司为了逃避有关的税收规则,可能会在法律允许的情况下,把自己重新定性为外国公司。但是,正如我们已经解释过的,美国国会很容易阻止这种"企业倒置"。

美国改革对离岸公司的征税规则是累进税议程的重要部分之一。许多政府官员响应公众对更完善的累进税政策的要求,考虑堵住离岸利润税收漏洞,避免企业玩会计游戏。虽然人们关注的焦点大多集中在高收入个人和企业税的税率上,但取消特别优惠和堵住税收漏洞至少是同样重要的,在企业所得税和个人所得税方面都是如此。

避免利润转移是公平地提高税收收入的关键。如果美国国会只是提高企业税税率,那么企业通过将更多利润转移到海外避免增税。以同样的方式对国内外的利润征税,才能避免利润转移,提高税收收入。

总之,2017年的税改并没有消除美国人对于美国税制不公平的看法,而无论是哪位民主党议员的税收改革提议,都无法全面解决美国企业税的征收模式选择。

第三节　美国税制改革与社会政策效应

第二章第三节围绕美国财政部和国税局发布的最终规则的司法解释、2017 年税改的社会政策效果、税改对于美国农村经济的推动作用，以及税改带来的各种争论，揭示美国税制改革的社会政策效果。

一、2017 年税改立法的最终规则继续发布

美国财政部于 2019 年 6 月发布了关于慈善捐款与州和地方税收抵免的规定。[1] 美国财政部和国税局的最终规定要求，纳税人在缴纳联邦所得税前对捐赠部分进行扣除，扣除额必须减去该项捐赠行为发生后取得的州和地方税的抵免部分。美国国税局表示，纳税人可以将他们为获得这些抵免而支付的款项视为州或地方的税款，这一规定允许一些纳税人将某些款项作为税收扣除。

美国财政部澄清州和地方税收抵免与联邦慈善捐赠税收扣除规则之间的关系。这一政策最早是 2018 年 8 月 27 日第 9864 号决定公布的，其中美国财政部和国税局在仔细审查了在征求建议期间收到的 7 700 多条书面意见，以及在 2018 年 11 月举行的公开听证会上收到的 25 条意见后，才决定发布该决定。约 70% 的意见未作任何修改就被采纳为拟议法规。

这项适用于 2018 年 8 月 27 日之后发生的捐款的最终法规于 2019 年 8 月 12 日起生效。根据最终法规，纳税人在向有资格获得可扣税捐款的实体支付款项时，必须将联邦慈善捐款扣除额减去纳税人收到或预期收到的任何州或地方税收抵免额。本条法规亦适用于信托基金或遗产管理公司在厘定其慈善捐款扣除额时所支付的款项。

例如，如果某个州根据州税收抵免计划给予纳税人 70% 的州税收抵免，而一

---

[1] "Final regulations on charitable contributions and state and local tax credits," https://www.irs.gov, 2019 - 06 - 11.

个采用逐项扣减的纳税人根据该计划获得1 000美元捐款,那么这个纳税人就会得到700美元的州税收抵免。纳税人如要分项扣除,必须将美国政府的1 000美元慈善捐款减去700美元的州税收抵免额,剩下300美元的联邦慈善捐款扣除额。

这项法规规定,如果地方税对慈善捐赠实施100%税前扣除政策,或者不超过15%比例的抵免政策,则在缴纳联邦所得税前扣除捐赠支出时无须考虑州和地方税因素。因此,如果纳税人因收到1 000美元捐款而获得1 000美元的州税收减免,他就无须考虑州税收减免而减少联邦慈善捐款减免;如果州或地方税收抵免额不超过150美元,那么纳税人无须减少1 000美元的联邦慈善捐款扣除额。

同时美国国税局还发布了针对允许分项扣除个人的通知。在某些情况下,根据联邦、州和地方所得税最终法规要求,支付或扣减属于不允许扣除的项目。符合条件的纳税人可以依据该通知确定他们2018纳税年度的州和地方税收扣除。已递交报税表的人士,如尚未申领10 000元的最高限额(如已婚人士单独递交报税表,则可申领5 000元),则可提交经修订的报税表(表格1040－X),申请提高扣除额。

美国国税局对有关慈善捐款与州和地方税收抵免规定进行了更加详细的解读。[1] 美国国税局指出,《减税与就业法》将个人每年可扣除的州和地方税的扣除额限定为10 000美元,假如不制定有关规定,纳税人就可以利用国家税收抵免计划来规避《减税与就业法》的扣除限额。这项规定基于美国联邦税法长期以来执行的原则,即当纳税人获得有价值的收益,并向慈善机构捐赠以作为回报时,纳税人只能扣除捐赠的净值。该条例将这一原则应用于向捐赠者提供的国家税收优惠,以换取捐款。美国国税局指出,美国财政部关于联邦所得税对州和地方税收抵免计划下付款处理的最终条例和附加指导,禁止用慈善捐款换取联

---

[1]　"Treasury Issues Final Regulations on Charitable Contributions and State and Local Tax Credits," https://home. treasury. gov, 2019－06－11.

邦税收抵免,从而规避国家和地方新的税收减免限制的行为。

美国财政部和国税局还制定了针对纳税人的安全港规则。该规则根据包括州和地方税上限在内的某些限制,允许分项扣除的个人纳税人在处理付款时,把付款作为联邦所得税对州税或地方税支付的税收抵免的交换。符合条件的纳税人可以使用安全港规则,确定其 2018 年纳税申报表的州和地方税扣减额,如果他们已经提交了申报表,也可以重新修改并提交新的申报表。美国财政部提出将继续研究有关问题,并考虑根据收到的意见建议,发布未来的指导意见。

二、美国税制改革与社会进步

提高边际税率将推动经济社会及其政策发生一系列变化。[1] 乔治梅森大学莫卡斯特中心税务专家维罗尼卡·德·鲁吉和杰克·沙蒙(Jack Salmon)撰文指出,虽然提高法定税率的想法表面上很有吸引力,但并不能确定 70% 的边际税率可以征收更多的税收,或帮助更多的低收入人群,或同时对经济产生最小的影响。实际上恰恰相反,例如,2015 年加拿大提高边际税率,财政收入却减少了,其中来自高收入群体的税收竟然减少了数十亿加元。

一般来说,提高税率会阻碍人们掌握增加收入的技能,阻碍企业扩张。而且通过对税率的历史水平的比较可发现,高税率还会拖累美国低收入劳动者的工资增长。提高边际税率对社会影响巨大,主要影响投资、教育与职业选择、劳动生产率变化、家庭收入等几个方面。

第一,"对富人课重税"的说法值得分析。保罗·克鲁格曼认为美国应迅速大幅提高对高收入者的边际税率,这是明智的想法。克鲁格曼说:"我们不应该关心政策对富人收入的影响。一项让富人略微折损的政策既不会影响多数人,也几乎不会影响少数富人对生活的满意度。"对于提高富人税负的建议,克鲁格曼等学者都提到了彼得·戴蒙德(Peter Diamond)和伊曼纽尔·萨兹(Emmanuel

---

[1] Veronique de Rugy, Jack Salmon, "The Cost of a 70 Percent Marginal Tax Rate," https://www. mercatus. org, 2019 - 02 - 11.

Saez)的研究成果,他们二人长期在学术期刊上支持极高边际税率。

戴蒙德和萨兹提出的 73% 的最优边际税率是基于应税收入的短期弹性为 0.25 的假设。这意味着红利税率每降低 1%,申报的应税收入仅减少 0.25%。当税收收入最大化时,税率即为最优。0.25 的税收弹性太低,而且完全忽略了所得税最高边际税率提高后对纳税人教育、职业、创业和业务发展决策的影响。考虑应税收入弹性的估计范围时,像戴蒙德和萨兹这样,将短期弹性的中值假设为 0.25,这与现有的实证结果相比,似乎并不严谨。其他针对高收入群体的研究发现,税率短期弹性的估计值要高得多,一般平均在 1—1.3 之间。

戴蒙德和萨兹提出的 73% 的最优税率不包括州税和地方税。乔纳森·格鲁伯(Jonathan Gruber)和伊曼纽尔·萨兹的另一项研究则包含了州税和地方税,他们对税率弹性的假设也更为严谨。这项研究结果显示,最优联邦税率约等于 48%,这一结果与实际上 37% 的税率的差距不大。

税率的累进会阻碍技能投资,从而降低税前工资和劳动力供应。这个结论来自对其他关于累进性更强的税制的研究,尽管工资水平确实反映了技能投资的决策,但税制的累进并不是缩小税前工资差距的有效方式,因为高技能劳动者相对稀缺,这才是拉大技术劳动力和非技术劳动力工资差距的原因。

第二,边际税率的高低直接影响人们的教育决策与职业选择。阿帕娜·马图尔(Aparna Mathur)、斯塔·拉斯沃夫(Sita Slavov)和迈克尔·斯特雷恩(Michael Strain)认为,由于边际税率的变化会对人力资本和劳动力市场产生更广泛的影响,长期来看,累进性更强的税制会打击人力资本积累的积极性,"诸如教育和职业选择的早期决策,会影响后期的收入机会。可想而知,一个更为累进的税制首先就会降低人力资本积累的积极性。如果税率为 70%,高中生可能就会选择不再追求成为工程师的梦想,小企业主可能会选择不再扩大他们的业务规模"。

高边际税率无法激励人们进入高收入职业。人们在进行职业决策时,需要权衡教育投资的预期回报和放弃其他机会的成本。那么,70% 的边际税率会成为人们从事高收入职业的抑制因素。迈克尔·斯特雷恩指出："一个对医疗保健感兴趣的年轻人，可能会决定成为一名护士而不是外科医生，因为外科医生取得的大部分收入都会被政府收走……在这种情况下，我们假设的这位年轻人之所以会选择成为一名护士，不是因为她自身的喜好而是因为最高档税率太高。"毫无疑问，这种效率低下的税收驱动会使社会变得更糟。

第三，高边际税率导致职工工资增长变慢。高边际税率对劳动所得和投资利得的不利影响会降低劳动生产率。对利润和投资的边际税率越高，储蓄就越少，投资率就越低，从而减少生产资本存量，进而拉低工资增长。

资本投资和全要素生产率（TFP）的增长是经济生产潜力的重要组成部分。罗伯特·巴罗（Robert Barro）将实际 GDP 的增长率从资本、劳动力和全要素生产率的增长率中分解出来，发现在 1947—1973 年间，全要素生产率的增长占 GDP 增长的 34%，而资本占 GDP 增长的 43%。

高边际税率拉低了资本投资和劳动生产率。工人的工资最终会以较低的速度增长，因为单位时间劳动产生的 GDP 增长率是较低的。研究发现，在经济合作与发展组织国家，边际税率的提高降低了 GDP 增长率，这些结果与内生增长理论相符。其他研究观察了低生产率与工资之间的相互关系。拉里·萨默斯等发现了生产力和薪酬之间联系的大量证据：从 1973 年到 2016 年，生产力增长率每提高 1%，薪酬增长率的中位数和平均值就提高 0.7%—1%。对高收入者征收70% 边际税率会产生意外后果，即由于美国生产资本投资的减少，低收入者的工资增长率将下降。

第四，税改增加的收入。对拟议的税率变化产生的额外税收收入的不同估计结果相差甚远，例如美国城市研究所声称提高税率每年将增加 720 亿美元税收，又例如游说组织税收基金会则认为，提高边际税率增加的财政征收只有51 亿美元。而曼哈顿研究所的高级研究员布莱恩·里德尔（Brian Riedl）利用美国国税局的数据，计算了 70% 的边际税率的税收增收效果，他发现当不存在税收漏洞和海外避税天堂时，提高边际税率每年增加约 500 亿美元财政收入。

布莱恩·里德尔指出："目前,收入最高的5%的家庭和穿透业务占总收入的30%和纳税表前5%的人,共缴纳了42%的联邦税,其中包括61%的联邦所得税,可见即使提高边际税率,税收收入增长的空间也较小。"他还说:"普遍的说法是,对'百万富翁'征收30%的最低税,对银行、对冲基金经理,以及石油和天然气公司,征收更具累进性的税收。实施这项政策将多征相当于GDP的0.1%的税收。""公司税税率翻番将增加相当于GDP的0.7%的税收",布莱恩·里德尔的研究利用了美国国会预算办公室的《削减赤字方案：2017—2026年》研究报告。

美国游说组织税收基金会估计了最高边际税率提议产生的税收收入。税收基金会认为,如果第八档70%的税率适用于超过1 000万美元的一般应税收入,在10年内税收收入将增加约2 910亿美元。如果同档税率适用于一般应税收入和超过1 000万美元的资本利得,那么10年内税收收入只会增加514亿美元。

对全部收入征收70%的所得税后增加的税收收入将远低于只对一般收入征收70%的税。这是由纳税人对资本收益的边际税率大幅提高作出的反应造成的。由于资本利得税只有在资本利得"变现"(资产出售)时才缴纳,纳税人可以选择何时纳税,因此资本利得对税率的变化非常敏感。

近几年美国的邻国加拿大的税收政策发生了变化。加拿大的税制改革也许可以为边际税率的提高如何影响税收提供一些证据。2015年,特鲁多总理将最高边际税率从29%提高到33%,目标是在第一年增加30亿美元的税收。然而,在2016年,税率提高未能产生额外收入;相反,高收入者缴纳的联邦税减少了46亿美元。为了应对税制的变化,2016年加拿大适用最高档税率的纳税申报人数,比前一年减少了30 340人。

收入最高的人最容易接触到资深的税务顾问,也很容易将他们的资产转移到税负较低的辖区。研究表明,与低收入纳税人相比,高收入者对税率的变化更为敏感,他们通常会通过降低应纳税所得额来应对增税。

美国1950年代的税率改革经验值得回顾。主张提高法定税率的人士经常说,过去美国富人的适用税率就非常高,当时最高边际税率为 91%,而在这段时期,经济蓬勃发展。彭博社专栏作家诺亚·史密斯(Noah Smith)指出,这一提议"将由此回归到 20 世纪的标准"。但是这一论点忽略了自 20 世纪 70 年代以来,几十年间的全球化和国际税收竞争导致经济社会发生了巨大变化。当前世界各国的所得税最高边际税率已大幅下降,经济合作与发展组织国家的平均税率从 1980 年的 68% 下降到 2017 年的 47%。

对不同时期的税率进行的比较并非同等意义的比较。维罗尼卡·德·鲁吉和杰克·沙蒙指出,在过去的 50 年里,大多数国家都转向了低税率和宽税基。虽然整体税率较低,但更多类型的收入都纳入了征税范围。事实上,2014 年富人的有效税率是 36.4%,仅略低于 20 世纪 50 年代的水平。

正如税收基金会报告所指出的那样:"非营利的税收基金会估计,在 20 世纪 50 年代,假如最高法定税率为 92%,纳税表上前 1% 的纳税人,在纳税申报时,拿掉了如此多的收入,以至于他们向美国政府缴纳的有效平均税率仅为约 17%。"

美国白宫管理和预算办公室的历史数据显示,总的来说,今天联邦所得税收入占 GDP 的 8.2%,超过了 20 世纪 50 年代的 7.2%、60 年代的 7.6% 和 70 年代的 7.9%。而 20 世纪 50 年代并不是一个向富人加税的乌托邦。事实上,提高收入超过 1 000 万美元的富人的边际税率的观点,实质上是在主张降低最高收入者的有效税率,因为历史经验表明,过高的边际税率会导致他们的有效税率较低。

财政筹资主要依赖于更广泛的税基。维罗尼卡·德·鲁吉和杰克·沙蒙认为,有的决策者支持提高最高边际税率,是因为他们希望在未来 10 年内设立新的支出项目,因此需要评估额外的收入需求。提高最高边际税率的议案主要包括:"绿色新政"(7 万亿—10 万亿美元)、单一付款人医疗保障(32 万亿美元)、学生贷款减免(1.4 万亿美元)、联邦就业保障(6.8 万亿美元)、基础设施(1 万亿美元)、带薪探亲假(2 700 亿美元)和社会保障扩张(1 880 亿美元)。根据美国国会预算办公室的数据,增加相当于 GDP 的 21% 的联邦收入来资助这些计划,即使削减了国防支出,也需要增加 55% 的工薪税或 115% 的增值税。在未来

10 年需要额外支出 49 万亿—52 万亿美元的情况下,通过 70% 的边际所得税率每年筹集 500 亿—700 亿美元,似乎也只是杯水车薪。

相比较而言,经济合作与发展组织中没有任何国家的最高税率为 70%。事实上,目前美国最高的收入和工资综合税率超过了德国、英国和挪威,仅比法国低 7 个百分点。与美国不同,欧洲通过提高增值税为其慷慨的福利计划提供资金,欧洲的增值税由全民负担。

通常欧洲国家每个人负担的税收都很高。丹麦、瑞典和芬兰征收宽税基的增值税,税率为 24%—25%,工薪税也很高。税收基金会税收学家凯尔·波默洛(Kyle Pomerleau)指出:"他们的所得税制有更高的边际税率,但它们适用于比奥卡西奥·科尔特斯(Ocasio Cortez)式更广泛的个人收入。在个人收入不低于平均收入的 1.2 倍时,丹麦 60% 的最高边际税率开始适用。如果美国也这么规定,那么所有超过 5.65 万美元的应税收入都将适用 60% 的税率。"

利益集团呼吁美国要立即结束无限制的扩大支出行为。维罗尼卡·德·鲁吉和杰克·沙蒙认为,必须突破这些"向富人课以重税"的论点,并制定总体规划,控制美国不断攀升的赤字支出。

三、特朗普税改有利于农业家庭

特朗普的税改降低了 2016—2017 年美国农业家庭所得税。[1] 这是美国农业部经济研究所(ERS)发布的研究报告揭示的结果。报告指出,2017 年《减税与就业法》在降低个人和企业所得税税率的同时,取消或修改了许多与分项扣除和税收抵免相关的条款。同时,该法案扩增了一些商业条款,特别是与资金成本回收相关的条款。根据 2016 年农业资源管理调查(ARMS)数据,经济研究服务所估计,如果《减税与就业法》在 2016 年生效,那么当时美国农业家庭的平均有效税率将为 13.9%,而当年的实际有效税率为 17.2%。这一估计计入了若干税

---

[1] James Williamson, "The Tax Cuts and Jobs Act Would Have Lowered Average Income Tax Rates for Farm Households between 2016 and 2017," https://www.ers.usda.gov, 2019 - 04 - 01.

收抵免,如儿童税收抵免、所得税抵免和儿童及受抚养人护理税收抵免,但不包括自谋职业税。

2017 年大多数农场税收负债的规模与 2016 年的估计相比将略有下降。美国农业部经济研究所运用 2017 年农业资源管理调查的数据研究发现:(1)《减税与就业法》在 2017 年生效,农业家庭的平均有效税率将比 2016 年生效时低 1 个百分点以上,即 12.8%。相比之下,2017 年实际有效税率为 16.8%。(2)如果《减税与就业法》在 2016 年生效,年现金总收入(GCFI)低于 35 万美元的小型家庭农场将继续经历 2017 年最低的平均有效税率,即 10.4%。只有年现金总收入在 35 万至 100 万美元之间的中等规模的农场,在《减税与就业法》生效后,其平均税率从 2016 年的 14.7% 上涨到 2017 年的 15.8%。尽管预计税率增长,但税率仍低于 2017 年中型农场面临的实际税率 20.8%。

平均税率的变化反映了应纳税收入的变化。根据美国税制,税率随着应纳税收入水平的下降而下降,反之亦然。自 2016 年至 2017 年,包括农业收入、非农业收入和其他收入来源在内的农业家庭的总收入下降了 4.8%。来自农业之外的农场收入下降了 5.1%,主要是由于小型农场的农业外收入下降造成的。在 2017 年,农业收入也有所下降,原因是大农场的农业收入有所下降,即年现金总收入为 100 万美元或以上的农场。相反,2017 年中小农场的农业收入分别增长了 1.3% 和 5.8%。总的来说,这些转变导致了除中型农场以外的所有规模的农场的应税所得下降和平均有效税率下降。

四、税制改革导致无穷无尽的争论

第一,美国游说组织税收基金会专家就税收抵免与就业、减贫的关系发布了研究报告。[1] 这份分析报告比较了四种方案下的收益和成本:两个由民主党派提出的方案,一个由伊莱恩·马格(Elaine Maag)提出的可全额退还税款的儿

---

[1] Elaine Maag,"How To Choose Among Tax Credits That Aim To Support Work, Children, And Poverty Reduction," https://www.taxpolicycenter.org, 2019-01-28.

童税收抵免方案,还有一个旨在帮助新就业者的税收抵免方案。结果发现,四种方案下的收益和成本存在显著差异。

所得税抵免(EITC)每年为16%的美国家庭提供700亿美元福利。几乎40%的有孩子的家庭都能享受所得税抵免,所得税抵免的服务对象几乎也全都是这类有孩子的家庭;另外,收入极低、无监护权的父母和无孩子的劳动者,也享受了小部分所得税抵免。至于儿童税收抵免(CTC),则为全美29%的家庭和90%的有孩子的家庭每年带来1 200亿美元的福利。以上两项税收抵免政策每年使83万人(包括45万儿童)摆脱贫困。

有些议员提出对就业人口和家庭进行额外补助以强化现有抵免政策。例如,卡玛拉·哈里斯参议员提出,中产阶级家庭宜居收入(LIFT)立法就是对现有所得税抵免的一项补充,能为许多就业者提供新的抵免,其中单身就业者最多能获得3 000美元的补助,已婚就业者最多能获得6 000美元的补助。

还有人则主张新增一些税收抵免政策。例如,谢罗德·布朗参议员和罗·康纳(Ro Khanna)众议员提出,要“为美国人增加收入”(GAIN)立法。根据这项议案,无孩子的就业者每年将获得约3 000美元的所得税抵免,该建议比现有法律规定的抵免额高出500美元,而有孩子的就业者获得的所得税抵免几乎翻倍,根据每家拥有的孩子数量的不同,目前的抵免额从3 500美元至6 400美元不等。

以上两个议案如果通过立法并实施都能促进就业。两个立法的通过为就业者,尤其是那些因为没有孩子,目前只能享受很少或不能享受抵免的就业者,提供持续性的扶助。

布鲁金斯学会分析了这些议案对较低收入者的影响,研究了税制体系怎样可以使对儿童的帮扶效果达到最优。基于个体收入水平设计的税收抵免,能够最直接地帮助收入较低的群体。但是这类税收抵免的福利指向性可能较弱,它更多地扶助了总体收入较高,但某些家庭成员收入很低的家庭。增加儿童税收抵免的议案,具有很强的指向性,它能够最有效地帮助那些有需求的儿童。

有关议案的未来取决于选民和议员们的政策目标是减少贫困、为儿童谋福利,还是促进就业。一旦国会设定好目标,决策者就应当清楚自己应该做什么,并制定出能够最有效达成目标的政策。

第二,税收基金会认为,提高税率将导致更多低收入职工退休提前。[1] 税收基金会研究专家罗伯特·麦克利兰(Robert McClelland)、美国国税局的凯文·皮尔斯(Kevin Pierce)及税收政策中心的约翰·伊塞林(John Iselin)、菲利普·史泰尔沃思(Philip Stallworth)研究指出,家庭中的妻子(或收入较低的配偶)比丈夫(或收入较高的配偶)更有可能因税收改革而选择提前退休。但上述结果仅限于特定情形,即妻子(或收入较低的配偶)对高税率的反应更强烈,并在他们的配偶已经退休的情况下选择退休。

上述研究的数据来源于一组 1999 年至 2010 年间已婚夫妇们提交的匿名纳税申报表,作为样本的已婚夫妇,至少有一方年龄在 50 岁或以上。据估计,在任何特定年份,有效税率提高 10%,妻子(或收入较低的配偶)退休的可能性会增加 2%,相比之下,丈夫(或收入较高的配偶)似乎不会对税率同等水平的增加作出反应。

哈佛大学经济学家妮可·迈斯塔斯(Nicole Maestas)表示,尽管女性继续工作的年龄比以前大了,但妻子的退休年龄通常比丈夫要小。尽管女性的预期寿命更长,而且在额外工作年限里,已婚女性的报酬比已婚男性更高,但她们还是会提前退休。她们提前退休的一个原因在于,女性都倾向于嫁给比她们年长的男性,而夫妻通常同时退休。

但由于妻子的收入历来低于丈夫,她们提前退休还可能受到一个税法规定的影响:税率是由夫妻双方的总收入决定的,因此一方的税率取决于其配偶的收入。像美国这样的累进税制中,这实际上可能导致收入较低的一方,同时面临着更高的边际税率和更高的平均税率,从而最终选择退出劳动力市场。

---

[1] Robert McClelland, "Tax Increases Encourage Lower Earners and Wives To Retire Early," https://www.taxpolicycenter.org, 2019 - 02 - 21.

例如,2010 年有一对已婚夫妇,收入较高的一方工资为 35 000 美元,收入较低的一方工资为 10 000 美元。假设这对夫妇申请了两项个人减免,适用标准扣除,除此之外没有其他收入、税收扣除或抵免。2010 年,他们大部分的收入免税,剩余部分需缴纳 15% 的联邦所得税。如果收入较低的一方也决定继续工作,那么所有额外收入都将以 15% 的固定税率纳税。收入较高一方的平均所得税税率为 1.4%,收入较低一方的平均所得税税率为 15%。

研究税收对就业决策的影响通常应分别考察丈夫和妻子的反应。但在过去的几十年里,女性越来越多地进入劳动市场,她们的收入增加了,据统计,女性是婚姻中收入较高的一方的比例为三分之一。由于税法引致收入较低的一方做出退休决定,而非妻子做出退休决定,因此重要的是研究税收如何影响他们的退休决定,而不是关注税收对妻子的影响。在研究中既要考虑收入较低一方在特定年份的反应,也要考虑收入较低一方的长期反应。

研究发现,税收确实会影响退休决定,但不是以研究本身所设想的方式。当夫妻双方都工作时,税率似乎不会影响退休决定。一旦夫妇中的主要收入方做出退休决定,更高的税率会引致另一方也退休。这项研究结果与妮可·迈斯塔斯的研究结果一致,而且研究发现,税收变化会助推提前退休行为。此外,税收对于退休决定的影响不仅限于妻子,收入较低的一方也会受到影响。未来关于税收和劳动力供给决策的研究,需更多地关注夫妻双方的相对收入,而不仅根据性别来衡量其影响。

第三,传统基金会研究指出,美国家庭自 2017 年税改以来户均减税 1 400 美元。[1] 自 2018 年以来,大多数美国人在 4 月份报税的时候发现自己的税负减轻了,这是《减税与就业法》税制改革的结果。主要的表现是如下几个方面。

(1)美国每个选区的选民均享受了减税政策带来的好处。2018 年,美国传统基金会研究了减税如何影响美国的国会选区后发现,在 435 个地区中,每个地

---

[1]　Adam Michel,"The Truth About How Much Americans Are Paying in Taxes," https://www.heritage.org, 2019 – 04 – 09.

区的公民都得到了减税,因此,2018 年美国家庭平均少缴纳大约 1 400 美元的税。

(2)有孩子的美国家庭从减税中受益。有两个孩子的夫妇联合报税,他们的税单平均减少了 2 917 美元。根据选取不同的收入水平、居住区域、孩子个数,可以了解每个国会选区的平均减税情况。

(3)美国人受益于减税政策带来的工资二次增加。普通美国人不仅从低税率中受益,他们还受益于经济快速增长带来的高工资。降低企业和个人的税收有助于推动更多的投资和创新,这意味着更多的就业机会和更高的工资。在未来 10 年里,由于经济规模不断扩大,普通美国人的实得工资将增加 26 000 美元,或者四口之家增加 44 697 美元。

有真实的例子表明减税政策给纳税人带来了好处。索菲亚·洛佩兹(Sofia Lopez)是一名年收入 5 万美元的单身教师,2017 年,她缴纳了 5 474 美元的联邦所得税。2019 年,她可以向美国政府少缴纳 1 104 美元税款。她的边际税率从 25% 下降到 12%。总的来说,她得到了 20% 的减税。2018 年,约翰·琼斯(John Jones)和萨拉·琼斯(Sarah Jones)夫妇共缴纳了 1 753 美元的税款,他们的总收入为 7.5 万美元。他们有三个孩子,还有一套抵押贷款住房。2019 年,他们的联邦所得税税单将减少 2 014 美元。事实上,由于 2 000 美元的儿童税收抵免额较大,他们将获得 261 美元的退税。

美国约 90% 的纳税人获得减税。由于税收改革,90% 的美国纳税人获得了减税,而大多数美国人是通过降低雇主预扣税来获得减税的。这些退税是美国政府偿还给纳税人的全年多缴的税款。它们与纳税人实际减税的多少无关。

(4)州和地方税收减免的上限修订惠及更多人。2019 年,美国一些州以牺牲低税州的纳税人为代价,补贴异常高税收的扣除额,但是扣除上限政策开始修正。康涅狄格州一位会计师事务所的会计师瑞安·谢泼德说:“很多人以为根据新税法,纳税人不再享受减税,但实际上他们仍会享受减税。”这是因为上限与新的较低税率和其他改革措施相伴而生,比如对替代性最低税免除更多了。由于在 2025 年后此次税改的个税政策到期,因此需要继续延长有关政策。

第四,税收与经济政策研究所的报告指出,应当提高美国税制的累进性,促进税收公平。[1] 多数美国人认为,富人阶层的纳税份额与其收入占比不匹配,而一般情况下,这种说法通常只关注一个税种,即联邦个人所得税,这一税种实际上是总体累进的。如果从整体上审视美国的税收体系,可以发现实际情况与此大相径庭。

最富有阶层所缴纳的总税款份额略高于其收入份额。税收与经济政策研究所指出,在 2019 财年,每 5 美元的美国国家收入中就有超过 1 美元来自纳税表前 1%美国最富有阶层的口袋,占比为 20.9%。美国富翁的纳税收入比例略高于联邦、州和地方政府整体税负的 24.1%。与此同时,最贫穷的 20%的美国人的纳税额只占美国财政收入中的一小部分,为 2.8%,他们所缴纳的税款只占联邦、州和地方政府税收的一小部分,约为 2%。影响美国家庭的税收因素主要包括如下几个方面。

(1)除所得税之外,美国人缴纳的其他联邦税并非累进税。美国税制中一些税种属于累进税,例如联邦个人所得税、企业所得税和遗产税。但是,每个职工都要缴纳的社会保障工薪税则不累进,它不适用于大部分超级富裕家庭的投资收入,在 2019 年,工薪税仅适用于对美国工人的前 132 900 美元收入进行缴纳。

(2)美国人还需缴纳累退程度很高的州税和地方税。这意味着,低收入和中等收入家庭获得的收入份额,比富裕家庭高。州和地方所得税比联邦所得税累进程度低得多,部分州甚至不征所得税。

(3)州和地方财产税影响房产所有者和租赁者。由州政府和地方政府征收的房产税,直接影响拥有房屋或其他房产的人,也会影响租房者,因为房东倾向于把部分房产税作为租金的一部分转嫁给租户。

[1] Steve Wamhoff, Matthew Gardner, "Who Pays Taxes in America in 2019?" https://itep. org, 2019 - 04 - 11.

（4）消费税对低收入家庭和富裕家庭有不同的影响。几乎每个人都要缴纳州消费税和地方消费税，这些税的累退性很强。因为贫穷家庭别无选择，只能把所有收入都花在购买必需品上，然而富裕家庭可以节约大部分收入，从而免纳消费税。

有效总税率是联邦有效税率和州、地方有效税率之和。总之，2019年美国联邦、州和地方税收数据表明，美国的税收体制是适度累进的，每个收入水平的人都在累进纳税。处于收入顶端的人的联邦、州和地方政府有效总税率比收入底部的人要高，但两者间的差异并不像人们通常认为的那么大。其中收入最低的20%的美国人，其有效总税率较低，税率为20%；收入居中的20%的美国人，有效总税率为25%；最富有的1%的美国人，有效总税率为33%。

《减税与就业法》降低了美国税制累进程度。史蒂夫·沃姆霍夫（Steve Wamhoff）和马修·加德纳（Matthew Gardner）研究发现，《减税与就业法》降低了大部分家庭的联邦税负，对富人的减税效果最显著，累进程度总体上降低了。具体来说：（1）降低了所有收入群体的联邦有效税率，但对富人的降税幅度高于其他人；（2）最富有的1%人群的联邦有效税率降低了2.6%，次富有的4%人群的联邦有效税率降低了2.7%；（3）其他所有收入群体的联邦有效税率的降幅远低于2%；（4）底层20%的美国人的联邦有效税率降幅不到1%。

总之，《减税与就业法》为富人减税更多，导致税制不那么累进，因此美国税制的累进性可以进一步加强，州和地方政府有很多选择使其税法更加公平。对国会来说，应制定累进程度更高的联邦税法，抵消州和地方税制的累退影响。

第四节　美国税制改革中的州税与地方税

第二章第四节围绕2017年美国税制改革带来的州税收体制变化所涉及的个人所得税、企业所得税、销售税、遗产税、数字税，以及税改的效果，揭示美国州与地方税制改革中的主要问题。

一、个人所得税

美国各州的个人所得税制主要表现为三大特点。[1] 第一是个人所得税是联邦和各州与地方财政收入的主要来源,占全部税收的 37%。第二,各州的所得税征收方法有所不同。例如,一些州为避免"婚姻惩罚"效应,将已婚纳税申报者的单一税率征收范围扩大了 1 倍;又例如,一些州将税收等级指数化,免除和减免通货膨胀,但也有很多州的税收不采用指数法。再例如,一些州将其标准扣除额和个人免税额与联邦税法挂钩,而另一些州则自行设定或根本不提供。与销售税和消费税的间接支付相比,个人申报所得税更为积极。这一事实充分表明个人所得税在公共政策中的突出地位。第三,美国共 43 个州征收个人所得税,其中 41 个州按工资和薪金收入征税。新罕布什尔州和田纳西州两个州只征收股息和利息收入的税,还有 7 个州根本不征收所得税。田纳西州目前正在逐步取消霍尔所得税(Hall income tax),并计划从 2021 年 1 月 1 日起完全废除州所得税。霍尔所得税只对从债券、票据和股票股息中获得利息的个人和其他实体征收。该法案于 1929 年颁布,最初霍尔参议员提出了这项所得税立法。[2] 在对工资征税的州中,有 9 个州的税收结构采用单一税率,即同一个税率适用于所有应税收入,还有 32 个州征收累进所得税。不同州的税率等级差别很大,堪萨斯州实行 3 级所得税制度,夏威夷有 12 个税率等级,加利福尼亚州有 10 个税率等级。州所得的最高边际税率差异很大,其中北达科他州为 2.9%,加利福尼亚州为 13.3%。

美国税收游说集团"税收基金会"对各州的税收政策进行了长期跟踪研究和分析。研究指出,第一,一些州的税收级距高度聚集在狭窄的收入范围内。佐治亚州年收入为 7 000 美元的纳税人占据了州税表的第六和最高级距。在哥伦比亚特区,最高税率只适用于 100 万美元。纽约州、新泽西州和加利福尼亚州一

---

[1] Katherine Loughead, Emma Wei, "State Individual Income Tax Rates and Brackets for 2019," https://taxfoundation. org, 2019 – 03 – 20.

[2] "Hall Income Tax," https://www. tn. gov/revenue/taxes/hall-income-tax. html, 2021 – 06 – 15.

样,最高税率适用于更高边际收入,分别为 107.755 万美元和 500 万美元。第二,2017 年美国联邦税制改革后,州税增加了标准扣除额。2019 年,联邦税设定单一申报人为 12 200 美元,设定联合申报人为 24 400 美元,至 2025 年,将个人免税额降至 0 美元,此时暂停个人免税。由于许多州使用联邦税法作为本州标准扣除和个人免税计算的起点,在 2018 年一些州与联邦税法改革相结合,更新了适用法规,采用联邦税制的改革政策,或保留以前的扣除和免税金额。

2019 年,一些州对个人所得税立法进行了大幅修订。具有代表性特征的州税改革如下:(1)肯塔基州用 5% 的单一税,取代了最高税率为 6% 的六级累进税率所得税。(2)新泽西州为 500 万美元及以上的边际收入,设立了 10.75% 的新的最高税率。(3)佛蒙特州通过立法,取消了个人所得税的最高税率,并将其他的边际税率降低 0.2 个百分点。(4)艾奥瓦州通过了全面的税收改革立法,并逐步实行全面税收改革。在 2019 纳税年度,所得税税率全面下调,并在 2023 年,根据收入触发因素将 9 个等级合并为 4 个等级,并将最高税率降至 6.5%。(5)爱达荷州通过了税收整合和改革立法,全面降低所得税税率 0.475 个百分点。(6)密苏里州取消了一个所得税等级,并将最高税率从 5.9% 降至 5.4%,并将在今后进行更广泛的税收整合和改革。(7)犹他州继续实行单一税,个人所得税税率从 5% 降低到 4.95%。(8)阿肯色州根据纳税人的总应税所得,采用了三个完全不同的税率表。2018 年,阿肯色州通过了低收入纳税减免立法,降低了最低收入计划表中的边际税率,以及下一收入计划表中的最低税率。(9)佐治亚州将其最高边际个人所得税税率从 6% 降低至 5.75%,直到 2025 年年底。(10)北卡罗来纳州统一将所得税税率从 5.499% 降至 5.25%。

二、企业所得税

2017 年美国联邦税改后,各州不能孤立地制订本州税收政策。[1] 税收基

---

[1] Jared Walczak,"Tax Trends Heading Into 2019," https://taxfoundation.org, 2018 - 12 - 19.

金会指出,各州由于联邦法律、全球市场和其他外生变量的影响,面临着一系列机遇和挑战。某个州面临的挑战也常常困扰着其他州,有时出现一种趋势是因为一个州有意识地跟随另一个州,而在其他情况下,相似的条件导致多个州试图独立地解决相同的问题。

确定各州税收趋势具有双重目的。第一,税率作为先行指标,有助于个人和企业对于未来几个月和几年的形势变化作出判断和预期;第二,个案研究可以放入更大的经济循环,并可能对各种因素进行实证研究。但是实际上,税收形势变化值得决策者关注。各州的税收改革相互影响,各州都在互相借鉴和参考。近年来,各州的税收形势出现了几个显著的变化,决策者可以留意这些变化并从中获益。《减税与就业法》扩大了州的税收基础,并推动了对税收一致性的审议。截至 2018 年年底,尽管许多州尚未解决由税收一致性制度引起的问题,但仍有5 个州遵从旧版的联邦税法。

美国联邦税制改革后,各州的税改有如下特点。(1)一些州建立的新机制允许高收入纳税人避开国家和地方税收扣除的新上限,而这种做法并不符合联邦财政法规。(2)2018 年,美国 3 个州和哥伦比亚特区降低了公司税税率,还有另外 2 个州正在进行税率下调。密西西比州开始逐步取消股本税,并且减少资本利得税。(3)美国最高法院对南达科他州诉韦费尔一案的判决开创了电子商务和网络销售的销售税新纪元,但许多州尚未实施法院强烈建议的保护此类税收制度免受未来法律挑战的条款。(4)亚利桑那州通过了一项宪法修正案,禁止将销售税扩大到其他服务领域,2019 年以后,可能将会有更多的州通过类似立法,即锁定过时的销售税基。(5)法院裁决使各州竞相合法征收体育博彩税,而且公众态度不断转变,推动了大麻合法化,大麻成为越来越多州的税收选择。2018 年,7 个州通过了体育博彩税,还有 2 个州将大麻合法化并征税。(6)各州继续对电子香烟征税,其中 2 个州采用使电子烟潜在危害减少的税率,而哥伦比亚特区将州电子烟税率提高到 96%。(7)随着企业所得税收入的下降,是否根据总收入征税,各州仍在继续考虑。(8)2018 年,2 个州取消了房地产税,延续了长达 10 年的撤销房地产税和遗产税的趋势。（9）税收触发因素作为一种相对现代的创新,再次在税收改革方案中凸显出来,并将持续下去。

企业所得税在各州收入中所占份额很小且在不断萎缩。这种现象是美国税法中作为企业实体的 C 公司长期演变趋势的产物,而且由于税收优惠的累积,州企业所得税税基不断缩小。

（1）2018 年,康涅狄格州对大型企业征收的企业附加所得税的税率从 20% 降至 10%,使最高边际税率从 9.0% 降至 8.25%。该项减税计划是 2015 年通过的附加税延期的一部分。（2）在新墨西哥州,最高边际企业所得税税率从 6.2% 降至 5.9%,且这一税率是从 2017 年的最高点 7.6% 开始逐年下降的。（3）印第安纳州的企业税率降至 5.75%,并不断下调,最终将在 2022 年达到 4.9%。（4）在哥伦比亚特区,企业特许经营税率在多年税制改革方案的最后阶段,从 8.75% 下降到 8.25%。（5）新罕布什尔州、北卡罗来纳州和密苏里州计划于 2019 年下调税率。新泽西州是 2019 年的一个例外,它提高了企业所得税税率。

表 2－16　美国联邦企业所得税税率变化情况（2012—2018 年）

州　名	2012 年	2018 年	预计
亚利桑那州	6.968%	4.9%	—
爱达荷州	7.6%	7.4%	—
伊利诺伊州	9.5%	7.75%	—
印第安纳州	8.5%	5.75%	4.9%
密苏里州	6.25%	6.25%	4.0%
新罕布什尔州	8.5%	8.2%	7.9%
新墨西哥州	7.6%	5.9%	—
纽约州	7.1%	6.5%	—
北卡罗来纳州	6.9%	3.0%	2.5%

续　表

州　名	2012 年	2018 年	预计
北达科他州	5.2%	4.31%	—
罗得岛	9.0%	7.0%	—
西弗吉尼亚州	7.75%	6.5%	—
哥伦比亚特区	9.975%	8.25%	—

尽管很少有国家取消企业所得税,但企业所得税的波动性、逐步缩小的税基、经济影响以及对财政收入的适度贡献,都有助于各国减少对该税的依赖。

美国各州税改有利于制药和生命科学(PLS)企业发展。[1] 普华永道认为,2019 年以后,美国制药和生命科学企业应该考虑多项州税及其带来的机会。第一,批发和交付药品业务,可能导致各州间纳税义务不公平,可通过申请替代分配或请求裁定进行调整。第二,许可收入的采购处理、分段支付、合作社付款和其他相关项目不清楚的州税处理,可能会对公司审查和适用州级法律产生更多影响。第三,对于财税改革条款中的州税处理,制药和生命科学企业可以考虑不扣除费用的影响及分配机会。例如,第 965 条和第 951A 条全球无形资产低税所得。第四,如果纳税人考虑州税的影响,在将知识产权(IP)转移回美国的重组过程中,纳税人可能会获得收益。第五,制药和生命科学企业的研发扣除可以通过州税处理,利用与研究活动相关的收入政策提高收益。以下分别进行阐述。

第一,关于替代分配减免政策。在大多数州,企业所得税对纳税人的应税所得按一定比例征税,并根据州的具体情况进行调整。尽管目前许多州的分配公式属于完全基于销售的"单一销售因素"分配公式,各州的分配公式通常以纳税人在州内的销售额、财产和/或工资单的一定比率来计算。当法定分配方法不能公平地反映纳税人在该州的活动时,许多州允许纳税人申请采用替代分配方法。

---

[1]　"State tax issues and opportunities for PLS companies," https://www.pwc.com, 2019 - 02 - 28.

在应用州级的法定分配公式时,某些药品交易可能导致不公平的州级税收结果。

例如,现有两个州,分别是 X 州和 Y 州,各占美国人口的 2% 和 3%。药品制造商将 50% 的产品运送到位于 X 州的药品经销商区域配送中心,将 50% 的产品运送到位于 Y 州的配送中心。然后经销商分别将纳税人的产品运往位于全美 50 个州的配送中心或药房。尽管纳税人的末端客户遍布美国各地,但根据标准的州采购分配规则,50% 的销售额被视作发生在 X 州,50% 的销售额被视作发生在 Y 州,因为这些州是其客户交货的地方。当该州人口只占美国总人口的一小部分时,不管是 X 州还是 Y 州,对纳税人应税所得的 50% 进行征税似乎都是不公平的。

制药和生命科学企业纳税人基于这种不公平的情况可以考虑采用替代分配方法。由于各州的替代分配要求各不相同,纳税人必须证明:(1)法定分配方法得出的结果不公平;(2)纳税人提议的替代方法能更公平地反映州内活动。

纳税人受益的替代分配方法应考虑以下因素:(1)州的法律法规是否允许替代分配?(2)在该州申请替代分配的要求和程序是什么?(3)纳税人是否能最好地管理行政流程,并为替代分配方法提供保障?(4)纳税人能否提供证据以证明该州的法定分配方法会产生不公平的结果?(5)纳税人提议的替代方法是否能更准确地反映其他州的活动?

第二,采购许可证和其他收入的计算。各州可以通过销售因子来分配纳税人的应税所得,根据纳税人在州内的销售额,该销售因子用于计算州内采购和州外采购的百分比。许多使用此类"单一销售因素"的州,也采用"基于市场的采购法",这种方法通常将为购买无形资产和服务而支付的款项,归到实际使用无形资产或接受服务的市场。

对于分段付款、合作协议支付和许可证收入,销售采购规则适用存在不确定性。此类情况下的多数付款是基于无形资产或服务的,无形资产在哪里使用或者服务在哪里发生并不清楚。例如,制药公司可能会签订共同开发或合作协议,参与另一家制药公司的药物开发。该协议可能要求在某些分段支付大笔款项,例如通过食品和药品管理局的 I 期临床试验。那么问题是（1）这种资本支付是购买正在开发的知识产权的权益还是购买服务？（2）如果是购买知识产权的权益，那么在这种权益还未被批准或者永远不被批准的时候，这种权益算是在哪里使用呢？（3）如果没有销售，那么又如何界定它的市场分布？（4）如果是服务，那么收到的服务的地点为何处？

药品完成开发并得到批准后，企业即可基于销售额的特许权使用费或利润获得分成。但是，被许可人可以在某个州得到许可生产的产品，然后将产品运送到集中在其他州的经销商地点。那么知识产权是在哪里使用的？有些州可能会考虑被许可人实现制造产品权利的地方。其他人可能会说"穿透"到特许权使用费所依据的最终销售额。但那又是在哪里？在配送中心所在的州？或者经销商随后将产品送往的出售产品的药店？

第三，美国联邦财税改革中的州级税收处理。财税改革中对制药和生命科学企业的州税收产生重大影响的要素有两个，一是第 965 条的收费，二是第 951A 条的 GILTI 条款。这两项条款会影响制药和生命科学企业的州税收，首先是因为此类公司通常拥有大量的离岸收入，会受到第 965 条收费的影响，其次是因为共同业务结构预示着制药和生命科学企业可能产生较大的全球无形资产低税所得。

对第 965 条和全球无形资产低税所得的州税考虑通常包括合规性和本州现行扣除政策的适用。即使各州对第 965 条和全球无形资产低税所得适用股息分配的扣除，许多州也会规定限制扣除与此类收入相关的直接或间接已扣除费用。这可能是制药和生命科学企业需要考虑的一个重要因素，因为这种不允许抵扣的费用可能成为财务审计的目标。

税基如何进行分配也是一个重要问题。第 965 条和全球无形资产低税所得都涉及收入金额，注意不是销售额。州销售因素旨在反映州内以销售额衡量的纳税人的活动。仅以第 965 条和全球无形资产低税所得作为纳税人的销售系数是否公平？或者纳税人是否应该申报销售产生的潜在收入？该销售收入是否可以追溯到多年前产生的第 965 条收入？如果在销售系数计算中包括销售额，可能会使纳税人要求启动替代分配或请求裁定。

第四，知识产权回归。对全球无形资产低税所得征税，以及为外国来源无形资产所得及海外税基侵蚀和利润转移条款提供扣除的税收改革组合，激励着一些公司将其知识产权转移到美国境内。拥有大量海外知识产权的制药和生命科学企业应考虑如何实施转移及相关税务影响，需要考虑的部分包括州税及其提供的机会。当一家公司重组其知识产权内包结构时，它应该考虑这样的重组计划可能带来的是州税收负担还是机会。

第五，州研发抵扣。制药和生命科学企业通常有大量的研发支出，其采购和处理可能提供最大化州税研发抵扣的机会。如，制药公司可以聘请一个州的临床研究组织（CRO）在多个州进行临床试验。研究费用是否来自协调临床研究的临床研究组织所在的州？或者是否应该在施行研究的州之间以某种方式按比例分摊费用，例如按每个州的患者参与量相对总数的比例？向某些资格组织支付的研究费有可能获得特殊或更高的抵扣。美国联邦政府和许多州的研发抵扣条款旨在奖励那些按照销售额的一定比例提高研发费用或研发强度的公司。各州可以采用不同的方法衡量"研发强度"，并提供不同的选择用于计算抵扣。例如，有些州计算税基限额时仅会考虑运送到该州的销售额而非全部的销售额。有些州可能会使用与美国联邦政府不同的会计年度。

税改后，美国制造业企业仍感税负太重。[1] 税收基金会认为，在最新版的西弗吉尼亚州营业税景气指数（SBTCI）中，西弗吉尼亚州的税收结构排名高于各州平均水平。该州经济部门受制于针对机械设备和存货的过时税收政策，企业尤其是制造业企业很难在这个州进行投资和发展。而且在地方一级，递延对企业总营业额的税收影响严重打击了制造商和分销商的发展。若干年前，西弗吉尼亚州的资本密集型制造业税收排名第43位，劳动密集型制造业税收排名第

---

[1] "Will West Virginia Reduce the Tax Burden on Manufacturing?" https://taxfoundation.org, 2019 - 11 - 01.

47 位。由于该州对机械设备征收的财产税占到了该州资本密集型制造业税款的一半以上,企业供应链也因此受到影响,配送中心面临的有效税率超过 30%。

财产税只是美国 50 个州全部税收的一部分。西弗吉尼亚州严重依赖诸如商用机械设备、存货等有形资产的税收,严重依赖企业的有形财产税会阻碍经济增长;不同寻常的是,西弗吉尼亚州对其依赖性如此之高,几乎在所有财产税的收入中有三分之一来自有形财产税。

西弗吉尼亚州是仅有的 10 个仍在对存货征税的州之一。征收财产税不利于投资,因为未折旧的新设备比旧设备具有更高的应税价值,但旧设备继续使用,效率低下,企业也有可能会把一些新的资本投入转移到其他州。而且,将存货纳入财产税会给企业带来高昂的合规成本,这会激励企业寻找可以避免这些不利税收的州来存储存货。

商业财产税都是高度扭曲的。因为其迫使公司根据税收决定生产和分配,而不是合理的商业环境,给企业带来了高昂的合规成本,而为了计算税款和进行避税,企业必须追踪每项资产的收购价格和折旧、所有存货的价值和存放位置、追踪相关的估值比率、使用寿命以及可以适用的抵免额、减免额和退款。因此,废除针对制造机械设备以及存货的有形财产税的势头越来越猛。

州企业所得税增加企业税负的共识是清晰的。[1] 税收基金会认为,尽管《减税与就业法》将美国联邦企业所得税税率从 35% 降低到 21%,而大多数州征收企业所得税意味着,2019 年美国企业所得税的平均法定税率在合并州企业所得税和联邦企业所得税后,平均税率是 25.8%。

各州的企业所得税税率不尽相同。内华达州、俄亥俄州、南达科他州、得克萨斯州、华盛顿州和怀俄明州 6 个州不征企业所得税,而其他 44 个州和哥伦比亚特区对企业所得征税;各州的税率不等,北卡罗来纳州为 2.5%,艾奥瓦州为 12%。大多数州对企业利润按照统一的税率征税,有 14 个州已逐步制定了企业

---

[1]　Scott Eastman, Madison Mauro,"State Corporate Income Taxes Increase Tax Burden on Corporate Profits,"https://taxfoundation.org, 2019 - 05 - 07.

所得税。内华达、俄亥俄、得克萨斯和华盛顿等几个州通过对总收入征税的形式来对企业征税。因此,虽然这些州不征收企业所得税,但它们的企业仍需缴纳州所得税。

新泽西州征收30%多的综合税率,是企业所得税税率最高的州。其他6个州(阿拉斯加州、伊利诺伊州、艾奥瓦州、缅因州、明尼苏达州和宾夕法尼亚州)的企业综合税率超过28%。即使在6个对企业利润不征税的州,企业仍然需要承担21%的联邦税率。

目前,企业可以完全扣除州和地方所得税,这使得实际的税率低于法定"总体"税率。此外,亚拉巴马州、艾奥瓦州、路易斯安那州和密苏里州4个州允许企业从州税中扣除部分联邦税,进一步降低了实际的法定税率。有效的法定税率是指州和联邦税率在扣除该部分后的平均值,州企业所得税也是企业利润承担的总体税负的一部分。

2017年美国联邦税制改革在国际税收政策方面出现了倒退。由于州税法援引有关联邦税法,在很多方面造成2017年美国联邦税制改革在各州起到了相反作用。2017年12月税改前,联邦企业所得税适用于企业全球收入,并且允许以已支付的外国税进行抵免。现在,美国主要按照"属地原则"运行税收体系,遏制国际避税技巧的措施很少——比如利润转移和在低税国家注册知识产权。其中一种措施是GILTI,GILTI旨在对被视为外国子公司超额利润的收入,减去扣除额,再减去已支付的外国税款可计算部分抵免后的金额进行征税。这会带来一些后果。

GILTI根据IRC第951A条对超额收益征税。超额收益的定义是收入超过合格企业资产投资的10%以上的部分减去费用。即如果企业使用有形财产进行生产,投资回报可能不到资本成本的10%。如果制造设备价值1 000万美元,那么制造设备生产产品的利润在一年内不可能突破100万美元。但是,如果将专利或商标放在外国子公司,然后在美国和全世界的所有其他公司为使用该项专利权或者商标支付特许权使用费,那么企业在拥有很少有形资产的情况下,也会拥有很多收入。GILTI 计算公式不是试图确定外国子公司收入中有多少可归于无形资产,而是假设有形资产产生"正常"回报,那么任何"超额"回报都是由无形资产产生的。这只是近似说明,而有形资产也会产生超额回报。这就是 GILTI 的实施原理。

美国联邦税改的目标是对 GILTI 这一收入征税。但 GILTI 税率较低,并考虑到所有外国税收。到目前为止,我们只是确定全球收入受到限制,至少与无形资产回报非常一致。首先是根据 IRC 第 250 条规定扣除 50% 后将联邦税率从 21% 降低到 10.5%,在 2025 年减去扣减项后将提高到 13.125%。税收抵免适用于所支付的外国税金的 80%,尽管这些抵免的价值受到限制,限制金额等于在美国应交税费乘以外国利润除以全球利润。但是,一般而言,外国应交税费越高,在美国的剩余应交税费就越低。

许多州已将 GILTI 纳入州税法体系。这样做虽符合美国联邦法律,但已偏离了典型的州税体制,而且因为州 GILTI 税收比联邦税收更具递进性,GILTI 很快会变得更糟。许多州在抵免或扣除之前适用公司税法,因此根据第 951A 条规定,实施 GILTI 但无法申请 50% 扣除额或申请已缴纳外国税收抵免。可见州 GILTI 税收不仅具有侵略性,而且缺乏仅仅适用于低税收外国收入的借口。在某些情况下,州有效税率与 GILTI 联邦税率差不多。一些州正在通过探索"要素减征"来降低这些成本,但对 GILTI 征税,即使根据国际税法第 250 条,申请扣除和要素减免非常缺乏竞争力,各州应该通过与 GILTI 征税脱钩,完全避免这种做法,因为这对各州来说意义不大。

美国宪法禁止对外国经济活动征收歧视性税收。那么独立申报的州有理由与 GILTI 征税分开。如果某州的征税范围不包括美国企业集团合并外国子公司税收,那么它不能将国际子公司纳入纳税申报表内,用于税收目的。这样做会违反《外国贸易法》,因为对待国际收入不如对待美国国内收入有利,从而授予美国国会唯一权力,监管与外国和其他州的贸易。

各州的单独纳税申报表和寻求对 GILTI 征税面临严重宪法问题。由于卡夫起诉艾奥瓦州税收部门的先例[1]，美国最高法院在该案中驳回了对从国内子公司收到的股息征收的营业税。所以有关的这些州应该特别努力，避免对 GILTI 征税。一般来说，（1）除非各州使用特定收入起点，或明确表示与 GILTI 脱钩，否则各州都将 GILTI 纳入其课税基数。（2）州通常按照特殊扣除之前的联邦应税所得计算企业所得税，且一般会放弃相应的 50% 扣除；而在特别扣除额扣除之后，以联邦应税所得额计算企业所得税的州，一般也包括该扣除额，不过在这里，各州可以通过立法，做出调整，看是否符合特定条款。（3）一些州已作出行政裁决，规定 GILTI 不属于应税所得的一部分或作为外国股息全额扣除。

表 2-17　美国各州税法全球无形资产低税所得规定

州　名	是否将 GILTI 纳入税基	第 250 条扣减规定	申报模式	潜在对 GILTI 征税
亚拉巴马州	是	是	单独	是（宪法问题）
阿拉斯加州	是	是	合并	是
亚利桑那州	是(a)	是(a)	合并	是（符合性更新）
阿肯色州	没有	没有	单独	没有
加利福尼亚州(b)	是(a)	没有(a)	合并	是（符合性更新）
科罗拉多州	是	是	合并	是
康涅狄格州	是	DRD 下的扣减额	合并	没有
特拉华州	是	是	单独	是（宪法问题）
佛罗里达州	是	是	单独	是（宪法问题）
格鲁吉亚州	没有	是	单独	没有
夏威夷州	没有	没有	合并	没有
爱达荷州	是	没有	合并	是

---

[1] "Kraft Gen. Foods, Inc. v. Iowa Dept. of Revenue and Finance, 505 U. S. 71 (1992)," https://supreme.justia.com/cases/federal/us/505/71/.

州　名	是否将 GILTI 纳入税基	第 250 条扣减规定	申报模式	潜在对 GILTI 征税
伊利诺伊州	是	DRD 下的扣减额	合并	没有
印地安纳州	是	没有	单独	没有
艾奥瓦州	是	是	单独	是（宪法问题）
堪萨斯州	是	是	合并	是
肯塔基州	没有	没有	单独	没有
路易斯安那州	是	是	单独	是（宪法问题）
缅因州	部分[c]	没有	合并	是
马里兰州	是	没有	单独	是（宪法问题）
马萨诸塞州	是	DRD 下的扣减额	合并	没有
密歇根州	是	是	合并	没有
明尼苏达州	是[a]	没有[a]	合并	是（符合性更新）
密西西比州	是	没有	单独	是（宪法问题）
密苏里州	是	是	单独	是（宪法问题）
蒙大拿州	是	没有	合并	没有
内布拉斯加州	是	是	合并	是
内华达州	不适用	不适用	单独	不适用
新罕布什尔州	是[a]	没有[a]	合并	是
新泽西州	是	是	单独	是（宪法问题）
新墨西哥州	是	没有	单独	是（宪法问题）
纽约州	是	没有	合并	是
北卡罗来纳州	没有	没有	单独	没有
北达科他州	是	DRD 下的扣减额	合并	没有

続　表

州　名	是否将 GILTI 纳入税基	第 250 条扣减规定	申报模式	潜在对 GILTI 征税
俄亥俄州	不适用	不适用	单独	不适用
俄克拉何马州	是	是	单独	是(宪法问题)
俄勒冈州	是	没有	合并	是
宾夕法尼亚州	是	DRD 下的扣减额	单独	没有
罗德岛州	是	没有	合并	是
南卡罗来纳州	没有	没有	单独	没有
南达科他州	不适用	不适用	单独	不适用
田纳西州	是	没有	单独	是(宪法问题)
得克萨斯州	不适用	不适用	合并	不适用
犹他州	是	没有	合并	是
佛蒙特州	是	是	合并	是
弗吉尼亚州	是[a]	是[a]	单独	是(符合性更新)
华盛顿州	不适用	不适用	单独	不适用
西弗吉尼亚州	是	是	合并	是
威斯康星州	没有	没有	合并	没有
怀俄明州	不适用	不适用	单独	不适用
哥伦比亚特区	是	是	单独	是(宪法问题)

(a)符合上一年度,但尚未包括 GILTI。
(b)加利福尼亚州对受控外国公司征税,并且可能无法对 GILTI 征税。
(c)缅因州为 GILTI 提供 50%扣除项,但要包含联邦扣除额。
资料来源:美国国家法规;收入办公室;彭博税务;美国国会联合税收委员会。

目前已有几个州就联邦 GILTI 税采取了行动。2018 年,康涅狄格州、伊利诺伊州、马萨诸塞州和北达科他州决定,可以股息收益扣除额抵扣 GILTI。佐治亚州、夏威夷州和南卡罗来纳州通过立法将 GILTI 排除在税基之外。新泽西州根据第 250 条规定,对扣除额采取了抵扣措施。

但许多对 GILTI 征税的州没有向企业发出税收指引。此举反映了美国各州对于 2017 年国际收入纳入税基的保留意见,这可能是件好事,前提是各州采取立法或行政措施,确定对 GILTI 不征税,最好对 GILTI 进行扣除。然而,就目前而言,不确定性仍占主导地位,人们担心,即使联邦税法有所改善,州企业税法的竞争力也可能大幅下降。

三、销售税

美国各州及地方的销售税现状表明有关改革存在不协调问题。[1] 零售的消费税是创造税收的一种更透明的方式。鉴于递增的所得税税率和分级很复杂,而且使许多纳税人感到困惑,而销售税更容易理解:消费者可以直接在收据上看到他们的税收负担。除了州级的销售税外,消费者还要在 38 个州面临地方的销售税。这些税率可能很高,因此在州内广泛征收消费税的州,哪怕税率适中,州和地方的实际复合税率可能相对其他州会很高。本节提供了截至 2019 年 1 月 1 日地方销售税按照人口的加权平均值,以了解每个州平均的地方税率。

税收基金会有关研究发现:(1)在 2019 年,美国共有 45 个州和哥伦比亚特区征收销售税。(2)共有 38 个州征收地方销售税,地方税甚至超过州税率。(3)各州和地方销售税平均复合税率最高的 5 个州分别是田纳西州(9.47%)、路易斯安那州(9.45%)、阿肯色州(9.43%)、华盛顿州(9.17%)和亚拉巴马州(9.14%)。(4)路易斯安那州自 2018 年 7 月将税率从 5.0% 下调至 4.45% 以来,州税率没有变化。(5)哥伦比亚特区的销售税税率从 5.75% 上升至 6%。总之,除了各州的销售税税率不同直接影响税负,销售税基也会影响税收收入,并对经济产生影响;而且销售税税率的差异,直接推动了消费者跨州购物或在线

---

[1] Janelle Cammenga,"State and Local Sales Tax Rates, 2019," https://taxfoundation.org, 2019 - 01 - 30.

消费。

通过对全美各州复合税率的分别统计和计算发现：（1）共有 5 个州不征收销售税，分别是阿拉斯加州、特拉华州、蒙大拿州、新罕布什尔州和俄勒冈州。其中，阿拉斯加州允许州内各地征收地方销售税。（2）州和地方复合销售税税率平均最高的 5 个州分别是田纳西州（9.47%）、路易斯安那州（9.45%）、阿肯色州（9.43%）、华盛顿州（9.17%）和亚拉巴马州（9.14%）。（3）州和地方复合销售税税率平均最低的 5 个州是阿拉斯加州（1.43%）、夏威夷州（4.41%）、怀俄明州（5.36%）、威斯康星州（5.44%）和缅因州（5.50%）。

通过对各州税率高低水平的分析发现：（1）加利福尼亚州 7.25% 的州销售税税率最高。（2）共有 4 个州的州税率为 7%，分别是印第安纳州、密西西比州、罗德岛州和田纳西州。（3）最低州销售税税率是科罗拉多州的 2.9%。（4）共有 5 个州的销售税税率为 4%，即亚拉巴马州、佐治亚州、夏威夷州、纽约州和怀俄明州。（5）2019 年 10 月份哥伦比亚特区将销售税率从 5.75% 提高到 6%。（6）自 2018 年 7 月以来，没有其他州改变州销售税税率。

通过对各州的地方销售税税率统计计算发现：（1）地方销售税税率平均最高的 5 个州是亚拉巴马州（5.14%）、路易斯安那州（5.00%）、科罗拉多州（4.73%）、纽约州（4.49%）和俄克拉何马州（4.42%）。（2）佛罗里达州的地方销售税税率变化幅度最大，已经从全美各州的第 28 位跃升至第 22 位，这一变化的影响因素是布劳沃德县将销售税税率提高了 1 个百分点，希尔斯伯勒县将地方消费税税率提高了 1.5 个百分点。（3）科罗拉多州地方销售税的税负排名保持不变，其中 39 个县提高了销售税率，包括在 2019 年年初中央城将销售税税率从 4% 提高到 6%。（4）犹他州的排名上升 3 位至第 26 位，主要是由于盐湖县和盐湖城分别将地方销售税税率提高了 0.25% 和 0.5%。（5）内布拉斯加州的销售税税率下降幅度最大。该州的州和地方销售税的综合排名提高了 2 位。林肯市将销售税税率从 1.5% 降至 1.0%，抵消了小城市的税率增长。（6）怀俄明州的排名没有变化，但在卡本县 1% 特别税到期后，该州复合销售税税负就下降了。

新泽西州是比较特殊的一种情况。一些新泽西州的城市位于"城市企业区",符合条件的企业可以按照全州 6.625% 的统一销售税税率减半收付款,即 3.312 5%。这项政策旨在帮助当地零售商与取消了销售税的邻近州特拉华州进行竞争。但是新泽西州官员认为,全州 6.625% 的税率与特拉华州相比,一点都没有竞争力。

表 2-18　美国各州和地方销售税税率(截至 2019 年 1 月 1 日)

州　名	州税	排名	平均地方税[a]	复合税率	排名	地方税最大值
亚拉巴马州	4.00%	40	5.14%	9.14%	5	7.00%
阿拉斯加州	0.00%	46	1.43%	1.43%	46	7.50%
亚利桑那州	5.60%	28	2.77%	8.37%	11	5.60%
阿肯色州	6.50%	9	2.93%	9.43%	3	5.13%
加利福尼亚州[b]	7.25%	1	1.31%	8.56%	9	2.50%
科罗拉多州	2.90%	45	4.73%	7.63%	16	8.30%
康涅狄格州	6.35%	12	0.00%	6.35%	33	0.00%
特拉华州	—	46	0.00%	0.00%	47	0.00%
佛罗里达州	6.00%	16	1.05%	7.05%	22	2.50%
佐治亚州	4.00%	40	3.29%	7.29%	19	5.00%
夏威夷州[c]	4.00%	40	0.41%	4.41%	45	0.50%
爱达荷州	6.00%	16	0.03%	6.03%	37	3.00%
伊利诺伊州	6.25%	13	2.49%	8.74%	7	4.75%
印第安纳州	7.00%	2	0.00%	7.00%	23	0.00%
艾奥瓦州	6.00%	16	0.82%	6.82%	29	1.00%
堪萨斯州	6.50%	9	2.17%	8.67%	8	4.00%
肯塔基州	6.00%	16	0.00%	6.00%	38	0.00%

州　名	州税	排名	平均地方税[a]	复合税率	排名	地方税最大值
路易斯安那州	4.45%	38	5.00%	9.45%	2	7.00%
缅因州	5.50%	29	0.00%	5.50%	42	0.00%
马里兰州	6.00%	16	0.00%	6.00%	38	0.00%
马萨诸塞州	6.25%	13	0.00%	6.25%	35	0.00%
密歇根州	6.00%	16	0.00%	6.00%	38	0.00%
明尼苏达州	6.88%	6	0.55%	7.43%	18	2.00%
密西西比州	7.00%	2	0.07%	7.07%	21	1.00%
蒙大拿州	4.23%	39	3.90%	8.13%	14	5.45%
蒙大拿州[d]	—	46	0.00%	0.00%	47	0.00%
内布拉斯加州	5.50%	29	1.35%	6.85%	27	2.00%
内华达州	6.85%	7	1.29%	8.14%	13	1.42%
新罕布什尔州	—	46	0.00%	0.00%	47	0.00%
新泽西州[e]	6.63%	8	−0.03%	6.60%	30	3.31%
新墨西哥州[c]	5.13%	32	2.69%	7.82%	15	4.13%
纽约州	4.00%	40	4.49%	8.49%	10	4.88%
北卡罗来纳州	4.75%	35	2.22%	6.97%	25	2.75%
北达科他州	5.00%	33	1.85%	6.85%	28	3.50%
俄亥俄州	5.75%	27	1.42%	7.17%	20	2.25%
俄克拉何马州	4.50%	36	4.42%	8.92%	6	6.50%
俄勒冈州	—	46	0.00%	0.00%	47	0.00%
宾夕法尼亚州	6.00%	16	0.34%	6.34%	34	2.00%
罗德岛州	7.00%	2	0.00%	7.00%	23	0.00%

续　表

州　　名	州税	排名	平均地方税[a]	复合税率	排名	地方税最大值
南卡罗来纳州	6.00%	16	1.43%	7.43%	17	3.00%
南达科他州[c]	4.50%	36	1.90%	6.40%	31	4.50%
田纳西州	7.00%	2	2.47%	9.47%	1	2.75%
得克萨斯州	6.25%	13	1.94%	8.19%	12	2.00%
犹他州[b]	5.95%	26	0.99%	6.94%	26	2.75%
佛蒙特州	6.00%	16	0.18%	6.18%	36	1.00%
弗吉尼亚州[b]	5.30%	31	0.35%	5.65%	41	0.70%
华盛顿州	6.50%	9	2.67%	9.17%	4	3.90%
西弗吉尼亚州	6.00%	16	0.39%	6.39%	32	1.00%
威斯康星州	5.00%	33	0.44%	5.44%	43	1.75%
怀俄明州	4.00%	40	1.36%	5.36%	44	2.00%
华盛顿哥伦比亚特区	6.00%	(16)	0.00%	6.00%	(38)	0.00%

（a）市、县和区的费率各不相同。通过对这些费率按人口加权计算当地平均税率。

（b）三个州在州一级征收强制性的州级和地方的附加销售税：加利福尼亚州（1%）、犹他州（1.25%）和弗吉尼亚州（1%）。我们将这些纳入州销售税。

（c）夏威夷、新墨西哥州和南达科他州的销售税具有广泛的税基，包括许多企业与企业间的服务。

（d）此处不计算当地度假区的特别税。

（e）新泽西州塞勒姆县不受州级销售税税率的影响，收取的本地税率为3.3125%。新泽西州的本地得分为负数。

备注：华盛顿哥伦比亚特区不计入州的排名，括号中的数字表示如果包括在内的排名。

资料来源：销售税清算所；税收基金计算。

　　州与州之间的竞争会直接影响销售税税率。首先，在两个司法管辖区的税率存在显著差异的地区，最有可能产生逃避缴纳销售税的行为。研究表明，消费者确实有可能避开高税区，在低税区（例如从城市到郊区）进行大量消费。例如,有证据表明,芝加哥地区的消费者在周边郊区或网上进行较多购物,以逃避芝加哥 10.25% 的销售税税率。其次,企业有时会在高销售税边界之外选址,以规避高税率的影响。例如,在新英格兰地区,尽管州际高速公路 I-91 在康涅狄格河的佛蒙特州一侧,但是仍有更多的零售店在新罕布什尔州一侧选址落户,以避免销售税。研究表明,自 20 世纪 50 年代后期以来,在免征销售税的新罕布什尔州边境县,人均销售额增长了 2 倍,而佛蒙特州边境县的人均销售额却始终停滞不前。特拉华州在高速公路旁的欢迎标志上提醒人们,特拉华州是"免税购物之家"。由此可见,州和地方政府应该谨慎制定税率,最好不要比邻居税率过高,因为这样做会减少财政收入,在极端情况下,甚至税率越高,财政收入越少。

各州销售税基的不同决定了销售税税率差异。税收基金会研究发现,通常根据税率对各州进行排名不大考虑税基差异,其中包括销售税结构、应纳消费税定义,而在这方面,各州有很大差异。例如对杂货店,大多数州免征销售税,而剩余的其他州征收有限的消费税,还有一些州与所有其他产品征收相同的税率。有些州对衣物免征或者以较低的税率征收消费税。在美国,夏威夷的消费税分布最广,并向许多产品多次征税。该州最终的税收收入占全州个人收入的 105.08%,其税基远远高于美国中位数,其中销售税对个人收入 34.25% 的部分征收。

销售税适用于商品和服务的终端零售,不适用于生产链企业间的交易。通常建议税基不仅要广泛,而且"规模要适当",对每种产品只应用一次,而且只适用一次。尽管理论上达成了一致意见,但大多数州的销售税远非理想状态。

美国销售税清算所每季度公布州、县和区销售税数据。据 2010 年人口普查的数据对销售税数据进行加权,即可以了解州销售税税率。但是由于美国人口普查局每 10 年才进行一次人口普查,因此 2011 年 7 月 1 日的计算不具有严格可比性。基于研究目的,上述计算省略了邮政编码列表区域(ZCTA),一定程度上导致计算不甚精确,但对结果平均值总体上没有明显影响,因为具有邮政编码列表区域人口数的邻近区域会捕获这些管辖区的税率。

总之,州和地方的销售税政策应全盘考虑。例如,田纳西州的销售税很高,但没有征收工薪所得税,俄勒冈州不征销售税,但是州所得税很高。虽然许多因素会影响商业选址和投资决策,但销售税是产生直接影响的因素。

美国各州的销售税是州与地方重要的税源之一。[1] 在美国,几乎各州销售税都是仅次于州和地方财产税的第二大税源,在经济上比资本税和所得税更为中性,因为它们只针对当前消费,而所得税既针对当前消费,也针对未来消费。

美国百分之九十的州财政收入依靠州销售税。(1)其中 45 个州征收州销售税,38 个州允许各地方征收单独的销售税,而特拉华州、蒙大拿州、新罕布什尔州和俄勒冈州这 4 个州既不征收州销售税,也不征收地方销售税。(2)共有 8 个州征收州销售税,不征地方销售税:康涅狄格州、印第安纳州、肯塔基州、缅因州、马里兰州、马萨诸塞州、密歇根州和罗德岛州。(3)阿拉斯加州是唯一一个征收地方销售税、不征收州销售税的州。(4)共有 5 个州的财政对于销售税依赖最少:阿拉斯加州(8.3%)、佛蒙特州(10.4%)、马里兰州(12.4%)、弗吉尼亚州(13.8%)、马萨诸塞州(13.8%)。(5)州财政对销售税依赖最多的 5 个州:华盛顿州(46.4%)、田纳西州(41.5%)、路易斯安那州(41.0%)、南达科他州(39.6%)、内华达州(39.4%)。其中华盛顿州、田纳西州、南达科他州和内华达州的财政都严重依赖销售税,但这 4 个州都不是高税收州,而且放弃了州个人所得税,转而通过销售税提高财政收入。

总之,财政对销售税的依赖程度取决于不同的因素。(1)与低销售税或无销售税管辖区接壤的州和地方,很难以高税率征收销售税,因为这可能会促使消费者跨界购物。(2)税基是重要的考量因素。销售税应适用于所有最终消费,包括商品和服务。美国最高法院对南达科他州诉韦费尔一案的判决,将直接影响州政府对销售税的依赖,各州对网上购物征收销售税的决定将扩大各州的销

---

[1] Janelle Cammenga, "To What Extent Does Your State Rely on Sales Taxes?" https://taxfoundation.org, 2019-05-22.

售税基。尽管如此，随着美国国会继续削减免税额，消费模式越来越向免税服务转变，许多州的销售税基明显缩小。要将销售税作为稳定和中性的收入来源，最好是继续以低税率对所有最终消费征税。

全美有 45 个州和华盛顿哥伦比亚特区征收的州销售税中包含了含糖类食品。[1] （1）共有 32 个州和华盛顿哥伦比亚特区免除了食品杂货的销售税，23 个州和华盛顿哥伦比亚特区对糖果和苏打水所征的销售税与对食品杂货所征的销售税不同。（2）有 11 个州将食品杂货从销售税基中免除，分别是：亚利桑那州、佐治亚州、路易斯安那州、马萨诸塞州、密歇根州、内布拉斯加州、内华达州、新墨西哥州、南卡罗来纳州、佛蒙特州和怀俄明州。（3）共 32 个州对食品杂货免征销售税，阿肯色州、伊利诺伊州、密苏里州、田纳西州、犹他州和弗吉尼亚州 6 个州，以优惠税率对食品杂货征税。在这 6 个州中，有 4 个州将糖果和苏打水也包括在低税食品杂货中。阿肯色州和伊利诺伊州将苏打水和糖果排除在税收优惠之外，按标准税率征税。

食品杂货免税的目的是减轻必需品的税收负担。特别是对那些占低收入者总体消费很大份额的必需品，各州有义务决定哪些产品是必需品。根据食品营养价值归类必需品时，苏打水和糖果是首批被列入"应税"名单里的产品。为了将豁免范围缩小到必需品，大多数州最终都排除了某些食品和饮料。新泽西州税务部门提醒消费者，装饰南瓜要缴纳销售税，但用来食用的南瓜免税，这种做法的逻辑性和可执行性值得怀疑。

不同州对食品杂货的定义不同，这使食品和糖果的消费税十分复杂。有 24 个州对食品杂货的定义与《简化销售和使用税收协议》（SSUTA）一致，该协议确定了糖果与其他甜食的不同之处。糖果以棒状、水滴状或块状的形式出现，而且不含面粉。但是也存在一些区别：如果消费者买了一个好时棒，则需要缴纳销售税。如果买了一个特趣（Twix）棒，则免税。有趣的是，消费者在准备现场食

---

[1]　Janelle Cammenga, "How Does Your State Treat Groceries, Candy, and Soda?" https://taxfoundation.org, 2019 - 10 - 30.

用的食品和非现场食用的食品时会遇到一些类似的难题：如果使用加热设备加热烤鸡将会被征税，但如果是包装和冷藏的烤鸡则不会被征税。

表 2－19　美国各州食品杂货、糖果和苏打水的销售税（2019 年 7 月 1 日起实行）

州　　名	州一般销售税	对食品杂货如何处理	糖果是否属于食品杂货类商品	苏打水是否属于食品杂货类商品
亚拉巴马州	4.00%	包含在税基中	是	是
阿拉斯加州	—	—	—	—
亚利桑那州	5.60%	豁免	是	是
阿肯色州	6.50%	1.50%	否	否
加利福尼亚州	8.25%	豁免	是	否
科罗拉多州	2.90%	豁免	否	否
康涅狄格州	6.35%	豁免	否	否
特拉华州	—	—	—	—
佛罗里达州	6.00%	豁免	否	否
佐治亚州	4.00%	豁免	是	是
夏威夷州	4.00%	包含在税基中	是	是
爱达荷州	6.00%	包含在税基中	是	是
伊利诺伊州	6.25%	1.00%	否	否
印第安纳州	7.00%	豁免	否	否
艾奥瓦州	6.00%	豁免	否	否
堪萨斯州	6.50%	包含在税基中	是	是
肯塔基州	6.00%	豁免	否	否
路易斯安那州	4.45%	豁免	是	是
缅因州	5.50%	豁免	否	否

州　　名	州一般销售税	对食品杂货如何处理	糖果是否属于食品杂货类商品	苏打水是否属于食品杂货类商品
马里兰州	6.00%	豁免	否	否
马萨诸塞州	6.25%	豁免	是	是
密歇根州	6.00%	豁免	是	是
明尼苏达州	6.875%	豁免	否	否
密西西比州	7.00%	包含在税基中	是	是
密苏里州	4.225%	1.225%	是	是
蒙大拿州	—	—	—	—
内布拉斯加州	5.50%	豁免	是	是
内达华州	6.85%	豁免	是	是
新罕布什尔州	—	—	—	—
新泽西州	6.625%	豁免	否	否
新墨西哥州	5.125%	豁免	是	是
纽约州	4.00%	豁免	否	否
北卡罗来纳州	4.75%	豁免	否	否
北达科他州	5.00%	豁免	否	否
俄亥俄州	5.75%	豁免	是	否
俄克拉何马州	4.50%	包含在税基中	是	是
俄勒冈州	—	—	—	—
宾夕法尼亚州	6.00%	豁免	是	否
罗得岛州	7.00%	豁免	否	否
南卡罗来纳州	6.00%	豁免	是	是
南达科他州	4.50%	包含在税基中	是	是

州　　名	州一般销售税	对食品杂货如何处理	糖果是否属于食品杂货类商品	苏打水是否属于食品杂货类商品
田纳西州	7.00%	4.00%	是	是
得克萨斯州	6.25%	豁免	否	否
犹他州	5.00%	1.75%	是	是
佛蒙特州	6.00%	豁免	是	是
弗吉尼亚州	5.30%	2.50%	是	是
华盛顿州	6.50%	豁免	是	否
西弗吉尼亚州	6.00%	豁免	是	否
威斯康星州	5.00%	豁免	否	否
怀俄明州	4.00%	豁免	是	是
华盛顿哥伦比亚特区	6.00%	豁免	否	否

　　低税率的统一销售税使各州和消费者受益。统一销售税涵盖所有最终消费品,容易管理,通过中立和透明的结构提供稳定的收入来源。

四、遗产税

　　州财政征收遗产税既有利也有弊。[1] 据税收基金会分析报告,除了 40% 的联邦遗产税之外,一些州也额外征收州遗产税或继承税。其中有 12 个州和华盛顿哥伦比亚特区征收遗产税,还有 6 个州征收继承税,马里兰州是全美唯一一个同时征收这两种税的州。

　　各州的遗产税率和征收政策不同。(1)华盛顿州 20% 的遗产税税率全美最

---

[1]　Scott Drenkard, Richard Borean, "Does Your State Have an Estate or Inheritance Tax?" https://taxfoundation. org, 2019 - 10 - 16.

高,夏威夷州将从 2020 年 1 月 1 日起把遗产税最高税率也提高到 20%。(2)共有 8 个州和华盛顿哥伦比亚特区,最高税率为 16%。(3)马萨诸塞州的免税额最低,为 100 万美元,华盛顿哥伦比亚特区的免税额最高,为 568 万美元。(4)在征收继承税的 6 个州中,内布拉斯加州的最高税率为 18%。马里兰州的最高税率最低,为 10%。(5)有 6 个州都免除配偶纳税义务,有些州完全或部分免除直系亲属的纳税义务。

遗产税和继承税近一个世纪以来是各州体现其竞争力的一个选项。1926 年,美国政府开始为州遗产税提供联邦抵免,这意味着纳税人支付的遗产税金额是相同的,不管他们所在的州是否征收州遗产税。在全面取消州遗产税抵免后,一些州默认停止了收取遗产税,因为其规定与联邦抵免直接相关,而另一些州则通过立法废除了遗产税。大多数州已经取消了遗产税或继承税,或提高了免征标准,因为没有联邦遗产税抵免会损害一个州的竞争力。新泽西州逐步取消遗产税,到 2018 年彻底终止,现在只征收继承税,特拉华州于 2018 年废除了遗产税。根据 2017 年《减税与就业法》,美国政府将遗产税免征额从每人 549 万美元提高到 1 120 万美元,不过这项规定将于 2025 年 12 月 31 日到期。

美国人觉得遗产税和继承税税负太过沉重。因为遗产税和继承税会抑制商业投资,并可能将高净值个人赶出州外。遗产税和继承税还会产生低效的遗产规划和避税策略,不仅对受影响的纳税人如此,对整个经济也是如此。少数几个仍然实施遗产税和继承税的州应该取消有关政策,或者至少要提出符合美国政策的豁免标准。

五、数字税

2019 年,加利福尼亚州拟征收数字税。[1] 由于加利福尼亚州越来越多科技公司利用互联网通信获得了数十亿计的收入,新州长加文·纽森(Gavin

---

[1] Claudia Biancotti, "Should Internet Companies Be Taxed for Profiting from Private Data?" https://piie. com, 2019 - 03 - 01.

Newsom）便随之提出了所谓的"数据分红"计划，他宣称这是让消费者"分享他们的数据创造财富"的方式。目前加利福尼亚州的数字税细节尚未确定，但彼特森国际问题研究所认为，数字税尽管是一个好主意，但它不足以矫正渗透在数字经济中的企业和消费者之间的力量失衡，它的实施必须附有加强对个人的代理的措施。

消费者因向公司提供数据而应得到补偿并非新观点。2013 年，"虚拟现实之父"杰伦·拉尼尔（Jaron Lanier）首次提出这个观点之后，法律学者埃里克·波斯纳（Eric Posner）和经济学家格伦·韦尔（Glen Weyl）认为，普通公民日常向大公司提供有关他们所做的一切的信息，没有获得足够的补偿。互联网公司反驳说，他们免费提供广受欢迎的服务，为消费者和整个经济创造了巨大的价值，提供用户感兴趣的内容，提高了他们在商业和私人活动中的效率。还有部分人因用个人信息换取了关注而得到心理安慰。

但这些论点都不足以令人信服。第一，大多数消费者对互联网公司从他们那里收集了多少数据，以及如何将数据货币化一无所知。一旦它们了解到更多，这些人就会调整他们的行为，即使存在机会成本，他们也会彻底离开这些互联网平台，或者不再点击广告和购买推广的产品。第二，并不是每个人都意识到，其实针对性广告是通过只向特定群体展示就业和住房机会实现种族歧视，也不是每个人都意识到，消费者从不同地点浏览同一商品可能会因其周边居民的富裕程度而看到不同的价格。第三，想要每个人放弃个人隐私以换取平台服务、做出知情选择是不现实的，尤其是在因网络效应而趋向垄断的市场中。

正如德国反垄断局所言，平台用户可能只是想继续享受某些特定类别的服务，别无他法，进而使自己陷于大量数据收集的陷阱。正是由于信息不对称加上有限竞争，才导致了强烈的市场失灵，因此进行公共干预是正当的。2017 年，欧盟委员会试图针对"用户在价值创造中发挥主要作用的活动"企业征收 3% 的所得税收。由于在欧盟层面上没有这方面的任何规定，有些欧洲国家自行计划开征数字税。而在美国也有先例，如华盛顿州议员就提议，对数据销售收入征收3.3% 的税。在概念上，这些政策与对通过电商渠道取得的销售商品和服务的收入进行征税不同,它们旨在获取由用户数据自身产生的收入。

向消费者提供数据补偿征税对政府而言是个不错的选择。尽管衡量数字经济增加值还存在很多挑战,但征税容易。它不需要直接评估每条信息的价值,谁该纳税,数据驱动的活动怎么界定,一旦做好了这些关键选择,执行和监控是简单直接的。

决策者不应低估收入分配带来的挑战。"分红"这个词会让人联想到货币支付,但通过直接支付给消费者,进行再分配不是很好的选择。简单计算表明,如果 2018 年对主要技术公司的美国国内收入征收 3% 的数字税,每位美国居民将获得约 32 美元收入,大致相当于人均收入中位数的 0.1%,它对绝大多数受益人来说几乎没有什么影响,也无法准确反映用户数据在数字创新中发挥的作用。

数字税收入应直接用于解决下列三大问题。无论多大金额的转移支付都无法解决信息不对称、个人数据代理机构有限,以及普遍存在的隐私风险等问题。归集每个居民的 32 美元,对于加利福尼亚州而言是 13 亿美元,范围扩大至美国,将会变成 100 亿美元以上。但是货币价值不是唯一的问题,这笔收入应用于支持以下三方面的努力。

第一,通过发展科技使消费者更加了解他们为企业提供的信息及其用途。在隐私政策中,用复杂法律语言编写的冗长的解释,难以提高消费者的认知。可通过消费者可视化技术,跟踪与谁共享了什么,并用直观方式限制数据的流通,应用程序必将做得更好。

第二,监管数据市场的试验。目前,微观信息的私人市场不发达,具有剥削性和危险性。相较于企业,消费者没有议价能力,因此单独出售数据只能带来微薄回报。犯罪分子和间谍可以伪装成合法买家收集敏感信息。正如数字权利组织电子前沿基金会所言,在道德上没有约束的"购买隐私"模式是有问题的。数据市场有可能为个人赋权,但他们需要集体谈判、对可出售数据信息设限,以及透明的定价机制。区块链社区在技术市场架构方面正在取得进展,但监管的部分是缺失的。

第三,从数据中提取经济价值应同时保护隐私。例如运用合成数据集的生成以及用于统计分析的差别个体算法。面对越来越多、日益严格的隐私立法,对违规行为的巨额罚款将推动技术公司避免侵犯性收集和使用个人数据。如果同样可以获利的替代方案能够被广泛获取并采用,消费者的压力也会降低。

六、税改与税收效应

美国各级财政当前对企业税依赖性较大。[1] 研究发现,如果将 64.2% 的企业所得税和 28.9% 的企业直接支付税款进行加总,向企业征收和扣缴的税款占美国各级政府征收的所有税款的 93.1%。据经济合作与发展组织估测,荷兰比美国更依赖纳税企业,企业支付或扣缴的税款占所有税收的 94.8%。经济合作与发展组织的数据显示,企业纳税对美国政府的财政收入至关重要,如果不是大小企业承担了相当大的费用,代表企业自身和其他纳税人支付、征收和扣缴税款,各级政府都会垮台。

美国政府构建的税收体系将税收遵从和管理成本大部分转移到私营企业。很难计算出政府需要雇用多少税务人员才能取代美国 3 500 多万代表政府行使税收征缴服务的企业。当考虑企业是否支付其应纳税份额时,不应忘记这些巨大的遵从成本。

2017 年税改带动美国农业州财政收入增加。[2] 据艾奥瓦州最新报告,美国全国数据显示大多数美国人获得了减税,美国财政部 2018 年的税收收入比 2017 年增加 930 亿美元。

美国联邦税制改革后,艾奥瓦州的税收收入好于预期。根据无党派立法服务机构报告,在 2019 财政年度,流入艾奥瓦州财政部门的净收入高达 70.7 亿美元以上,增长率为 7.8%,比 2018 财年前 11 个月征收的州税收高出约 5.15 亿美元。强劲的税收征管可能意味着,该州将在 6 月 30 日完成 2019 财年增长率目

---

[1] Scott A. Hodge, "U.S. Businesses Pay or Remit 93 Percent of All Taxes Collected in America," https://taxfoundation. org, 2019 - 05 - 02.

[2] Rod Boshart, "Revenue Up, Taxes Down for Iowans 'Thanks Mostly to Federal Tax Changes'," https://www. finance. senate. gov, 2019 - 06 - 05.

标,并且远高于财政收入预算会议设定的 4.8% 的年度增长预期。据财政预算会议估计,2019 财年 12 个月财政总收入净额为 76.11 亿美元。

美国立法服务部高级税务分析师杰夫·罗宾逊(Jeff Robinson)表示:"这看起来肯定不错。"他认为,艾奥瓦州 5.14 亿美元的税收增长,大部分应归功于 2018 年 2 月下调的联邦所得税,尤其是联邦企业所得税税率的下调,此举给州财政带来 1.516 亿美元的收入。

小　　结

第一,2019 年美国联邦税收收入在稳定、缓慢增长的基础上,发生了一定的结构性变化。2019 年,美国政府收入为 3.5 万亿美元,比 2018 年增加 1 330 亿美元(即 4%),税收收入占 GDP 的比重从 2018 年的 16.4% 降至 2019 年的 16.3%,仍低于过去 50 年的平均水平 1 个百分点。[1] 参见表 2-20。

表 2-20　2019 年美国联邦税收收入与增长

税　种	2017	2018	2019	2019 年同比增幅
	（10 亿美元）			（%）
个人所得税	1 587	1 684	1 718	2.0
工薪税	1 162	1 171	1 243	6.2
企业所得税	297	205	230	12.5
其他收入	270	270	271	0.5
合计	3 316	3 329	3 462	4.0
税收/GDP（%）	17.2	16.4	16.3	—

资料来源:美国国会预算办公室;美国白宫管理与预算办公室;美国财政部。

---

[1] "Monthly Budget Review: Summary for Fiscal Year 2019," https://www.cbo.gov/system/files/2019-11/55824-CBO-MBR-FY19.pdf, 2021-06-19.

个人所得税是美国联邦税收最大的收入来源。2019 年增加 340 亿美元,增幅为 2%;占 GDP 的比重从 2018 年的 8.3% 下降到 2019 年的 8.1%,但仍略高于 50 年来 8.0% 的平均水平。从所得税内部结构上分析,2019 年从工人工资中扣除的所得税增加 30 亿美元,增幅不足 1%,这在较大程度上反映了工资和薪金的增长情况,但是又部分抵消了工资和薪金的增长。(1)2017 年美国税法(公法第 115 - 97 号)改革后,工人的预扣税收入份额有所下降,新的预扣税率在整个 2019 财年有效,但仅适用于 2018 财年的 7 个半月。(2)美国财政部在 2018 财年将部分工资税重新归类为所得税,并在 2019 财年重新分类,导致 2018 年美国个人所得税增加了 210 亿美元,2019 年减少了 70 亿美元。(3)未扣缴的所得税增加 80 亿美元,约 1%。个人所得税退税减少 230 亿美元,约 9%。

工资税(社会保险)收入是第二大收入来源。2019 年增加了 720 亿美元,约 6%,占 GDP 的比重从 2018 年的 5.8% 增至 2019 年的 5.9%,与 50 年来的平均水平持平。

企业所得税收入是第三大收入来源。2019 年企业所得税增加 260 亿美元,约 12%,占 GDP 的比重从 1.0% 上升至 1.1%,但仍处于 2009 年以来的最低水平,低于 50 年来平均 GDP 的 1.9%。

其他税收收入增加 10 亿美元,约在 1% 以内,仍为 GDP 的 1.3%。(1)关税增加了 290 亿美元,约 71%,主要是因为美国对中国产品提高了关税。(2)消费税增加了 40 亿美元,约 4%,主要是由于医疗保险提供机构和个人征税的支付时间有变动。

从美联储到美国财政部的汇款减少了 180 亿美元,约为 25%,主要是因为短期利率提高导致美国央行向存款机构支付的准备金利息增加。

杂费和罚款减少了 80 亿美元,约 20%。遗产税和赠予税减少了 60 亿美元,约 27%,因为 2017 年美国税法改革后,遗产税免税额翻了一番。

从税收收入的结构上看,2019 年各主要收入来源均比 2018 年有所增长,但是由于国际税改和关税提高而增加的收入,是从其他国家让渡而来的,并非是由美国增加了产量而产生的,剔除这两个因素,美国财政收入增加将更加缓慢;如果将工薪税增长的人口因素纳入分析,美国联邦税收制度的缺陷将更加明显。比较中美两国的税收制度,我们可以看到,江泽民在 2001 年提出的建立"稳固、平衡、强大的国家财政"的国家财力建设思想,至今仍是具有历史意义和现实指导意义的。[1]

第二,数字税问题既是筹措财政收入的新税源,也是未来全球税收协调的难点之一。美国 2017 年税制改革部分解决了传统经济模式下税收收入分配问题,但是随着数字经济的发展,大型跨国企业中的数字企业对于各国征税政策提出了新问题,征收数字税势在必行。但是由于大型数字企业主要集中在美国,因此其他国家针对数字企业的税收政策引起了美国的反对,但是现在法国已经有了针对美国数字企业征税的先例,而且经济合作与发展组织也提出了双支柱方案,既要解决与数字经济相匹配的征税权分配机制,也要解决剩余利润转移和税基侵蚀问题,确保大型跨国企业必须支付最低水平的税收,但是没有美国的参与,这项方案的落实将会十分艰难。中国作为全球另一个数字企业大国,未来积极参与全球数字税收治理是必然的选择,应当提出代表中国特点的方案。未来从原则制定出发,一是应有利于实现国家的税收主权,坚持各国协商一致原则,不能对税率做硬性的要求,但是需要有共同认定的税基;二是要有利于推进"一带一路"倡议的基础设施建设和跨国跨境投资;三是要有利于中国加强对"走出去"的跨国企业的税收管理;最后,要体现向不发达国家尤其是最不发达国家实行税收优惠,推动可持续发展。

[1] 江泽民:《建立稳固、平衡、强大的财政》(2000 年 1 月 19 日),《江泽民文选》第二卷,北京:人民出版社,2006。

第三章　中美供应链变化

"供应链理论"（SCM 理论）及其方法是跨国企业在管理实践中摸索和总结形成的企业管理理论。供应链由原材料和零部件供应、生产、批发经销、零售、运输等一系列企业组成。在企业的经营活动中，原材料和零部件依次通过企业"链"变成产品，再通过流通配送"链"企业，交到最终用户手中，构成了完整供应链活动。

　　冷战结束后，全球化和世界经济一体化趋势加速了全球供应链的形成和布局。跨国公司投资全球企业，其产品开发、物料采购、加工装配以及销售市场，往往分布在许多国家和地区，为"供应链理论"的探索和应用提供了丰厚的土壤。例如，生产型企业美国惠普公司开发了供应链决策支持系统，从而改善了不同区域间的经营运作方式；IBM 公司利用自身优势开发软件，建立了全球生产管理体制，实现了生产、销售和库存管理在公司总部的一元化管理；戴尔公司创新了"直接模式"供应链；雅马哈公司在其全球生产厂、销售公司及第三方物流公司之间实现了信息实时共享；美国三大汽车公司开始探索新型供应链管理方式，在建立伙伴关系、应用信息技术方面积累了实证经验；松下自行车公司构建了供应链快速响应机制；DEC 公司建立了全球供应链模型。商贸型企业香港利丰公司创造了具有香港特色的全球供应链，与分布在 26 个国家的 7 500 家企业建立了协作供应链，做到了用最短时间，分别在全球最合适的地方设计、制造产品，以最合理、最便捷的方式将产品交给顾客；沃尔玛首创了与宝洁的合作伙伴关系。可见跨国公司探索和应用供应链管理的思想和实践,促进了供应链管理。2018 年特朗普政府发动贸易战的主要目的之一,是破坏冷战后以中国为主要基地的全球供应链,试图通过重整全球供应链振兴美国制造业,恢复美国制造业强国的地位。

本章将围绕美国关税战与供应链重构中的跨国公司回流问题,汽车产业链、高科技产品供应链、大型流通企业供应链在贸易战中的变动,美国制造业的兴衰对全球供应链的影响,以及美国供应链变化与就业问题,分析中国在全球制造业供应链中的重要作用。

一、 美国关税与供应链重构

本小节主要阐述美国跨国公司回流本土带来的供应链变化,汽车产业、高科技产业、大型流通企业改变经营战略对供应链的影响。

(一)美国跨国公司回流与供应链变化

2018 年,美国企业加速向本土回流。[1] 美国税制改革后,美国国内企业所得税下调、监管放松,美国企业对离岸总成本也有了新的认识,而在国外,尤其是中国的工资和物价上涨都促成了这一转变。美国制造业的未来,在很大程度上取决于能否成功减少商品贸易逆差。按照美国目前的生产力水平,一旦消除了贸易赤字,制造业将会增加 500 万个工作岗位。

2018 年,共有 1 389 家公司宣布回流美国。据报告,新增加的回流美国的公司和外国直接投资(FDI)的跨国公司的数量均达到历史最高水平,其中跨国公司同比增长 38%。回流就业岗位超过 14.5 万个,年度增长率达到自 2007 年以来的第二高,仅次于 2017 年公布的 17 万余个就业岗位。自 2010 年以来,同期美国制造业就业累计增长了 31%;2018 年 12 月,制造业就业总人数为 1 280 万,增加了 3.3%。

---

[1] Harry Moser, "Reshoring Was at Record Levels in 2018. Is It Enough?" https://www. industryweek. com, 2019 - 07 - 08.

美国海外企业回流的重要原因有三个。就业岗位和企业数量的持续增长表明,企业决策切实发生了转变,这有助于推动未来的企业回流和促进更大程度的本土化趋势。持续增长在很大程度上是基于美国竞争力的提高,主要原因是企业税的削减和监管措施的放松、中国工资和物价的上涨,以及对离岸总成本影响企业利润的认识更清晰。美国制造业就业的趋势表明,减少新离岸业务、增加企业回流,加上外国直接投资增加,推动了美国经济复苏,供应链更强大。

贸易逆差是影响美国制造业和美国经济的最大因素。美国要提高全球竞争力,需要靠关税、熟练劳动力、创新、自动化和货币等因素共同的作用,而减少进口、增加出口则能够降低美国的贸易逆差。在给定的商品需求水平上,提振制造业的唯一方法是减少进口或增加出口。

加征关税会降低美国跨国企业回流的冲动。很多公司将特朗普不可预测地征收关税(包括钢铝关税)列为负面因素,关税上升提高了美国制造业的成本、增加了不确定性、导致外来投资推迟。如果考虑到美国贸易逆差的巨大规模,对所有国家的所有商品统一提高关税,尽管会推高商品价格,但将大幅提振美国制造业。为此实施增值税将是更好的选择。

跨国企业回流尚不足以消除贸易逆差的影响。特朗普加征关税的意图旨在减少每年7 000亿美元的非石油产品贸易逆差。回流是否足够大幅削减美国的贸易逆差,结束贸易战呢? 实际上虽然美国企业回流势头强劲,但进口和贸易逆差仍在增长,累计增长23%。在2.2万亿美元进口基础上增长6%。美国需要加快回流趋势,以弥补进口扩大20倍的影响。

美国当前平衡贸易逆差非常重要。学院派经济学家质疑减少或消除商品贸易逆差的重要性,所以许多人认为,美国拥有强大制造业并不重要,美国可以发展代码编写和法律服务的培训。实际上,平衡商品贸易逆差对美国的基本好处至少能列出十条。

第一,推动美国制造业增长40%,增加500万个制造业工作岗位,20年内资本投资增长 20% 左右,生产率显著提高;第二,大幅减少美国预算赤字;第三,中产阶级和中小企业制造商复苏,美国的收入差距减少;第四,全球污染减少,环境改善;第五,国防工业基础建设得到加强;第六,减少阿片类药物的流行;第七,增加美国的工业和金融资源;第八,技术型工人招聘将越来越多;第九,美国国内需求大幅增长,GDP 也随之大幅增长;第十,美国的研发投入将大幅增加。

美国企业和社会都在关心离岸成本问题。自 2010 年以来,每年报道影响回流和外国直接投资因素的新闻不断增加,这表明媒体对以往"隐藏"的离岸成本(如关税、运费、库存成本、质量、交货等)越来越有兴趣,而且行业意识也在增强。其中货运成本一直是重要影响因素,随着国际海事组织(IMO)实施新的减排倡议,从 2019—2020 年,货运成本和环保因素将越来越重要。国际海事组织旨在将 2050 年全球航运业的温室气体排放量在 2008 年的基础上减少 50%,为了达成目标,将强制禁止船舶使用含硫量在 0.5% 以上的燃料。据估计,这一变化将使航运业每年额外支出 600 亿美元,燃料成本增加约 25%。

2018 年与 2010 年相比,美国企业回流增加、外国直接投资上升导致美国国内就业岗位增长了约 2 300%。因此各类美国企业必须重新评估产品采购和工厂选址,将所有成本、风险和战略影响纳入企业经营决策。美国政府应制定适当的政策,重新创造数百万就业机会。

2017 年美国税制改革后,跨国企业开始加速重构全球供应链。[1] 美国政府改革贸易方式对制造企业是重大挑战,与此同时,在互联网时代,美国企业则面临着消费者期望值的提高、价格竞争的加剧和透明度的提高的现状。另一方面,不确定性因素也为商业发展提供了机遇。《产业周刊》(Industry Week)呼吁,现在要利用当前市场机会,采取有效行动,在 2020 年超越对手,具体来说有五大

[1]　Lauren Pittelli,"Smart Moves in a Trade War," https://www.industryweek.com, 2019 - 11 - 21.

有效措施。

第一，锁定低费率。国际货运量正以近年来最低的速度增长，随着承运人运力的增加，海运市场极其疲软。如果已经达到了最低数量承诺（MQC），核对一下海运现货市场的价格，可能会发现当前的现货价格低于年度合同价格。与此类似，美国货车货运量同比下降了16%。经纪人或货代能够帮助寻找到最佳的现货价格。货运市场不断下滑，这是与现有供应商重新进行合同谈判或推出美国国内和国际货运询价的最佳时机。在谈判中，尽可能长期锁定费率，这也许会提供与通货膨胀和/或燃料指数挂钩的成本增加准备金。由于市场疲软，一流的托运人甚至可以在降低成本的同时提高承运人的质量和服务水平。

第二，运输网络多元化，降低业务风险。与承运商商讨运费时，需要先审查运输网络，以最大限度地提高灵活性。公司是否有足够的承运商来满足需求，并正确匹配承运商类型？如果与多个海运公司签订合同，他们是属于不同的联盟，还是都在同一艘船上进行运输？随着2019年大量船舶取消航行，与不同联盟的承运人签订合同意味着货物不会滞留在码头。同样要使末端供应商尽可能多样化，因为2019年有600多家美国货运公司破产。通过使供应链多样化，公司将在可靠性上取得优势。

第三，提高进入市场的速度。现在的B2B客户已经习惯于在B2C购物时体验到快速送货服务。为了满足这些更高的期望，请考虑进行区域化采购，以加快货物到达美国、欧洲和亚洲客户手中的速度。或者使用模块化的产品设计，并在当地市场进行定制和分销。如果欧洲是产品的主要目的地，从中国到欧洲的新铁路甚至卡车服务，与海运相比，可以节省多达10天的中转时间。跨境包裹递送方面已经取得了巨大的进步，对于那些无法维持本地仓库库存的市场而言，这可能是一种具有成本效益和时间敏感性的解决方案。任何有利于将产品快速投入市场的改进都将使业务更具竞争力。

第四，更新贸易管理实践。贸易管理曾经是工业中枯燥无味的一部分，然而它将不再如此。在不涉及具体的减税策略的情况下,现在审查公司的估值、产品分类和特殊项目的参与情况是有意义的,因为这些福利可能在贸易战结束后继续卓有成效。

第五,提高公司经营效率。在过去的几年里,风险投资公司对物流软件行业进行了大量投资,推动了新的数字解决方案的开发。研究新的解决方案,以及如何将其结合以提高效率、灵活性并以客户为中心。许多新的应用程序都能改善供应链,执行特定的活动。例如,纽约航运交易所(Nyshex)和 FreightOS 海运结合了即时国际运输定价和电子预订功能的货运市场。Uber 货运和美国数字货运公司 Convoy 为美国国内卡车运输提供数字货运匹配服务。供应链可视化平台 Project 44 提供端到端的供应链可视化功能,整合了来自公司所有供应商的信息。实时竞价融合平台 BidEx 支持现货市场采购、管理和托管货运,它还可以自动比较现货价格和合同价格。

总之,市场上既有挑战也有机遇。企业需做好计划、利用最佳机会,才能增强公司的竞争优势。

美国的贸易政策是企业通过游说和赞助政治运动制定的。可以看看在过去30年里美国国会和政府高层强制通过的三大重要事例:

第一,《北美自由贸易协定》。1992年,罗斯·佩罗(Ross Perot)是唯一反对《北美自由贸易协定》的主要总统候选人。他说,《北美自由贸易协定》不是一条双向道,它将造成一种"巨大的吸吮声",即就业机会将向南流入墨西哥的廉价劳动力市场,但是最终恰恰是美国大企业的游说和政治献金,制造出这种吸吮声。《北美自由贸易协定》最终效果如何?对美国劳工而言,不太好。主要受益者是大型美国公司。不要把责任仅归咎于民主党或共和党,两党都有责任。事实是,《北美自由贸易协定》主要是共和党的倡议,但由民主党总统签署。

第二,2001年推动中国加入世界贸易组织。美国支持中国入世,入世要求中国对其贸易方式做出重大改变,同时允许中国进一步融入世界经济。

第三,2017年《减税与就业法》。美国政府希望通过减税激励大公司将制造业带回美国。减税后,这些公司在美国创造了多少新的提供基本生活工资的岗位?不多。也没有迹象表明他们会这么做。因此,目前为止,这些减税政策对美国工人毫无裨益,而且美国工人几乎没有获得减税,减税政策的主要受益者是公司,未来还将面临通货膨胀,因为这些减税政策预计将大幅增加美国国债。减税带来了创纪录的公司利润、CEO 奖金上涨和繁荣的股市,而 90% 的美国人没有大量投资股市,且三分之一的股权由外国人持有。

可以说美国是自食其果。按照沃伦的说法,把"美国劳工面临的问题"主要归咎于美国公司,这是完全合适的。尽管许多人不乐意听,但美国选民也有责任,因为他们不断地选出迎合大公司的政治家,所以美国本来是可以避免这一弊端的。

(二)供应链与汽车产业

2019 年,福特汽车公司仍计划通过投放新车型改善在华产品线。[1] 为了改善日益老化的产品线,福特汽车公司计划在中国投放林肯车型和探险者车型。2019 年第 1 季度,福特汽车公司在华亏损 1.28 亿美元,销售额下降了 36%,公司首席财务官称,预计 2019 年年末开始生产林肯车型,2020 年开始生产探险者 SUV,此举将显著扭转当前的中国业务亏损状况。在纽约高盛工业会议上,即将退休的首席财务官鲍勃·尚克斯(Bob Shanks)表示,"这是对中国市场产品线的巨大提升",即将上任的首席财务官蒂姆·斯通(Tim Stone)说:"中国的材料成本和劳动力成本较低,我们可以更好地满足消费者的需求。"

福特汽车公司因中国的产品线老化影响销量造成了经营亏损。福特汽车公司一直在努力应对日益老化的在华产品线,如何扭转全球最大汽车市场的下滑是该公司 110 亿美元公司重组计划的关键。林肯车型一直是市场上福特汽车唯一的亮点,由于领航者车型销量飙升了 84%,2018 年福特豪华车型的销量达到创纪录的 55 315 辆。

---

[1] Keith Naughton, "Ford Sees Profit Return in China by Building Models Locally," https://www.bloombergquint.com, 2019-05-15.

福特汽车公司在华实行本土化经营,受中美贸易摩擦影响较小。尚克斯表示,尽管福特汽车公司受关税战影响,但预计福特汽车公司的市场表现会有所改善。特朗普对部分中国进口产品加征 25% 关税后,中国进行了反制,对美国商品也征收高额关税。但福特汽车公司实施本土化生产将避免关税影响,如果中美关系继续恶化,美国的在华汽车制造商仍可能面临反制或遭到消费者的强硬抵制。

尽管中国提高了美国进口商品的关税,但在华林肯车型销售量仍在快速增长。"为了规避关税,在今年晚些时候,福特汽车公司将开始在中国生产小型林肯 SUV,并最终在华生产除领航者以外的所有车型,"尚克斯说,"这是林肯车型的巨大市场机会,考虑到中国的市场规模和品牌的受欢迎程度,我们认为林肯车型在中国刚刚起步。"尚克斯正在试图扭转福特汽车公司利润下滑的局面,未来还要为福特汽车公司准备电动和自动驾驶汽车。由于福特汽车公司大幅度削减了中国的支出、减少了职工,加上 F 车系销售的丰厚利润,整体收益好于预期,5 月福特汽车公司的股价大幅上涨。

福特汽车公司中国区业务大幅缩水是该企业发生亏损最重要的因素。2018 年,福特汽车公司在亚太地区共亏损 11 亿美元,绝大部分发生在中国。尚克斯表示,希望在未来三年内推出 30 款新车型,重建福特汽车市场,并使经销商恢复盈利。而 2019 年公司经营情况逐渐恢复稳定,不过还有很多工作要做。

菲亚特克莱斯勒汽车公司将在底特律新建一座吉普工厂。这是这座汽车城几十年来新建的第一家汽车装配厂,规模高达 45 亿美元,将新增近 6 500 个就业岗位。菲亚特克莱斯勒汽车公司表示,作为公司制造业扩张计划的一部分,将把麦克大道发动机厂改造成新一代吉普大切诺基和大型吉普 SUV 的装配厂,在底特律市区的五家工厂都将增加产量。美国媒体认为这将是美国和密歇根州制造业的巨大胜利,也是拥趸特朗普的美国蓝领工人的巨大胜利,否则,没有谁会主动"回到"美国的怀抱。

2018 年 1 月,菲亚特克莱斯勒汽车公司表示将把道奇(Ram)重型卡车从墨西哥转移到沃伦卡车装配厂进行生产。同年秋季又有报道称,这一举措可能无法落实。菲亚特克莱斯勒汽车公司的首席执行官迈克·曼利(Michael Manley)在2019年的底特律车展上表示,菲亚特克莱斯勒汽车公司正在制订一项可能对美国工人更有利的计划。

丰田汽车公司为了规避关税制裁,也开始加大对美投资。[1] 丰田汽车公司将在得克萨斯卡车制造工厂投资3.91亿美元生产新一代皮卡车,提高在美国的汽车产量,缓解与特朗普政府之间的贸易紧张关系。2021年,丰田汽车公司在美国追加30亿美元投资,仅仅过了六个月,丰田汽车公司就加大对圣安东尼奥工厂的投资,此举意在保证日本出口美国的汽车不受加征关税影响。

丰田汽车公司在特朗普上台前不久就承诺向美国投资100亿美元。丰田汽车公司的北美区首席行政官兼制造厂负责人克里斯托弗·雷诺兹(Christopher Reynolds)说:"我们认为这是得克萨斯州和圣安东尼奥市以及卡车市场的巨大利好。"上述投资是丰田汽车公司数十年来在美国实施制造本土化计划的一部分,但也透露出反对特朗普对进口车辆和零部件征收高达25%关税的意图。这家日本汽车制造商公开驳斥了美国政府所说的外国汽车制造商对美国国家安全构成风险的说法。

美国政府对进口汽车和零部件加征关税为期不远。但后来美国为了与日本和欧盟达成贸易协议,推迟了关税措施,特朗普表示,美国将与日本达成初步贸易协议,没有提及对价值500亿美元的日本汽车加征关税。日本首相安倍晋三警告说,任何日美协议都必须包括美国不打击日本汽车行业的保证。

丰田汽车公司否认宣布加大投资与美日贸易谈判有关。"我们不会根据贸易情况做投资决定。"雷诺兹说:"此类投资关注的是20年后的市场,无关某一具体协议。"目前雇用3 000多名工人的圣安东尼奥工厂没有发布新的招聘启事。丰田汽车公司表示,这笔资金将用于整合"各种先进技术"的塔科马(Tacoma)车

---

[1] "Toyota Invests $391 Million in Texas as US-Japan Tariff Talks Loom," https://www.industryweek.com, 2019-09-17.

型和苔原(Tundra)车型的生产线,这两种车型近年来需求很大。丰田汽车公司还在墨西哥蒂华纳的一家工厂生产塔科马车型,并计划在瓜纳华托州正在建设的另一家工厂生产塔科马车型。

丰田汽车公司在这一车系市场受到了竞争对手的挑战。全系列苔原皮卡仅在得克萨斯州的圣安东尼奥制造,预计 2020 年苔原皮卡将全面更改车型,这将是 13 年来的首次改型。据美国《汽车新闻》报道,塔科马和苔原两款卡车的未来版将与限量版的苔原皮卡共享底盘和其他核心部件。而在过去 14 年中,塔科马一直是美国最畅销的中型卡车。2014 年通用汽车公司推出了两种中型皮卡,2019 年福特汽车公司和菲亚特克莱斯勒汽车公司也都首次推出了竞争车型。

但是新能源车特斯拉申请美国关税豁免遭到拒绝。[1] 特斯拉在提交给美国贸易代表办公室的关税豁免请求中称,美国对 Model 3 的车载电脑加征关税将导致成本上升,影响公司盈利能力,并会对特斯拉经营造成经济损害。但是特朗普政府拒绝免除对特斯拉公司 Model 3 汽车征收的 25% 关税。美国贸易代表办公室总法律顾问表示,特斯拉申请豁免 Model 3 的关税被美国贸易代表办公室驳回,原因是 Model 3 涉及的零部件"具有战略重要性"。

(三)供应链与高科技企业

富士康正在印度进行 iPhone XR 系列产品的质量检测,并计划在金奈郊区工厂开始大规模生产,而旧款产品已在班加罗尔的纬创工厂进行组装。富士康还承诺在威斯康星州建立一座容纳 13 000 名工人就业的工厂,以获取美国政府给予的 45 亿多美元奖励。但这个项目因工资低、突然解雇和目标不断变换的问题遭到美国政府批评,但是富士康高管重申了在美国的就业目标,声称到 2020 年年底将雇用 2 000 名美国人。

但是同时苹果公司还计划将新款 Mac Pro 电脑转移到中国生产。[2] 中国

---

[1]　Ryan Beene, "Tesla denied relief from US tariffs on Chinese gear in Model 3," https://www.ajot.com, 2019 - 06 - 13.

[2]　Mark Gurman, "Apple Will Move Production of Mac Pro to China Amid Trade War," https://www.industryweek.com, 2019 - 06 - 28.

和美国正陷入贸易战，特朗普政府已对中国制造的商品征收数十亿美元的关税，并威胁将加征更多的关税，这将波及苹果公司的产品。

Mac Pro 电脑曾是苹果公司在美国本土组装的唯一重要产品。2019 年，苹果公司决定委托广达电脑公司生产这款售价高达 6 000 美元的台式电脑，并在上海附近的一家工厂扩大产能。苹果公司股价受到将 Mac Pro 电脑的生产转移至中国的影响，下跌至 198.35 美元，但跌幅小于 1%。股价下跌可能还与首席设计师乔纳森·埃维（Jony Ive）将很快离开苹果公司的消息有关。

苹果公司为 Mac Pro 电脑发布了声明。"新款 Mac Pro 电脑与我们所有的产品一样，是在加利福尼亚州设计和研发的，组件则来自包括美国在内的不同国家。""我们为支持了美国 30 个州的生产基地而自豪，去年我们投入了 600 亿美元与美国 9 000 多家供应商合作。我们的投资和创新为美国提供了 200 万个就业机会。最终的组装只是生产过程的一个环节。"

由广达公司的工厂生产 Mac Pro 电脑将取得成本优势。《华尔街日报》称，由于广达公司的工厂距离苹果公司在亚洲的其他供应商更近，运输成本比将零部件运往美国更低。2013 年，在苹果发布上一代 Mac Pro 电脑时，苹果公司首席执行官蒂姆·库克（Tim Cook）大肆宣扬在美国得克萨斯州奥斯汀市生产这款电脑，以此作为苹果公司投资 1 亿美元推动美国制造的一部分。2018 年年底，苹果公司宣布还将投资 10 亿美元，在得克萨斯州建立一个新园区，以扩大生产。但由于生产效率降低，产能受到限制，难以满足市场需求。后来一些苹果工程师提出将生产转回亚洲，因为亚洲的生产成本较低，且厂商具备更大产能。

库克敦促特朗普政府不要实施新一轮关税。因为这将减少苹果公司对美国经济的贡献，苹果公司花了几十年时间才建立了世界上最大的供应链之一，大部分的产品在美国设计和销售，但在中国组装后进口，因而苹果公司是最易受到关税影响的公司之一。

中国作为全球电子产品生产基地的地位短期内不太可能下降。尽管许多外资企业都制定了应急迁移计划，转移部分组装业务，或探索替代生产场所，但很少有企业大幅提高海外产量。

惠普在声明中表示:"惠普与业界一样担心,广泛加征关税会增加电子产品的成本,从而损害消费者的利益。我们正积极监测有关情况,并会继续与政府官员合作,为顾客、合作伙伴和消费者争取最大利益。"微软、亚马逊、索尼、任天堂、华硕都未作具体的发言。

(四)供应链与全球流通企业

沃尔玛也在设法规避关税影响。[1] 沃尔玛每天更新供应商信息,以确定美国对中国商品加征关税而增加的成本。据彭博社报道,沃尔玛引入了名为"成本变更情景"的工具,这款线上应用程序取代了供应商必须手工填写的 Excel 表单,并且已经在产品类别中推广,此前从未被报道过。而新流程更快,且允许供应商从包括关税、劳动力、运输和原材料在内的菜单中选择成本上涨的原因。

此举表明这家全球最大零售商在规避加征关税对公司运营的影响。在美国与最大贸易伙伴的第一轮进口关税战中,每年销售数十亿美元中国制造商品的沃尔玛,实际上并未受损。但随着美国对包括手提包和家具在内的 2 000 亿美元的商品征收 25% 的关税,并对包括服装、鞋子和电子产品在内的 3 000 亿美元的中国商品征收关税,情况发生了变化。

特定商品的成本由供应商确定,而货架商品的最终价格由沃尔玛控制。当供应商提高产品成本时,零售商必须决定是否降低利润,承受部分或全部加价,或是简单地将其转嫁给消费者。如果消费者选择在其他地方购买产品,销量就会下降。以前沃尔玛的商品成本变动因产品而异,沃尔玛不允许供应商以关税变动作为成本的推动力,但目前供应商将关税作为成本上升的原因尚不清楚。沃尔玛表示将竭力维持其低价策略,包括重新与供应商谈判,或者在中国以外寻找新的产量来源。沃尔玛首席执行官董明伦(Doug McMillon)表示:"我们将竭尽所能,以一种客户察觉不到的方式来解决这一问题,并尽我们所能控制一切。"

---

[1] Matthew Boyle, "Walmart adjusts to Trump's tariffs through a price-changing tool," https://www.bostonglobe.com, 2019 - 06 - 12.

但沃尔玛称某些物品的价格上涨不可避免。沃尔玛首席财务官（CFO）布雷特·比格斯（Brett Biggs）说，"关税上涨导致价格的上涨"。更新后的成本变化流程位于沃尔玛的零售链接体制中，该机制是沃尔玛在 20 世纪 90 年代开发的，随着业务的迅速扩张，该体制向供应商提供有关销售和库存水平的最新信息，如今已涵盖了数据挖掘功能，使供应商能够预测高需求项目。在阿肯色州本顿维尔的沃尔玛总部周围，不断有自称"零售链接专家"的人帮助供应商解读数据。

艾弗考尔国际战略投资集团（Evercore ISI）分析师格雷格·梅利奇（Greg Melich）估计，最新的 25% 关税政策一旦实施，将会推动价格全面上涨并抵消美国大型零售商的利润增长。

利丰公司对这场因贸易战而席卷全球的巨变有着独特的视角。利丰公司是将美国零售巨头与亚洲低成本工厂连接起来的中间人，虽然中美已重启协议谈判，但越来越多的迹象表明，长期依赖中国作为世界工厂的全球供应链正在经历永久性转型。英特尔公司已表示正在审查其全球供应链，苹果和亚马逊在内的其他公司也在这么做。"无人投资，也无人购买。这场贸易战导致人们停止投资，因为他们不知道该把钱放在哪里"，"很多人只因一条推特就把钱投到了越南"。这家总部位于中国香港的供应链和物流供应商，其财富来源在很大程度上依赖于全球两个最大经济体之间的贸易往来。

二、美国制造业

本小节主要探讨美国制造业的兴衰问题。

（一）美国制造业统计

经济学家对美国制造业的衰退没有表示足够的担心。[1] 2019 年 9 月，美国供应管理协会制造业指数跌至 47.8，为 2009 年 6 月以来最低水平。更糟糕的是，根据美联储对制造业产出的衡量，前两个季度制造业生产下降，表明 2019 年

---

[1]　Stephen Gold,"Note to Economists: Manufacturing's Downturn Is More Critical than You Think," https://www.industryweek.com, 2019 - 10 - 14.

上半年整个行业的衰退。但大多数经济学家对制造业的衰退并不担心,因为美国政府数据表明,该行业仅占美国经济的十分之一。

美国政府没有准确衡量美国本土制造业的巨大影响。马里兰大学生产力与创新制造商联盟(MAPI)对国家投入/产出表进行的行业预测分析表明,制造业的总价值链实际上约占美国 GDP 的三分之一,这个数值是官方数据的 3 倍。这意味着制造业下滑的风险对其他经济体而言更甚,这和美国政府的预测为什么会有如此大的差异?

首先,官方制造业统计数据仅收集基于"企业"或"工厂"级别的信息,而非"公司"级别的信息。这意味着从公司管理到研发,再到物流运作,大量生产制造相关活动都未包含在北美工业分类系统(NAICS)的制造法规中。例如,美国商务部将百得(Black&Decker)总部的高级管理人员的工作归为"公司和企业的管理"(NAICS 55),将卡特彼勒(Caterpillar)的研发中心归为"专业科学技术服务"(NAICS 54),并将史丹利(Stanly)和百得的仓库归为"批发贸易"(NAICS 42)行业。

其次,美国政府的偏差来自对从原材料加工和中间投入生产过程的统计,只包括上游价值的创造。而制造业价值链要广泛得多,既包括上游供应链,又包括下游销售链中按最终需求出售的商品制造相关活动。从与制成品有关的上游活动开始,以满足"最终需求"(即最终用户,例如家庭、企业或政府)。

要衡量这些活动,必须包括为生产所购买的中间投入的价值,如原材料、加工投入和服务。汽车制造商不仅需要钢铁来制造汽车,钢铁制造商也需要煤炭和铁矿石来制造钢铁,而且所有的原材料都需要从一个地方运输到另一个地方。近年来,受最终需求的影响,工厂上游所有中间投入的附加值徘徊在 3.1 万亿美元左右。

随着货物从工厂装卸码头通过销售链向下游转移,还需要增加运输、批发和零售所产生的价值。附加价值在相关服务中产生,例如租赁、保险、专业服务、维护和维修。将这些下游活动的所有价值与生产者的价值相结合,即可获得制成品下游销售链。生产力与创新制造商联盟估计,最终需求的下游制造业的增加值总计超过 3.6 万亿美元。最终需求制成品的上下游价值流加起来等于 6.7 万亿美元,约占当今美国经济中商品和服务最终需求的 29%,约 20 万亿美元。

即使如此,对制造业价值流的定义也并不全面。如上所述,按"最终需求"设计的产品是面向最终用户的产品。这不包括用于非制造供应链的中间投入,例如用于建筑供应链的石膏和水泥,或用于农业供应链的化肥。美国政府将这些投入的价值归功于其他部门,尽管它们很显然是美国产品制造过程的一部分。将这一价值添加到制造业中,则可以提供更全面、更准确的视角。指定用于非制造业供应链的商品可为制造业的总价值链增加 5 000 亿美元的附加值,使制造业对经济的总体影响提高到 GDP 的 32%。

制造业约占美国经济的三分之一。这意味着制造业的衰退问题不容忽视,经济学家和决策者需密切关注。

(二)美国制造业的衰退

2019 年 4 月份,美国工厂商用设备订单的下降超过预期。[1] 美国商务部公布的数据显示,商业投资代理(除飞机外的非军事资本货物订单)较上月下跌 0.9%,美国商务部此前已经下调了 0.3% 的涨幅。采用更广泛的方法统计的所有耐用消费品的预订量下降了 2.1%,略低于经济学家的估计值,而 3 月份的估计量更少。这是该年商用设备订单首次下降,表明中美贸易战的影响在加剧,即使最近一次提高关税的措施还没有开始实施。

美国企业对设备需求的下降表明投资意愿的下降。在与中国的贸易战中,企业持续的犹豫不决延迟或限制了投资。美国企业为了解决库存过剩问题,可能仍会搁置订单,尽管特朗普总统坚持的贸易对立政策可能会进一步影响商业需求。

增加关税的影响将体现在 5 月份公布的数据中。这些数据先于特朗普决定

---

[1] Katia Dmitrieva, " US Business-Equipment Orders Decline by More Than Expected," https://www.industryweek.com, 2019－05－24.

将部分中国进口商品的关税提高至 25%,并威胁将征收更多的关税。报告显示,近一年来美国汽车和零部件订单降幅最大,而对初级金属、计算机和电子产品的需求也有所下降。

一是金属制品、机械设备、电气设备、电器和零部件的订单量在增加。由于运输类别的不稳定,耐用品的总体订单数量有所下降。

二是民用飞机和零部件的预订量下降了 25.1%。另一项数据显示,波音公司的 737 大飞机停飞后,4 月份的飞机订单数量也有所下降。

三是交通运输,耐用品订单与上月持平。国防资本货物订单上涨 4.8%,而不包括国防在内的耐用品订单下跌 2.5%,为 2018 年 1 月以来的最大跌幅。尽管美国市场需求有所下降,但根据商业设备订单三个月的年化增长情况来看,4 月份增长势头强劲,从 1.1% 升至 2.7%。运量方面,增速从 4% 放缓至 2.5%。

四是 2019 年 4 月份 10 年期国债收益率继续走低,而美国股票期货收益率略有下降。用于计算美国国内生产总值的一些数据显示疲软:除飞机外的非军事资本货物装运与上个月持平,略高于彭博社调查的中位数,这一数据此前下调了 0.6%。

2019 年 6 月,美国制造业指数跌至三年来最低。[1] 美国供应管理学会制造业指数经历了三连跌后到达自 2016 年 10 月以来的最低水平 51.7,美国工厂活动指数的下降幅度低于预期,尽管新订单停滞,但产量和就业情况有所改善,有助于缓解贸易不确定性和海外增长放缓的影响。

当前世界制造业从欧洲到亚洲普遍疲软。埃信华迈(IHS Markit)发布的 6 月份工厂指数为 50.6。这一数值高于 6 月份 50.1 的初值,也高于 5 月份的 50.5,但接近 10 年来的最低水平。在美国供应管理学会发布的报告中,订单积压已经持续了两个月,表明对商品的需求仍然疲软;工厂存货指数下降到 50 以下,表明企业开始缩减库存;工厂原材料价格指数从 53.2 降至 47.9,为 2016 年

---

[1] "US Factory Gauge Drops Less Than Forecast But Orders Stall," https://www.industryweek.com, 2019-06-01.

2 月以来的最低水平,反映了近期石油价格的下跌,并凸显出经济缺乏通胀压力。

夏天,美国制造业在税改和贸易战背景之下可能开始趋于稳定。[1] 2019 年 8 月,美国工厂产量增幅超出预期,据美联储数据显示,由于 7 月美国制造业产量下降,8 月美国制造业产量增长了 0.5%,超过了彭博社预期的中值,包括矿山和公用事业在内的工业总产量增长了 0.6%,增速达到一年中的最高水平。

自 2019 年年初以来,美国制造业景气水平持续下降。尽管美国国内需求能够帮助厂商缓解增速持续放缓的态势,但风险点在未来几个月,其间产量可能仍然疲软。大多数主要耐用品行业的产量均有所增长,其中,机械行业的产量增长了 1.6%,金属制成品行业增长了 0.9%。汽车行业产量下降了 1%,降幅为四个月以来最高。在 7 月同期下降了 0.5% 的情况下,不包括汽车在内的制造业产出攀升了 0.6%,增速为一年来最高。商业设备的产量增长了 1%,增长幅度为一年中最高。与此同时,建筑用品的产量增长了 0.9%。产能利用率上升,用于衡量在用工厂数量的总产能利用率从 77.5% 提高到 77.9%。公用事业产出在前一个月飙升 3.7% 之后又增长了 0.6%。矿业产出在下降 1.5% 后,增长了 1.4%。石油和天然气钻井产出下降了 2.5%,是过去五个月中的第四次下降。消费品产量增长 0.2%,而非耐用品产量增长 0.5%。

美联储公布的月度数据是不稳定的,并且经常修改。而据彭博社调查,对工厂产出的预估中值为预期增长 0.2%,而 7 月份下降了 0.4%。制造业约占美国工业总产值的四分之三,约占美国经济的 11%。

美国制造业产值在 GDP 中的占比降至自 1947 年以来的最低水平。[2] 特朗普竞选总统时承诺提振美国制造业,但是实际情况却似乎恰恰相反。美国商

---

[1] Katia Dmitrieva, "US Factory Output Rises in Broad Gain," https://www. industryweek. com, 2019 - 09 - 17.

[2] "Manufacturing Is Now Smallest Share of US Economy in 72 Years," https://www. industryweek. com, 2019 - 10 - 29.

务部报告显示,2019 年美国第 2 季度制造业占 GDP 的比重为 11%,是自 1947 年以来的最低水平,比第 1 季度的 11.1% 还要低。根据 GDP 分行业数据,最新数据为房地产业占比 13.4%,专业和商业服务业占比 12.8%。

制造业曾是美国经济支柱,20 世纪 60 年代占 GDP 的比重为四分之一左右,但其重要性稳步下降。特朗普曾承诺让制造业岗位重回美国,让美国工厂的工人"荣光"再现。尽管自特朗普上任以来,制造业已增加了约 50 万个工作岗位,但帮助他在 2016 年大选中获胜的宾夕法尼亚州和威斯康星州,在持续对华贸易战和全球经济疲软的大背景下,正在大量失去制造业工作岗位。

美国政府的贸易保护政策扰乱了企业供应链,阻碍了投资,也减缓了用工速度。对价值数十亿美元的中国商品加征关税令美国制造业在 2019 年早些时候陷入衰退。近期一些数据显示美国经济虽企稳但仍很脆弱。

(三)美国制造业的振兴

美企呼吁国会立法助制造业数字化。[1] 数字化制造业及其相关培训需要美国政府的额外支持,以推动各项举措的实施。美国国会休会期结束后重开会议,筹划为下一财政年度的政府提供资金成为当务之急。这是制定有效联邦计划的重要机会,该计划有助于提醒小型制造商为未来做好准备。

生成设计、增材制造(3D 打印)、人工智能和机器人技术等新技术正在颠覆整个行业。这些技术打破了数字设计和物理制造过程之间长期存在的壁垒,实现更快、更经济地开发和制造创新产品。美国需要确保各种规模的产品设计和制造公司都能参与到数字化制造领域的革命中来。美国国会可以采取以下三项行动,促使小型制造商为未来的数字化制造做好准备:

第一,支持《美国制造业计划》的长期可行性。《美国制造业计划》是由 14 个制造机构组成的全国性网络,旨在推动技术开发,提高美国竞争力。俄亥俄州扬斯敦的"America Makes"计划专注于增材制造,而伊利诺伊州芝加哥的

---

[1] David Ohrenstein, " 3 Actions Congress Can Take Now to Help Small Manufacturers," https://www.industryweek.com, 2019 - 09 - 11.

MxD 计划则专注于数字流程和工作流程。其他研究所专门研究先进的复合材料、机器人、光子学和其他先进制造领域。

美国全国制造商协会(NAM)可以成功地联合行业、学术界和政府促进技术开发和应用,并支持技能培训和教育。芝加哥 MxD 计划启动了许多劳动力发展计划,包括有关数字制造和设计的大规模开放式在线课程、面向中小企业的援助计划,以及针对中小学生的 STEM 教育和数字化制造研讨会。欧特克公司(Autodesk)最近在芝加哥 MxD 计划下建立了一个生成设计领域实验室,以提供先进的数字设计和制造工具的培训。

美国制造业计划取得了初步成功,但还需要持久、可持续的联邦资金和支持,以维持和扩展该计划。联邦资金提供了启动该研究所并从行业和学术界招募合作伙伴的种子资金。但是,在许多情况下,初始资金不足以使他们有足够的时间实现自给自足,而且先进制造业的许多关键领域尚未涵盖。众议院通过的《美国制造业领导法》(AMLA)和《先进制造业全球领导法》(GLAMA)是美国国会中类似的两党立法,两个立法均强调了通过增加联邦资金,加强机构之间的协作以及优先考虑以教育和劳动力培训等方式来支持该计划的长期可行性。美国国会可以通过制定立法的主要内容,并为当前和未来的研究所提供足够的长期资金的方式来支持该计划。

第二,资助制造业扩展伙伴关系计划(Manufacturing Extension Partnership,MEP)。该计划是一项帮助小型制造商的联邦计划。它通过在美国各州提供设施帮助制造商采用先进的制造技术进行业务实践,成效显著。2017 年,该计划与近 2.7 万个制造商建立了联系,促进了超过 120 亿美元的销售额,并帮助创造或保留了超过 10 万个美国制造业岗位。

该计划与"美国制造"计划一样,是公私合营的伙伴关系。美国联邦支付该计划一半的费用,另一半资金来自州和地方政府以及私营部门。该计划是一项明智的联邦资金投资,每花费 1 美元,就会向联邦财政返还近 14.50 美元的税款。美国国会必须确保该计划资金的充足性,以便继续帮助小型制造商提高创新性和竞争力。《产业周刊》呼吁,美国国会还应如美国制造商所建议的那样,加强"制造业扩展伙伴关系"计划与"美国制造"计划之间的伙伴关系。

第三,颁布《智能制造领导法》(SMLA)。《智能制造领导法》是两党合作的成果,旨在扩大美国联邦培训计划,以帮助小型企业应用"智能制造"技术。该立法要求能源部制定一项国家智能制造计划,扩大现有的能源部计划以帮助中小企业制造商应用这些技术,并向各州提供联邦拨款以建立类似的培训计划。除了提高制造竞争力外,该立法预估到 2040 年将为消费者节省 50 亿美元的能源成本,同时减少相当于 1.16 亿辆汽车的碳排放量。

《智能制造领导法》对智能制造的定义非常广泛,包括数字产品设计和仿真、工厂生产线的数字设计和仿真、数字连接的供应链网络以及工厂厂房的数字设计。立法认识到真正的"智能制造"包括如何设计产品、如何制造产品、如何设计工厂以及如何连接供应链。《产业周刊》认为,这些立法举措将帮助小型制造商为未来做好准备,在两党支持下,美国国会应立即采取行动。

美企为驱动制造业发展大造声势。[1]《产业周刊》认为,长期以来,制造业是美国经济结构的重要组成部分。全球贸易以货物为基础,而不是服务,并且,许多服务依赖于制成品。制造业为美国中产阶级提供了数百万个工作机会,对美国经济可以产生巨大影响。除了直接的工作机会之外,还有各种各样的相关岗位,它们与通常的制造业形象大相径庭。

以印第安纳州为例,这里超过 50% 的就业机会都与制造业有着或多或少的关系。这是印第安纳州制造商协会(IMA)提供的数据,而在全美范围内,制造业提供了比以往更多的工作机会。它是美国经济中影响生产和就业的最重要的部门之一。制造业通过创造就业机会和推动技术进步来推动经济发展。它是推动文化创新并将研究转化为新产品的引擎。

制造业岗位不仅仅意味着体力劳动或在装配线上工作。虽然在工厂里确实

---

[1] Mary Anne M. Hoffman, "Taking Pride in Our People on Manufacturing Day," https://www.industryweek.com, 2019 - 10 - 04.

有常规劳动,但那里也有大量的工作需要协作和专业知识。在艾利森(Allison)输电公司,富有创新精神的人正在提出各种新想法,使美国的产品更好、更快、更经济。

劳动和创新只是制造业的一部分。这个行业也需要各种专业人才,在工程、信息技术、金融、人力资源、法律、采购、销售、分销、运营、设施、通信和市场营销等领域扮演各种角色。从研发、采购原材料、生产,到组装、销售,再到最终的产品运送到消费者手中,要经历一个复杂的流程。

三、美国制造业与就业问题

本小节主要探讨美国政府的就业政策变化以及美国企业在促进就业方面的作用。

（一）美国政府对就业政策的推动

特朗普通过成立促就业机构在促进就业方面取得了"巨大进步"。[1] 据白宫网站透露,一个由共和、民主两党州长组成的小组,与特朗普总统,以及总统顾问伊万卡·特朗普(Ivanka Trump),共同讨论了为促进就业和经济增长扫清障碍的政策。伊万卡表示:"最有益的事情之一,就是看到人们不再观望,重新回到工作岗位。无论是刑事司法改革、第二次就业机会,还是我们围绕技能培训所做的工作,雇主们都变得越来越有创意。"

美国前总统特朗普在 2018 年 7 月 19 日签署成立美国工人全国委员会(NCAW)的行政令。该委员会由高级政府官员组成,负责制定全国战略,对高需求行业所需的工人进行培训和再培训。该委员会将召集公共、私营、教育、劳工和非营利部门,为所有年龄段的美国人增加就业机会发声。

特朗普还签署了成立美国劳动力政策咨询委员会(AWPAB)行政令。该委员会的成员背景都不同,既有来自私营部门、教育机构的人士,也有来自州和地

---

[1] "The governors leading the way on getting more Americans hired," https://www. whitehouse. gov, 2019 - 06 - 15.

方政府的人士。他们的任务是确保所有美国人都能从经济繁荣和低失业增长中受益。该委员会希望通过提高就业数据透明度和以技能为基础的招聘和培训，促进通过多种途径实现可维持家庭生计的职业，让更多美国人脱离观望，进入劳动力市场。

特朗普政府要求全国各地企业和贸易机构签署对美国工人的承诺。此举将作为美国工人全国委员会（NCAW）成立运作的一部分。特朗普总统签署行政命令后，已有 200 多家公司和组织签署承诺，它们在未来五年将为美国学生和工人提供 890 多万个新的教育和培训机会。白宫呼吁所有的雇主加入倡议，创造更多的就业机会，促进美国经济发展，为无数家庭创造充满希望的未来。

特朗普政府力推学徒制，促进美国制造业就业。[1] "由于白宫对美国工人的承诺，全国各地的雇主已经承诺为美国学生和工人提供近 1 000 万人次培训、升职或再教育机会。然而，这也给我们繁荣的就业市场带来了新的挑战。"美国总统顾问伊万卡·特朗普和劳工部部长亚历山大·阿科斯塔（Alexander Acosta）在《迈阿密先驱报》上发表文章说："美国经济有 740 万个空缺职位，而且连续 14 个月空缺职位比求职者多。在企业寻找合适的人填补这些职位的同时，我们有义务寻找新的途径，使美国劳动力具备雇主所需的技能。"

（二）美国企业对就业的推动

就业报告显示美国 6 月新增了 22.4 万个就业岗位。[2] 这一数据具有非常重要的意义，如果新增就业岗位超过 25 万个，市场对未来美联储加息的预期就会上升，这可能导致道琼斯指数下跌。如果这一数据低于 15 万，就会引发市场对经济放缓的担忧。

建筑业增加了 2.1 万个工作岗位，其中，非住宅类销售岗位新增 1.2 万个，住宅建筑施工岗位新增 4 600 个。制造业 6 月的数据较 5 月大幅好转，增加了

---

[1] Ivanka Trump, "Trump Administration's Industry-Recognized Apprenticeships Will Keep America Working," https://www. whitehouse. gov, 2019 - 06 - 25.

[2] Bob Young, "A Goldilocks June Employment Report," https://www. fb. org, 2019 - 07 - 08.

1.7 万个岗位,而 5 月只有 3 000 个。计算机和电子产品行业新增了 6 500 个工作岗位。在制造业新增的 1.7 万个就业岗位中,有 5 000 个是非持久性的岗位。塑料和橡胶产品生产行业的就业岗位增长最多。

服务业的增长最为显著,新增了 15.4 万个就业岗位。其中专业和商业服务以及教育和卫生服务这两个细分行业的就业岗位增长最多。医疗保健依然是持续增长的动力,6 月共新增了 3.5 万个工作岗位。较前几个月的变化是,除了门诊医疗服务增加了 1.85 万个岗位之外,医院还新增了 1.12 万个岗位。在服务业的细分行业中,专业和商务服务业新增了 5.1 万个岗位,是 5 月 2.4 万个岗位的 2 倍多。细分来看,计算机系统设计增加了 7 200 个岗位,管理和技术咨询增加了 7 100 个岗位。此外还新增了 1.4 万个行政支持服务岗位,其中 4 300 个岗位是临时辅助服务岗位。休闲酒店业的工作岗位在夏季仅增长 8 000 个。赌博和休闲娱乐业的雇用人数下降了 4 200 人,甚至连餐饮服务场所也削减了一些工作岗位。

值得关注的是,美国联邦政府只增加了 2 000 个岗位,与州政府的增幅相同,但地方政府增加了 2.9 万个就业岗位,其中 2.64 万个岗位属于非教育类。在薪酬增长方面,虽然过去 12 个月以来的工资增长仅为每小时 6 美分,但时薪增长率为 3.1%。尽管 3.1% 高于通货膨胀率,但幅度并不多。尽管债券市场认为美联储肯定即将降息,但温和的就业市场报告使得美联储可以再往后顺延降息计划。

300 多家美国公司和组织表示将支持白宫的劳动力计划。[1] 这些机构承诺在未来 5 年内培训 1 200 多万美国人,帮助他们获得新的工作技能。特朗普在 2018 年 7 月签署行政令,启动了一项全国战略,该战略旨在对美国劳动力进行培训和技能改造。伊万卡表示:"总统呼吁采取行动实现这一承诺,此举已经成为一场成熟的全国性运动。"她和美国商务部部长威尔伯·罗斯(Wilbur Ross)正在

---

[1] Emel Akan, "Trump's Workforce Initiative to Provide Skills Training for 12 Million Americans," https://www.theepochtimes.com, 2019 - 07 - 25.

带头推动劳动力发展计划。

2018 年,同样已有 300 多家公司和组织签署了培训承诺。历史上劳动力市场的紧张,加上多年来在技术工作培训方面的投资不足,使得企业很难填补职位空缺。截至 2019 年 5 月底,美国失业率为 3.7%,接近 50 年来的最低水平,同时有 730 万个工作职位空缺等待填充。

美国企业现在正在竞相吸引更多的人进入劳动力市场。伊万卡表示,白宫的劳动力计划不仅帮助学生,还将帮助那些需要学习新技能的工作者,"因为在这个快速变化的技术环境中,自动化将对工人造成非常巨大的冲击和影响"。她还说,美国很多公司已经提供了成千上万个工作岗位,并对工人进行了培训。

美国全国制造商协会将为 120 万名制造业工人提供培训机会。该协会总裁兼首席执行官杰伊·蒂蒙斯(Jay Timmons)说,此举还只是刚刚开始,120 万是一个保守的数字,而美国目前有 50 万个制造业工作岗位。该协会试图吸引更多工人进入该行业,并对现有的制造业工人进行再培训和技能提升训练。德勤咨询(Deloitte)和美国全国制造商协会共同的研究报告显示,除非技能缺口问题得到解决,否则未来 10 年美国制造业将空缺约 200 万个职位。此外,沃尔玛和赛富时等公司也承诺,将在未来 5 年内培训 100 万名美国工人。美国全国技能联盟(NSC)表示,随着美国经济不断增长,投资劳动力教育和培训方面对保持经济增长极其重要,近 80% 的工作需要高中以上的教育或培训。

外国企业也在赶这股美国的劳动力计划的潮流。2019 年 6 月,来自 12 个国家的 65 家外国公司高管在华盛顿投资峰会上签署了"对美国工人的承诺",承诺培训和再培训近 93 万名美国人。其中一家叫作科布伦茨公司的德国健康数据公司,开始为医疗保健行业提供 IT 解决方案。迄今为止,科布伦茨公司已经为其在美国的业务投资了 1.5 亿美元,并雇用了 200 名美国人,这家公司在美国 4 个州设有办事处,公司首席公关官奥利弗·布鲁泽克(Oliver Bruzek)表示,美国充满了"创新的人"和"创新的想法",未来几年科布伦茨公司将投资并招聘更多职工。

美国商会要求给予技术移民居留权以增加美国的熟练劳动力供给量。[1]
美国商会会长托马斯·多诺霍发问:当失业率降为3.6%,而就业岗位空缺接近
创纪录的750万时,如何才能维持并加强经济增长?在许多情况下,简单的做法
是只需保留所有技术工人,因为他们已经为美国的经济做出了几十年的贡献。

美国商会明确支持美国国会新近通过的吸引外国劳工立法。托马斯·多诺
霍说,国会众议院通过的一项立法将为250万有梦想的人和临时受保护人
(TPS)提供获得永久合法居留权的机会,使他们能够继续在美国规划自己的生
活和职业生涯。自2013年以来,这项立法标志着美国国会在解决合法居留权方
面首次取得了进展。这是令人鼓舞的一步,但还有很长的路要走。在这项立法
在参议院获得通过并由总统签署成为法律之前,许多才华横溢、勤勉尽责的人仍
将面对一个不利的法院决定,即被剥夺在美国合法生活和工作的能力。而不作
为的后果是对许多行业的许多企业造成毁灭性的影响,包括建筑业、酒店业、食
品服务业和医疗保健业。

美国商会呼吁对移民制度进行更广泛的改革。改革应包括以下优先事项:
第一,改善美国的边境安全;第二,扩大以就业为基础的永久居民和临时工人计
划,使雇主的劳动力需求能够满足;第三,以适合美国商业界的方式更新美国的
就业核查系统;第四,负责解决居住在美国的更广泛的非法移民问题,为他们提
供获得合法地位的机会。总之,美国对移民问题的辩论历时已久,迫切需要制定
解决方案。虽然当前实现改革并不容易,但必须尽最大的努力推动解决。

解决美国"锈带"(Rust Bell,又译铁锈地带)州的就业问题是很大的难
题。[2] 作为"锈带"州的宾夕法尼亚州和威斯康星州都经历了严重的失业危
机,而其他"锈带"州,如俄亥俄州和密歇根州,就业机会则有所增加。2019年下
半年,随着美国总统大选的升温,民主党候选人开始关注宾夕法尼亚州和威斯康

---

[1] Thomas J. Donohue, "The Key to Keeping Our Economy Strong," https://www. uschamber. com,
2019 - 06 - 10.

[2] "Pennsylvania, Wisconsin Lost the Most Factory Jobs in Past Year," https://www. industryweek. com,
2019 - 09 - 20.

星州这两个摇摆州。这两个"锈带"州帮助特朗普在 2016 年以微弱优势获胜,但是在 2018 年,这两个州失去了全美最多的制造业工作岗位,这与美国的就业趋势背道而驰。根据美国劳工部公布的地区数据,在钢铁厂集聚地宾夕法尼亚州,工厂职位数量减少了约 8 000 个,而威斯康星州减少的职位数量约为 5 000 个。

美国制造业在 2019 年上半年开始陷入衰退。尽管美联储的数据显示,商品产量增长超过预期,情况有所好转,但整体形势依然充满挑战。供应管理协会制造业指数在 2019 年 8 月份出现自 2016 年以来的首次萎缩。从全美范围来看,美国制造业在过去 12 个月新增了 13.8 万个工作岗位,然而 2019 年仅新增了 4.4 万个就业岗位,而 2017 年和 2018 年总共新增 45.4 万个工作岗位。

全美汽车制造企业 2019 年大量裁员。[1] 2019 年以来,全美汽车公司已宣布裁员 21 446 人,是 2018 年前五个月的 3 倍多,也是 2009 年以来裁员人数最多的五个月。根据 6 月 6 日发布的一份报告,美国汽车制造商正以极快的速度削减劳动力,以保持竞争力。

特朗普对汽车行业的裁员尤为敏感,因为这打击了支持他的选民和地区。2019 年 1—5 月,各行业裁员总数达到 289 010 人,比去年同期增长近 40%。美国就业咨询公司 Challenger, Gray & Christmas 表示,总部设在美国的雇主 5 月宣布计划裁员 58 577 人,较 4 月增长了 46%,几乎是 2018 年 5 月的 2 倍。该就业咨询公司副总裁安德鲁·查林杰(Andrew Challenger)说:"(2019 年)5 月份,科技行业公布的裁员人数最多。大型科技公司发现,它们需要精简人员来增加公司的灵活性。"但这一裁员步伐的加快与美国就业市场蓬勃发展的总体情况背道而驰,在就业市场上,雇主正努力填补职位空缺,而劳动者稀缺。失业率和领取失业救济金的人数仍处于历史低位,这表明许多失业者很快就找到新工作。

特定行业的变化给劳动者造成了不稳定性。科技行业 2019 年 5 月份宣布裁员 12 635 人,零售业在持续关闭门店,转向线上业务,尽管零售业裁员人数最

---

[1] "Auto Sector Cutting Jobs Fastest Since Recession," https://www.industryweek.com, 2019 - 06 - 07.

多,达到 50 243 人,但零售业的裁员步伐有所放缓。而汽车行业的裁员速度正在加快,2019 年以来,汽车公司已宣布裁员 21 446 人,是 2018 年前五个月的 3 倍多,也是 2009 年以来裁员人数最多的五个月。"汽车制造商和供应商,像大型科技公司一样,正在精简劳动力以保持竞争力,"福特汽车公司和通用汽车公司最近都宣布裁员和关闭工厂,因为他们试图削减成本,并在销量下降的情况下转向生产更受欢迎的车型。福特汽车公司表示,将在公司重组中裁减 10%的全球受薪职工。

小　　结

美国如果不改变"美元霸权"地位,将可能长期面临"入超(贸易逆差)"现象。美国的贸易政策和供应链回迁问题在特朗普时期成为焦点,如何解决这些问题,特朗普并没有找出可行的办法。单纯设立高关税对于美国的产业有一定的保护,然而绝不可能根本上削弱美国商品进口大国的地位;推动供应链回流的政策虽然为美国企业回归本土创造了机会,然而全球化的时代背景下,本土政策与其他国家和地区实行的吸引美资和企业的政策,将抵消特朗普的努力。

结　　论

长期以来,美国一直希望将全球供应链中心向美国迁移。美国对全球供应链的重构反映了如下事实。第一,全球供应链转移冲击了美国的国际地位。冷战结束后的三十年来,全球化的加速,改变了 20 世纪前半期战争与革命的全球发展格局,新兴国家与西方国家之间产生了新的分工,新兴国家的产品和劳务向西方流动,西方的资本和技术向新兴国家转移,并在新兴国家形成了全球供应链,其代表是中国、东盟、墨西哥等。新兴国家的技能及发展推动了国际政治格局发生大变动,尤其是中国的发展更是强烈改变着全球政治经济地缘形势。在当前全球多极世界格局中,中国成为全球最强大供应链的核心,使美国产生了不适感,甚至强烈的危机感。

　　第二,吸引供应链回流是美国的长期战略。据路透社报道,特朗普时期负责经济增长、能源和环境的副国务卿基思·克拉赫(Keith Krach)说过:"过去几年,我们一直在努力(减少对中国供应链的依赖),但现在我们正在推动这一举措。"美国商务部、国务院和其他机构都在想方设法,推动企业将采购和制造业从中国转移出去,税收优惠和潜在的回流补贴是刺激改革的措施之一。美国还在推动建立类似"经济繁荣网络"联盟的"可信赖伙伴",包括实施同一套标准的公司和民间社会团体,涉及从数字商业、能源和基础设施到研究、贸易、教育和商业等各个领域。[1]

---

[1] Humeyra Pamuk, Andrea Shalal,"Trump administration pushing to rip global supply chains from China,"https://www. reuters. com/article/us-health-coronavirus-usa-china/trump-administration-pushing-to-rip-global-supply-chains-from-china-officials-idUKKBN22G0BZ, 2021 - 05 - 04.

尽管世界贸易组织早已判定特朗普对华加征关税违反有关贸易政策,但是即使是在拜登上台后,他仍拒不取消对华加征关税。[1]

2021 年 2 月,拜登总统签署了关于美国供应链的行政命令,根据白宫的新闻稿,该命令旨在实现如下三个目标:一是通过减少美国对外国供应的依赖,帮助美国经济免受未来关键进口零部件短缺的影响。二是使美国供应链更具弹性、多样性和安全性。三是帮助振兴美国的国内制造能力,创造高薪就业机会。[2]

第三,美国重塑全球供应链的努力是否成功不只取决于美国一个国家。企业回迁指数大致反映了美国企业向美国国内迁移的发展情况。2008 年以来,美国企业回迁指数一直在经历波动式发展,年度企业回迁指数平均为 -34.5,显示了美国的海外进口缓慢增加的趋势,以及未来企业回迁的可能幅度。2016 年特朗普上台后,美国企业外包生产的速度急剧放缓,并且随着税制改革的启动,美国企业陡然加速向美国国内迁移;2020 年美国企业回流指数因新冠疫情出现波动,回到了正区间,但直到该年年底,企业回迁指数仍远远低于年初的水平。[3]由此可见,美国政府的政策对于海外制造业回流具有推动作用。又据美国回迁研究所 2019 年调查发现:(1)调查企业主要根据总拥有成本(total cost of ownership)评估回迁决策,税收优惠或劳动力成本只是其中因素之一。(2)97%的受访者表示在价格和质量与国外供应商相比具有竞争力情况下,会考虑国内采购。(3)降低物流成本、接近消费者、总拥有成本较低是三个最重要的企业回迁决策因素。(4)对生产自动化的投资、拥有熟练劳动力、产品质量高和加征关

[1] Michael Stumo, " The Trump Administration Should Not Reduce Tariffs on China," https://www. industryweek. com/the-economy/trade/article/22028566/the-trump-administration-should-not-reduce-tariffs-on-china, 2019 - 11 - 11.

[2] "Remarks by President Biden at Signing of an Executive Order on Supply Chains," https://www. whitehouse. gov/briefing-room/speeches-remarks/2021/02/24/remarks-by-president-biden-at-signing-of-an-executive-order-on-supply-chains/, 2021 - 02 - 24.

[3] "Global pandemic roils 2020 Reshoring Index, shifting focus from reshoring to right-shoring," https:// www. kearney. com/operations-performance-transformation/us-reshoring-index.

税是许多企业回流美国的关键因素。[1]

麻省理工学院斯隆商学院发表了萨拉·布朗(Sara Brown)的文章。她认为,尽管新型冠状病毒肺炎大流行加速了供应链重组,但美国不要指望企业会完全抛弃中国。麻省理工学院教授约斯·谢菲(Yossi Sheffi)说,中国是许多零部件的成熟供应商,所以美对华贸易战开始后,离开中国前往其他国家的服装制造商仍在购买中国纺织品。事实证明:虽然中国在服装制造业中所占份额在过去五年中有所下降,但其出口的原材料纺织品有所上升。即使缝纫业和其他一些行业部分转移,"大型行业在中国投资了几十年,建立了一个完整的生态系统"。在接受谢菲教授采访的高管中,没有一位表示打算完全搬离中国。[2] 美国彭博社2020年6月份在对亚太地区近十几位政府官员和分析师进行访谈后发现,"任何更广泛的供应链重组努力都不过是一厢情愿"。虽然美国政府努力争取投资,但在许多企业难以生存的情况下,拆除一个根深蒂固的体系并非易事。[3]

总之,冷战后开启的加速全球化,深刻改变了国际地缘经济格局,美国正在经历这个大变动,审视并调整资源投向,以试图扭转美国的颓势,然而,这个新时代"百年未遇之大变局"如何发展,还将取决于新旧两种势力的较量,国家实力建设仍将是中国的主要发展策略。

---

[1]　"Reshoring Institute 2019 Survey of Global Manufacturing: The Changing Trends of Reshoring in the United States," https://reshoringinstitute. org/wp-content/uploads/2019/05/2019-Survey-of-Global-Mfg. pdf.

[2]　Sara Brown, "Reshoring, restructuring, and the future of supply chains," https://mitsloan. mit. edu/ideas-made-to-matter/reshoring-restructuring-and-future-supply-chains, 2020 - 07 - 22.

[3]　Bloomberg, "Can the U. S. end China's control of the global supply chain?" https://www. japantimes. co. jp/news/2020/06/09/business/u-s-china-global-supply-chain/, 2020 - 06 - 09.

后　记

　　中美政治经济关系正在发生的嬗变是"百年未遇之大变局"的重要时代特征
之一。中美关系的嬗变与美国国内利益集团存在密切关联,无论是美国最大的
共和党利益集团、民主党利益集团,还是军工复合体以及农业、贸易、教育、养老
基金,甚至有色人种、妇女、农场主等等,无不是由相关利益组织起来的,它们都
对美国联邦公共政策的走向发生影响,其中包括美国对华政策。反之,美国对华
政策的起源就是利益集团共同合力造成的,具有客观性和历史性,因此准确记载
这种历史、研究这个问题,对于我们理解美国政治和经济、理解美国对外战略的
走向,具有基础知识构建的意义。实际上这也是本书主题的思维起点。

　　本书是美国财经战略丛书《美国利益集团与大国财政问题》的第四种图书。
2018 年特朗普上台后,对华发动了贸易战,其实无论叫"贸易战""贸易摩擦"
"贸易争端",还是叫"贸易冲突"等等,都无法掩盖这种现象下中美贸易关系的
本质,即全球第一和第二经济大国之间存在着贸易的失衡,这种贸易失衡已经造
成了美国国内从思想界到实务界,再到决策层的思维嬗变,导致特朗普对华贸易
政策走向了一个极端,而供应链重构则是其本质。

　　人类的进步离不开知识的创新和既有的研究范式。本书分为三章,基本遵
守着丛书定下的编纂原则,每本都将有关年份中美关系的大事件作为主题,
2019 年,中美政治经济关系中的大事件就是"贸易争端"。编者在本书第三章
中,原构建了三段论,即第一节论述美国贸易政策争论,第二节是美对华贸易战
与中国供应链变化,并作出结论。现根据实际情况,作了回避处理,因此出版时
呈现的知识体系有所变化。编者感到在此作一下说明是有必要的。

　　本丛书将会继续延续出版下去，以求对于中国学术界全面认识美国利益集团提供一种视角和体系性的知识。这种知识能否成为一种正确和全面的体系，还必须交给读者去判断。本丛书编写团队接下来也会力求做好后续著作，令读者满意。

编著者

农历壬寅年小暑于上海